»Ich küsse Sie tausendmal«

Das Buch

Eva König, geb. Hahn, (1736 – 1778) heiratete 1756 in Hamburg den Seidenfabrikanten Engelbert König, mit dem sie sieben Kinder hatte. Als König 1769 zu einer Reise aufbrach, bat er seinen Freund Lessing, sich seiner Frau und der Kinder anzunehmen, sollte ihm etwas zustoßen. Tatsächlich starb er wenig später in Venedig. Lessing hielt sein Versprechen, und aus der Freundschaft zu Eva König, aus der tiefen Verbundenheit zweier unabhängiger Geister, wurde schnell Liebe. Doch bis zur Hochzeit sollten noch Jahre vergehen: Eva zog nach Wien, um sich der dortigen König'schen Fabriken anzunehmen. Fast vier Jahre verbrachte sie in der glanzvollen Hauptstadt des k.u.k.-Reiches, lernte die vornehme Gesellschaft am Hof Maria Theresias kennen, die Eitelkeiten wichtiger Männer, den Wirbel um das Theater. Ihre Liebe zu Lessing überdauerte die Trennung, und im Oktober 1776 heirateten die beiden. Das Glück währte nur kurz: Im Januar 1778 starb Eva am Kindbettfieber. Ein Schicksalsschlag, von dem Lessing sich nie wieder erholte.

Anhand von Briefen, Dokumenten und genauen Recherchen zeichnet Bestsellerautorin Petra Oelker das eindrucksvolle Porträt einer Frau, die ihrer Zeit voraus war.

Die Autorin

Petra Oelker arbeitete als Journalistin und schrieb zunächst Jugend- und Sachbücher. Ihre historischen Kriminalromane um die Hamburger Komödiantin Rosina wurden zu Bestsellern und sind in viele Sprachen übersetzt. Die Autorin lebt in Hamburg.

Petra Oelker

»*Ich küsse Sie tausendmal*«
Das Leben der Eva Lessing

Biographie

List Taschenbuch

Besuchen Sie uns im Internet:
www.list-taschenbuch.de

Dieses Taschenbuch wurde auf FSC-zertifiziertem Papier gedruckt.
FSC (Forest Stewardship Council) ist eine nichtstaatliche, gemeinnützige
Organisation, die sich für eine ökologische und sozialverantwortliche
Nutzung der Wälder unserer Erde einsetzt.

Ungekürzte Ausgabe im List Taschenbuch
List ist ein Verlag der Ullstein Buchverlage GmbH, Berlin
1. Auflage September 2008
© Ullstein Buchverlage GmbH, Berlin 2005/claassen Verlag
Umschlaggestaltung und Konzeption:
RME Roland Eschlbeck und Kornelia Rumberg
Titelabbildung: © Bildarchiv preußischer Kulturbesitz/
Hamburger Kunsthalle, Foto: Elke Walford
(Johann Georg Valentin Ruths [1825–1905],
Das ehemalige Baumhaus in Hamburg, 1850)
Satz: LVD GmbH, Berlin
Gesetzt aus der Sabon
Druck und Bindearbeiten: CPI – Clausen & Bosse, Leck
Printed in Germany
ISBN 978-3-548-60825-9

Für Carina

Inhalt

PROLOG

Eine Hochzeit im Alten Land

Es ist ein besonderes, tatsächlich ein ungewöhnliches Paar, das an diesem 8. Oktober 1776 in dem festlich geschmückten Landhaus im altländischen Dörfchen Jork getraut wird. Nicht auf den ersten Blick, da sehen beide ganz bürgerlich aus und scheinen gut zueinander zu passen. Der Bräutigam ist ein Mann von mittlerer Größe und etwas stämmiger Statur, er ist mit seinen 47 Jahren immer noch ein gut aussehender Mann, sein Rock ist gewiss nicht neu, doch er lässt die schlichte Eleganz erkennen, mit der er sich stets kleidet.

Die Braut ist sieben Jahre jünger und zierlich, ihr Kleid aus raschelnder Seide ganz neu, ihr Haar, diese widerspenstigen kleinen Locken, modisch aufgetürmt und frisch gepudert. Ihr spitzes Kinn, die ein wenig groß geratene Nase, der energische Mund lassen sie so vernünftig erscheinen, wie sie während der letzten Jahre sein musste. Ob allerdings ihre tiefe Liebe zu dem Mann neben ihr, die lange ersehnte und nun endlich geschlossene Ehe auch vernünftig sind? Daran wäre heftig zu zweifeln, wenn Liebe denn etwas mit Vernunft zu tun hätte.

Die Braut heißt Eva König. Sie stammt aus einer Heidelberger Kaufmannsfamilie, sie war in Hamburg mit einem Seidenhändler verheiratet und selbst eine tüchtige Kauffrau.

Sie hat vier Kinder, eine Tochter und drei Söhne, und sich jahrelang im viele Tagesreisen entfernten Wien allein und entschlossen um die komplizierten Geschäfte ihres verstorbenen ersten Mannes gekümmert und sie zu ihren gemacht. Sie ist die Verantwortlichkeit in Person, sie kann kühl rechnen – und tief und warm empfinden.

Der Bräutigam heißt Gotthold Ephraim Lessing. Er sollte Pfarrer werden wie sein Vater, doch er hat ein unstetes Leben als gelehrter Schriftsteller und heftig umstrittener Publizist und Kritiker geführt. Nun ist er herzoglicher Bibliothekar im verschlafenen Wolfenbüttel, neuerdings gar Hofrat, streitet immer noch mit Leidenschaft, manche argwöhnen, er habe sich das seinen rebellischen Geist ermüdende Amt nur auferlegt, um seiner zukünftigen Frau und ihren Kindern einen sicheren Hort zu bieten. Er ist berühmt, am meisten in der Welt der Wissenschaften und der Literatur, bei den Theologen und Theaterenthusiasten, doch selbst eifrig betriebenes Lottospiel hat ihm nicht geholfen, den ständigen Kampf mit alten und neuen Schulden zu gewinnen.

Ein unruhiger Künstler und streitbarer Gelehrter und eine vernünftige, nach Geborgenheit strebende Bürgerin – wie können die zusammenpassen?

Wäre Eva König tatsächlich so vernünftig, wie ihr Lebensweg es erscheinen lässt, hätte sie sich für einen anderen entschieden, für einen, der ihrem ersten Mann, dem Seidenhändler und Manufakteur Engelbert König, gleicht: ein aufgeschlossener, gebildeter Bürger, freundlich auch. Vor allem strebsam, tüchtig, unternehmend.

Sie hätte nicht diese endlosen Jahre warten müssen, bevor Pastor Wehber in der guten Stube im Landhaus der befreundeten Kaufmannsfamilie Schuback ihre Hand in die ihres Bräutigams legt und die Trauformel spricht. Hätte sie sich für einen anderen entschieden, einen Kaufmann – aber halt.

Eva Katharina König, 1770

Zwar blüht der Klatsch und manche Stimmen flüstern, der Herr Lessing habe seine Braut so lange hingehalten, weil er sich nicht zu entscheiden wusste oder – schlimmer noch – keinen Weg fand, sich aus dieser vor Jahren allzu eilig eingegangenen Verlobung mit der einzig an Kindern reichen Kaufmannswitwe wieder davonzuschleichen. Hätte er die Verlobung sonst so lange, für manche Freunde und Verwandte sogar noch jetzt geheim gehalten?

Die Eva König kennen, wissen es besser. Es war einzig ihre Entscheidung, mit der Hochzeit zu warten, bis sie ihre Geschäfte geregelt hatte. Es war ihre Entscheidung, nach dem plötzlichen frühen Tod ihres Mannes die König'schen Manufakturen in Wien selbst weiterzuführen, um den Unterhalt ihrer Kinder zu sichern.

Denn ebenso wie dieser Herr Lessing ein ungewöhnlicher Dichter und Denker ist, ist diese eigenwillige Madame König eine außergewöhnliche Bürgersfrau. Und darin – tatsächlich – passen diese beiden entschieden zusammen. Sie sind einander ebenbürtig, über alle Hindernisse, alles Trennende hinweg. Ihre Heirat hat nichts mit Vernunft und gegenseitiger Versorgung zu tun. Diese Liebe zwischen zwei lebenserfahrenen Menschen hat sich aus Respekt und Freundschaft entzündet. An der Tiefe und Dauer der Gefühle gibt es nichts zu zweifeln. Nun nicht mehr.

Trotzdem wäre der Bräutigam zur Trauung fast zu spät gekommen. Er hatte so sehnlich wie seine Braut auf diesen Tag gewartet, sie hatten Jahre der Trennung, des Zweifels und der Melancholie überstanden und die Briefe, die sie einander geschrieben hatten, oft als einzigen Trost empfunden. Doch dann hatte er seine Abreise so weit als möglich hinausgezögert, und endlich, da alle Hindernisse überwunden waren, drohte eine Banalität wie schlammige Straßen die Hochzeit noch einmal aufzuschieben.

Im Vergleich zu den endlosen Kutschfahrten, die beide in den vergangenen Jahren überstehen mussten, ist es keine wirklich lange Reise von Wolfenbüttel, dem Wohnort des Bräutigams, nach Jork, dem Dorf im Alten Land am südlichen Elbufer, wo die Braut mit dem Pastor wartet. Es dauert nur zwei Tage und zwei Nächte und führt nicht einmal übers Gebirge oder über einen breiten Fluss. Aber es ist schon Oktober. Der kann sehr schön sein im Alten Land. Wenn die Tage noch mild sind, der Wind von der Elbe sanft ist und noch nichts von den Spätherbststürmen verrät, die Sonne die letzten Astern und Rosen in den Bauerngärten und die sich schon gelb färbenden Blätter der zahllosen Obstbäume leuchten lässt – das wäre das richtige Hochzeitswetter. Besonders für ein Paar, das den Frühling seines Lebens längst hinter sich gelassen hat. Aber das ist dem Himmel egal, in diesem Oktober regnet es alle Tage. Die Straßen, auch anderswo immer ein Abenteuer, sind hier selbst im Sommer oft unpassierbar, und sie sind nicht nur dem Bräutigam, sondern auch vielen Kutschern unbekannt

Die Route nach dem York, hatte die Braut auf seine Fragen geschrieben, *gehet bei guter Jahreszeit, wenn der Weg trocken, über Harburg, sodann durch die Marsch nach dem York, der 4 Meilen von Harburg liegt. Diesem Weg ist aber gegen den 6ten Oktober wohl nicht mehr zu trauen. Folglich gehen Sie von Celle aus gerade nach Buxtehude, das eine Meile von York liegt. Die Stationen, so Sie zu passieren haben, hat mir niemand nennen können; in Celle wird man sie aber ohne Zweifel wissen.*[1]

Zum Glück ging der Bräutigam dann doch nicht verloren, sein zukünftiger Schwippschwager fuhr ihm entgegen und half ihm durch die morastige Marsch ins sichere Jork. Anna Schuback, Eva Königs um sieben Jahre jüngere Freundin und Gastgeberin, wird bei seiner Ankunft einen tiefen Seufzer der

Erleichterung ausgestoßen haben. Sie hatte eine große Hochzeit geplant, mit Freunden und Verwandten, wie es sich gehört und Vergnügen macht, doch der Herr Hofrat Lessing hat ausrichten lassen, er wünsche ›keine Gäste und Zeugen‹ und auch sonst ›keine Umstände‹.

Was sollte man von dieser und einigen anderen Bemerkungen und Vorschlägen in den Briefen halten, die Eva in den letzten Wochen von ihm bekommen hatte? Wer genau zwischen den Zeilen las, konnte argwöhnen, die Angst vor der eigenen Courage habe ihn eingeholt. Ist er überhaupt der zuverlässige Mann, der Hort der Sicherheit, den Eva König und ihre Kinder brauchen?

Vor zwei Wochen war Evas Blut so in Wallung, hatten ihre Hände so geflattert, dass sie kaum die Feder halten konnte und fürchtete, er werde ihren Brief nicht entziffern können. Dabei war sie keine siebzehn mehr, sondern vierzig Jahre alt, eine Witwe und Mutter und bis vor wenigen Monaten eine respektable Geschäftsfrau. Und überhaupt waren daran sicher nur die Aufregung und Anstrengungen der Umzugsvorbereitungen schuld.

Fünf Jahre sind vergangen, seit sie dem Wolfenbütteler Bibliothekar, dem berühmten Herrn Lessing, die Ehe versprochen hat, fast 2000 Tage, in denen sie sich kaum gesehen haben. Viele Briefe sind in dieser Zeit hin und her gegangen, keine gelehrten Abhandlungen oder schönfärberische Episteln, kein schwärmerischer Taumel, wie es der Briefmode dieser empfindsamen Zeit entspricht, sondern Briefe, die von Alltäglichem sprechen, von Sorgen und Sehnsüchten, von Plänen, Hoffnungen und Möglichkeiten, von amüsantem oder traurigem Klatsch aus dem Freundeskreis, vom Hof oder den Theatern, und von Eva Königs so lebensklugen wie (meistens) diplomatischen Ratschlägen bei Lessings beruflichen Entscheidungen und Konflikten. Es waren sehr private, vertrauensvolle Briefe, in denen sie einander besser kennen gelernt haben als manches Paar in gemeinsam verbrachten Jahren.

Allerdings waren es nicht ganz so viele, wie Eva König es sich gewünscht hätte. Der Mann, dem ihre Liebe gehört, hat ihr stets versichert, er sei auf immer, auf ewig gar, mit ganzer Seele der ihrige, er hat ihr mit den Briefen tausendfache Umarmungen geschickt, auch Küsse, und sie ›meine liebste, beste Frau‹ genannt. Aber er hat sie immer wieder auf Post warten lassen, einmal fast ein volles Jahr. Als einer der bedeutendsten deutschen Literaten ist er ein ungemein fleißiger Schreiber, sein Werk füllt etliche Bände, die begonnenen und über neuen Ideen liegen gelassenen Projekte nicht eingeschlossen. Als Briefschreiber jedoch – auch an seine Freunde, erst recht an die Verwandten – ist er oft von schrecklicher Säumigkeit.

In den Monaten ohne Post von ihm hatte sie sich vor Sorge, er könne zum Schreiben zu krank sein, selbst oft krank gefühlt. Seinen Tod fürchte sie nicht, schrieb sie einmal mit gespitzter Feder, denn davon hätte sie gewiss längst von anderen erfahren. Manchmal sorgte sie auch, er könne sie vergessen und sich einer anderen zugewandt haben. Gerüchte von der gelehrten Madame Reiske zum Beispiel waren bis nach Wien gedrungen. Von der wusste alle Welt, dass sie nichts lieber sein wollte als Madam Lessing.

Dieses einsame Getrenntsein, die Zweifel an seiner Liebe – auch er hat einige Male geglaubt, an ihrer zweifeln zu müssen –, all das ist nun vorbei. Nie waren so viele Briefe hin und her gegangen wie in diesen Wochen vor der Trauung. Praktische Briefe, denn nicht nur die Hochzeit, auch die anschließende Reise des Paares mit den Kindern von der Elbe nach Wolfenbüttel wollte abgesprochen und organisiert sein, die Kutschen, die Pferdewechsel bei den Poststationen vorbestellt, die kleine Wohnung in Hamburg aufgelöst und die neue in Wolfenbüttel eingerichtet, eine Köchin und ein Mädchen engagiert, die nötigen Papiere besorgt – die Liste der lästigen Notwendigkeiten war endlos. Mag sein, der Mann, den Eva König liebt, ist ein Genie, gewiss auch ein liebevoller Mensch, meistens ein guter Freund und Unterhalter, überhaupt durch und durch besonders – nun muss er auch noch praktisch sein.

War es da ein Wunder, dass er bekannte, er habe sich für den feierlichen Tag keine neuen Kleider machen lassen können und komme im alten Rock? Madam Schuback mochte das befremdlich erschienen sein, für Eva König war es eine Lappalie, die sie nur lächeln ließ. Auch wenn sie sich zwei Jahrzehnte mit Handel und Herstellung von edelsten Stoffen befasst hatte, hatte sie ihm nie ›nach dem Kleide‹ gesehen. Sie kennt ihren Lessing und weiß, dass er nie mit Geld umgehen konnte und keinen Pfennig zu verschwenden hat. Sie hat ihre Fabriken verkauft, die Seidenlager sind aufgelöst, aber einige der schönsten Stoffe hat sie mitgebracht. Mag er in seinem alten Rock kommen, für eine neue Weste und Beinkleider haben sie und Malchen, ihre Tochter, die so gut mit der Nadel umzugehen weiß, längst gesorgt.

Nur eins hatte sie doch zornig gemacht: Sein Angebot, sie könne mit den Kindern noch einige Tage in Jork bleiben, dem Ort der Trauung, während er schon zurückreise.

Nach geschehener Verbindung müssen wir uns so kurz als möglich aufhalten, hatte er geschrieben, *oder, wenn Sie, meine Liebe, noch ein paar Tage dort bleiben können und wollen, so gehe ich allein wieder voraus, und komme Ihnen bis Celle wieder entgegen, welches beinahe das Beste sein würde, weil es sonst mit unserm hiesigen Empfange ein wenig konfus hergehen möchte.*[2]

Konnte man einen solchen Vorschlag verstehen? Ihn über-

Gotthold Ephraim Lessing, um 1767

haupt ernst nehmen? Eva hatte sich halbwegs fürs Lachen entschieden und umgehend geantwortet:

Es ist wohl nicht Ihr wahrer Ernst, wenn Sie vorschlagen, vor mir abreisen zu wollen. Was sollte mich wohl in York halten, wenn Sie nicht mehr da wären! Der konfuse Empfang schreckt mich auch nicht. Ich bin nun beinahe sieben Jahre an ein konfuses Leben gewöhnt, so dass ich es auch noch wohl eine Weile aushalten kann.

Ich umarme Sie in Gedanken tausend und tausendmal, schloss sie den Brief, *und zähle sicher darauf, dass ich morgen über vierzehn Tage Sie mündlich versichern kann, dass ich von ganzem Herzen bin, und ewig sein werde*
Ihre ganz ergebene K.[3]

»… und zähle sicher darauf.« Steht da die Befürchtung zwischen den Zeilen, er könne den großen Sprung aus dem jahrzehntelangen Alleinleben in die neue Rolle des Ehemanns und Stiefvaters doch nicht schaffen? Eva König hat viel erlebt und auch erlitten, sie ist eine kluge Frau und weiß, welche Veränderung die Erfüllung ihres und seines größten Wunsches für Lessing bedeutet. Sie kann sich vorstellen, wie er in seiner Wohnung im sonst menschenleeren Wolfenbütteler Schloss, dessen Kälte und Einsamkeit er so oft verflucht hat, auf und ab geht, wie er in die Stille lauscht, die von nichts als dem Knarren der Dielen unter seinen Schritten gestört wird. Wie er ans Fenster tritt und über den Schlossplatz zum Meißner'schen Haus hinübersieht, dessen erste Etage bald sein neues Domizil sein wird, seines und das seiner Frau und der Stiefkinder. Er kennt und mag diese Kinder, er liebt sogar ihre Spiele und spielt gerne ein Weilchen mit, aber anstatt einsamer Ruhe und ungestörten Denkens und Schreibens ständig quirliges Familienleben? Und Verantwortung? Ist das wirklich besser?

Und wie wird es sein, wenn man sich nicht sehnsuchtsvoll

über einen halben Kontinent Briefe schreibt, die seltenen kurzen Begegnungen herbeifiebert und dann so sehr genießt, sondern alle Tage zusammen ist, von morgens bis abends und in der Nacht? Wenn es kein Entkommen mehr gibt vor dieser alltäglich werdenden Gemeinsamkeit, vor den Anforderungen einer Familie, wenn …

Sie kann sich vorstellen, wie er seinen Blick rasch weiter nach links schickt, zur Bibliothek, deren große Rotunde auch durch die Kronen der alten Linden und Platanen unübersehbar ist wie eine Trutzburg. Es *ist* eine Trutzburg – gibt es ein besseres Mittel zur Flucht vor zu viel Familienlärm und -banalität als die Arbeit mit den Büchern? Er ist Hofrat, ein leerer Titel, der ihm gleichgültig ist, und herzoglicher Bibliothekar und Historiker – vielleicht hat er, der sein Leben lang nichts als ein freier Mann, ein von Fürsten, Ämtern und anderen einengenden Pflichten unabhängiger Schriftsteller sein wollte, das Amt angenommen, weil er sein unsicheres Wanderleben mit der steten Jagd nach dem nötigsten Unterhalt müde war. Vielleicht aber doch nur, weil er einen sicheren Platz für seine neue Familie schaffen wollte? Musste! Hat er nun Bedenken? Bereut er seine Entscheidung? Wäre das eine Basis für eine glückliche Ehe?

Der Weg zu dieser Hochzeit war lang und schwierig, oft genug quälend, das Ziel soll Glück und Erfüllung der lange gehegten Träume bringen – und wenn es nur ein Traum ist, dieses Glück?

Eva König hat immer gewusst, was sie selbst wollte, auch darin unterscheidet sie sich von vielen Frauen ihrer Zeit, sie ist eine geübte Kämpferin. Keine, die sich leicht erschrecken lässt und rasch aufgibt. Sie kann vertrauen und ist entschlossen zu diesem Glück. Daran will sie nun nicht mehr zweifeln.

Und sie hat Recht. Es war kein Traum, keine Illusion.

Als die Kutsche, schlammbespritzt bis zum auf dem Dach festgezurrten Reisegepäck, in den Hof rollte, als der Schlag aufgestoßen wurde und Lessing ausstieg, in seinem alten, vertrauten Rock – da war endlich alles so, wie es sein sollte. Er war da, wo sie war. Und von Halbherzigkeit, von Zögern und Zweifel keine Spur.

Plötzlich geht alles ganz schnell. Die Trauung, eine schlichte Zeremonie in der guten Stube, das reiche Festmahl an der Tafel, die im Haus der Schubacks für zahlreiche Gäste bereitsteht und an der an diesem Tag außer dem Brautpaar und den Gastgebern nur drei von Evas Kindern (der Älteste, Theodor, lebt noch in Pension in der Pfalz) und der jüngste Bruder ihres ersten Mannes sitzen, dieses blasse Anhängsel Friedrich Wilhelm König. Noch einige heitere Tage an der Elbe, fast ohne Sturm und Regen, und schon werden die Kutschen beladen für die Fahrt in das neue Leben.

Es war ein glücklicher Tag, dieser 8. Oktober 1776, und der Beginn einer glücklichen Ehe.

Sie passten eben doch zueinander, der gelehrte Dichter und die kluge Seidenhändlerin. Nach einem langen Weg begann, was einmal Lessings glücklichste Zeit genannt werden würde. Fünfzehn glückliche Monate – eine unbarmherzig kurze Frist.

Das Mädchen aus der Judengasse

HEIDELBERG

Endlich war der Winter vorbei. Am Neckar leuchtete der Huflattich, gelber Blütenstaub wehte von den Haselsträuchern, und die Knospen an den Kirschbäumen und Rebstöcken waren schon dick und rund. An diesem Morgen des 24. März anno 1736 klang der Gesang der Vögel im Hahn'schen Garten bei der Heidelberger Judengasse besonders hell und übermütig. Eva Katharina Hahn, Eheliebste des Kauf- und Handelsherrn Heinrich Kaspar Hahn, hatte zwei Tage zuvor, abends um zehn, ein Mädchen geboren, nun wurde die Taufe gefeiert. Das Kind schien gesund, die Mutter wohlauf und alle, ihr Mann, die drei Söhne und die erste Tochter, die Dienstboten in Haus und Kontor, die angereisten Verwandten, die Freunde und Nachbarn, hofften, dass es so bleiben werde. Wie in den meisten Familien waren auch in dieser schon Kinder gestorben. Nur zwei, aber wer kannte Gottes Plan.

Die Taufe fand in der Providenzkirche statt, nur wenige Schritte vom Haus der Hahns entfernt. Eva Katharina lag noch im Wochenbett, die Hebamme führte nach alter Sitte mit dem Kind auf dem Arm die kleine Prozession zum Taufbecken. Die Kirchenbänke werden besonders gut besetzt gewesen sein, nicht nur, weil die Aufnahme eines neuen Erdenbürgers in die christliche Gemeinschaft immer ein besonderes

Ereignis ist – der Vater, der Kauf- und Handelsherr Heinrich Kaspar Hahn, gehörte auch zum Vorstand seiner Kirchengemeinde. Das Mädchen, das an diesem Tag die Namen Eva Katharina bekam, war in eine fromme Familie hineingeboren worden.

Pate standen der Württemberger Münzrat Johann Konrad Kaltschmidt und dessen Ehefrau Katharina, wie die Mutter eine geborene Gaub. Wahrscheinlich die Schwester der Mutter, eine Cousine oder Tante wäre ebenso möglich. Als Schwester hätte sie noch einen weiteren Vornamen haben müssen, auch die Mutter des Täuflings hieß ja Katharina. Mit zweitem Namen zwar, mit erstem Eva, wie nun ihre Tochter: Eva Katharina. Wenn die beiden als Gaub geborenen Frauen Schwestern waren, war vielleicht die eine Katharina gerufen worden, die andere Eva.

Die Namen sind in dieser Geschichte (wie in vielen aus vergangenen Jahrhunderten) das reinste Verwirrspiel. So hießen alle Brüder Evas (der Tochter!, unserer Hauptperson) mit erstem Namen Johann: Johann Georg der älteste, Johann David der mittlere, Johann Heinrich der jüngste. Immerhin hieß der Vater anders: Heinrich Kaspar. Zumindest einer der üblichen zwei oder drei Vornamen wurden nach denen der Paten vergeben, das bedeutete Ehre für beide Seiten und betonte die Verpflichtung, die Pate und Patin übernahmen. Und nun gleich drei Katharinas? Das war nichts Besonderes, der Name findet sich in alten Kirchenbüchern fast so häufig wie Johannes.

Das Fest nach der Taufe wird im Haus der Hahns stattgefunden haben, vielleicht in den hellen vorderen Räumen mit den Deckenmalereien. Es stand am Ende der Judengasse, dort, wo sie direkt gegenüber dem Gasthaus *Zu den drei Königen* in die Obere Straße mündete. Noch gehörte ihnen das drei Etagen hohe Haus nicht, erst im nächsten Februar kauften Heinrich Kaspar Hahn ›und seine Eheliebste Eva Catharina, geb. Gaub‹ es mit allem Inventar und samt dem Grundstück für 5 500 Gulden von dem Kirchenrat von den Velde und seiner ›Fr. Eheliebste Catharina Philipinae‹. Der enorme Preis belegt die beeindruckende Größe des Anwesens und den Wohlstand der neuen Besitzer.

Nur die Schmalseite des unteren Schenkels des L-förmigen Gebäudes zeigte (und zeigt noch heute) zur Hauptstraße, der heutigen Oberen Straße, dort befand sich das Eingangsportal, es war auch die bessere Adresse. (Knapp hundert Jahre später wurde die Judengasse in Dreikönigstraße umbenannt, weil die dort lebenden Vermieter klagten, mit dieser Adresse seien ihre Zimmer nicht an die Studenten zu vermieten.) Der größere Teil erstreckte sich elf Fenster breit entlang der zum Neckar hin abfallenden Judengasse und im rechten Winkel tief in das Quartier. Von der Gasse ging es unter einem massiv gemauerten Rundbogen in die Durchfahrt zum Hof und zu dem großen Garten. Der war nicht nur für die frische Kost und die Wintervorräte der Familie wichtig, er sorgte auch für frische Luft in der engen Stadt.

Das Haus war bei Evas Geburt erst zwölf Jahre alt und als eines der ersten in Heidelberg im barocken Stil erbaut. Die ganze alte Stadt, deren Anfänge samt der ersten Brücke über den Neckar bis auf die Römer zurückgehen, war ziemlich neu. Daran war der große Brand schuld, mit dem französische Soldaten 43 Jahre zuvor die pfälzische Residenz in Schutt und Asche gelegt hatten. Ihr König, Louis XIV., hatte beschlossen, die Pfalz gehöre Frankreich, also ihm. Denn seine Schwägerin, die Herzogin von Orléans, besser bekannt als Lieselotte von der Pfalz und als Autorin so respektloser wie auskunftsfreudiger Briefe über das gar nicht sonnige Leben am französischen Hof, sei die direkte Erbin des gerade verstorbenen Kurfürsten.

Der Krieg um den vermeintlich französischen Besitz, um dieses saftige Tortenstück der kurpfälzischen Hoheitsgebiete aus dem Heiligen Römischen Reich Deutscher Nation, dauerte neun Jahre und glich einem immer wieder auflodernden Feuersturm. Zuerst brannten die Dörfer am unteren Neckar, dann Speyer und Worms, Mannheim wurde völlig zerstört. Schließlich auch Heidelberg. »Übergabe oder Vernichtung!«, hatte der stets kriegslustige König im fernen Paris befohlen. Die Soldaten plünderten die Stadt und steckten sie in Brand, auch ein Teil des Schlosses und die Befestigungen wurden zerstört. Wer fliehen konnte, floh. Als die Franzosen abzogen, ragten nicht viel mehr als zwei Kirchen, eines der Klöster, ein paar Häuser am Schlossberg und das prächtige Renaissancehaus *Zum Ritter* halbwegs unversehrt aus den Ruinen. Lieselotte weinte im fernen Paris um ihre Heimatstadt, und ihr königlicher Schwager ließ triumphierend eine Münze mit dem Schriftzug *Heidelberga delata* auf die zerstörte Stadt prägen. Die Pfalz bekam er trotzdem nicht.

Warum das, obwohl es vier Jahrzehnte vor Eva Katharina Hahns Taufe geschah, für diese Geschichte von Bedeutung ist? Weil es die Stadt und ihre Bewohner verändert hat wie kein Ereignis vorher oder nachher und das Leben des Kindes Eva, der späteren Madam König, noch späteren Madam Lessing geprägt hat.

Denn nur 153 der alteingesessenen Familien waren in die Ruinen ihrer Stadt zurückgekehrt, zumeist ›kleine Leute‹, die keine Alternative hatten, die ärmeren unter den Fischern, Handwerkern oder Winzern. Zu arm, zu wenige, um die Stadt wieder aufzubauen. Dazu brauchte es neue Bürger mit Unternehmungsgeist und dem nötigen Kapital. Sie kamen aus allen Richtungen der Windrose: aus der Schweiz, aus Vorarlberg, Tirol und dem Allgäu, aus Franken, Württemberg, den Rheinlanden und aus der Gegend des norditalieni-

Blick auf Schloss und Heidelberg
von Osten, 1780

schen Comer Sees, einige aus Böhmen, Mähren, Ungarn und Litauen, gar aus dem englischen Liverpool und dem irischen Dublin. Reines Pfälzisch sprachen hier nur noch wenige, und das Fremde, das Ungewohnte, neue Ideen und Lebensweisen weiteten den Blick aus der Enge der kleinen Stadt.

Die wenigen alten und zahlreichen neuen Bürger bauten die Stadt entlang dem alten Straßenplan wieder auf. Doch zumeist, wie auch das Haus der Hahns, nicht im mittelalterlichen Fachwerk, sondern im barocken Stil mit verputztem Stein. Nur die Dächerlandschaft glich der alten: rote Ziegel für die Häuser der Bürger, der von weit her transportierte teure Schiefer für die Amtsgebäude, die Kirchen und Palais.

Und alle hatten ihre Religion mitgebracht. Sicher war auch das einer der Anziehungspunkte gewesen, die die verheerte Stadt bot. Nach alter Regel hatte das Volk zu glauben, was der jeweilige Landesherr glaubte – in der Pfalz jedoch herrschte nahezu Religionsfreiheit.

Das Zusammenleben der verschiedenen Konfessionen war für die Bürger der Stadt eine ständige Übung in Toleranz. Nicht, dass sich diese Katholiken, Reformierten und Lutheraner immer einig gewesen wären, Anlass zu Streit gab es ständig. Mal hatten die Katholiken Oberwasser, mal die Reformierten, aber so ließ es sich doch leben. Wenn auch die Überzeugungen, welche Religion die einzig wahre mit den größeren Rechten sei, zu allerlei Kuriositäten führte. Zum Beispiel zu der Mauer, die die Hauptkirche der Stadt, die Heiliggeistkirche, in zwei Gotteshäuser trennte: der Chor für die Katholiken, das Langhaus für die Reformierten. Mit einer kurzen Unterbrechung blieb das noch gut 200 Jahre so.

Die Lutheraner, zu denen die Kaufmannsfamilie Hahn gehörte, blieben eine Minderheit. Eine eigene Kirche hatten sie trotzdem, nach dem Wahlspruch eines ihrer Kurfürsten *Do-*

minus providebit – Der Herr wird sorgen – hatten sie ihr Gotteshaus Providenzkirche genannt. Mit dem Wiederaufbau nach dem großen Brand hatte sie anstelle des bescheidenen alten Dachreiters einen ordentlichen Glockenturm mit einer zwiebeligen Kuppel bekommen und anstatt der schlichten Flachdecke eine barock gewölbte. Etwa ein Jahr bevor die Tochter der Hahns darunter auf den Namen Eva Katharina getauft wurde, war der Deckenspiegel mit einem Gemälde der Speisung der Viertausend geschmückt worden, die Emporen später mit 26 Ölbildern biblischer Geschichten. Die lutherische Gemeinde mag klein gewesen sein, arm war sie nicht.

Auch jüdische Familien wurden jetzt wieder geduldet. Die ersten jüdischen Einwohner in Heidelberg sind für das Jahr 1275 belegt. In den folgenden Jahrhunderten teilten die Heidelberger Juden das Schicksal ihrer Glaubensgenossen überall in Europa, sie wurden vertrieben oder totgeschlagen, ihr Besitz vereinnahmt, sie wurden zurückgeholt oder wieder geduldet, erneut vertrieben – 1390 für gut 300 Jahre. Erst um 1700, als nach der Zerstörung jeder willkommen geheißen wurde, der bereit und in der Lage war, Steine aufeinander zu schichten und die Stadt neu erstehen zu lassen, fanden sich wieder jüdische Familien ein. In diesem Jahrhundert waren es nie mehr als zwanzig, sie wohnten in verschiedenen Straßen der Stadt. Die Judengasse war kein abgeschlossenes Ghetto und das ihr den Namen gebende Judentor, das die schmale Straße zur Neckarseite hin abschloss, stets nur Teil der Stadtbefestigung nahe der alten Synagoge.

Auch Evas Familie war keine von den urpfälzischen. Ihre Mutter, eine 1702 geborene Gaub, war wohl die Tochter eines Heidelbergers, des Hutmachers Johann Christoph Gaub, aber Heinrich Kaspar Hahn gehörte zu den Neulingen, er hatte 1719 das Bürgerrecht erworben und weit verzweigte und den Geschäften förderliche Familienverbindungen mitgebracht. Seine Vorfahren und noch in seiner Generation die meisten Verwandten waren Schmiede und Kleinbauern im westfälischen Schwelm. Nur sein Vater, Evas Großvater, tanzte aus der Reihe, Johannes Hahn betrieb neben einer Gastwirtschaft und Bäckerei einen Fernhandel. Fernhandel klingt beeindruckend, nach Verbindungen zu London, Genua und Lissabon, nach Ostindien oder gar den Banda-Inseln, wo die so begehrten wie teuren Muskatnüsse herkamen, wahre Wunderdinger, die nicht nur als Gewürz dienlich waren, sondern auch als Mittel gegen allerlei Krankheiten bis hin zur Pest. Tatsächlich konnte Fernhandel schon den Tausch von Waren gegen Geld nur über die eigene Region hinaus bedeuten, zum Beispiel von Schwelm, das direkt an einer der seit dem Mittelalter bestehenden Fernstraßen lag, ins Pfälzische.

Der Schwelmer Gastwirt und Bäcker handelte mit Waren in bescheidenen Mengen (das ist nicht überliefert, aber sehr wahrscheinlich), unter anderem wohl mit Textilien, mit Stoffen, Strümpfen und Bändern aus Leinen, Baumwolle und Seide, den Reichtum bringenden und schon traditionellen Erzeugnissen des Bergischen Landes.

Zwei seiner Söhne hatten die ländliche Heimat verlassen und sich auf den Weg in die Welt gemacht. Johann Georg hatte in Mannheim die Tochter eines Großhändlers von Elberfelder Leinen- und Seidenerzeugnissen geheiratet, dessen Familie wiederum ein Netz von Einzelhandelsgeschäften im Rheinischen betrieb – womöglich Geschäftspartner der Schwelmer Hahns. Eine Heirat, wie sie zu kluger Geschäftspolitik gehörte.

Nicht nur der Adel, besonders der regierende, festigte und erweiterte seine Stellung durch planvolles Heiraten. Die Strategie verfolgte jede Familie, die Besitz zu erhalten und zu mehren hatte, und wenn es auch nur ein Acker oder eine Kate waren. Blut ist dicker als Wasser. Gerade die jüngeren Söhne – und alle Töchter – von Kaufleuten konnten durch passende Ehen zuverlässige Stützpunkte auf fremdem Terrain schaffen; wenn sie tüchtig waren und sich auf ihr Metier verstanden, wuchs ein die Geschäfte stabilisierendes familiäres Netz. Wer von den Männern Glück hatte, bekam eine bruderlose Erbin zur Frau und stieg vom jüngeren Sohn zum Herrn auf.

Johann Georg wurde in Mannheim ein erfolgreicher Kaufmann. Auch ein zweiter Sohn, der 1688 geborene Heinrich Kaspar Hahn, wandte sich nach der Pfalz und ging eine passende Ehe ein, als er am 16. Februar 1724 in Heidelberg Eva Katharina Gaub heiratete. Er war 35 Jahre alt (womöglich war es seine zweite Ehe), seine Braut um vierzehn Jahre jünger. Zwar bekam er mit ihr nicht auch die väterliche Handlung, die war schon an einen anderen ›Tochtermann‹ vergeben, aber eine kluge, geschäftstüchtige Frau. Und wenn man von ihrem Erbe nach dem Tod des Vaters ausgeht, wird ihre Mitgift nicht kärglich gewesen sein.

Eva war ihr jüngstes Kind, und das blieb sie. Zwei Jahre nach der Taufe, 1738, starb Heinrich Kaspar Hahn nach nur vierzehnjähriger Ehe. Ein Drama für die Familie, für seine Frau, die Söhne und die Töchter – Eva konnte sich nie an ihren Vater erinnern und hat ihn noch als erwachsene Frau schmerzlich vermisst.

Plötzlich war aus der ›Eheliebsten‹ eine ›Wittib‹ geworden. Ihr ältester Sohn war erst elf, die anderen beiden neun und sieben, die Tochter Maria Amalia fünf, Eva Katharina zwei Jahre alt. Was tun allein mit dem großen Handelsgeschäft? Sie hatte sich nie viel darum gekümmert, mit den Kindern und der Führung des großen Hauses hatte sie genug zu tun gehabt. So steht es jedenfalls in den Heidelberger Akten. Die

Hahns waren in ihrer Stadt eine angesehene und einflussreiche Familie, das bedeutete Verpflichtungen und Gäste, die bewirtet und angemessen unterhalten sein wollten. Auch Geschäftspartner von weit her waren immer wieder zu Gast, gelehrte Freunde und Kollegen ihres Bruders, des Professors Gaub im Holländischen, machten gern auf der Durchreise in Heidelberg Station.

Die Wittib Hahnin, wie sie fortan in den Akten genannt wurde, war 36 Jahre alt, jung genug für eine zweite Ehe, sogar um einem neuen Ehemann eigene Kinder zu gebären. An Bewerbern wird es nicht gemangelt haben, sie war ja eine glänzende Partie und wie andere Witwen mit einem solchen Besitz als Sprungbrett zum Wohlstand begehrt, auch bei jüngeren Männern. Sie heiratete nicht wieder. Sie riss sich zusammen, übernahm die Geschäfte und zeigte schnell, was sie als Nachfahrin und Witwe von erfolgreichen Handwerkern und Kaufleuten vom Handel verstand. Ihre Geschäfte gingen gut, schon bald vergrößerte sie ihr Anwesen durch den Kauf eines benachbarten Hauses und Grundstückes, und sie verschaffte sich in dieser Zeit, die selbständigen Frauen nicht gerade wohl gesonnen war, Respekt. Zweifellos hatte sie Personal, einen ›Schreiber‹ im Kontor, fachkundige Gehilfen, aber die Chefin war und blieb sie.

Als der junge Kaufmann Georg Wilhelm Delph, Sohn eines reformierten Pfarrers in Langenschwalbach, 1748 das Heidelberger Bürgerrecht und die Aufnahme in die Krämerzunft beantragte, stand im vorzulegenden Lehrbrief, dass er seine Ausbildung bei der Heidelberger Handelsfrau Hahn absolviert hatte. Mag sein, die Wittib Hahnin hatte sich während ihrer Ehe und im ersten Jahr nach dem Tod ihres Mannes tatsächlich nicht um die Geschäfte des Handelshauses gekümmert, aber dann hatte sie schnell gelernt. Wenn sie einen Lehrbrief ausstellen durfte, war sie als Handelsfrau anerkannt.

Damit war sie keine alltägliche Erscheinung. Natürlich gab es auch andere Frauen, die eigene Geschäfte oder die ihrer verstorbenen oder auf lange Zeit verreisten Männer führten, doch das waren zumeist kleine Läden, der Krämer-, nicht der Handelszunft zugeordnet.

Eva Katharina, die Wittib Hahnin, übernahm die Leitung eines gut gehenden Handelshauses in schwierigen Zeiten. In Heidelberg lebten nun wieder etwa 7000 Menschen, auch ein paar Reiche waren darunter, die wichtigen Kunden für große Einkäufe und lukrative Luxusgüter. Doch die meisten waren fort. Das rote Schloss der kurpfälzischen Fürsten auf seinem Plateau am Hang der Hügel südöstlich der Stadt war zwar wieder halbwegs aufgebaut, auch die zerstörte Neckarbrücke, die in Gewändern aus Samt und Seide lustwandelnden Damen und Herren des Hofs mit ihren gut gefüllten Börsen waren trotzdem verschwunden. Der Schlossgarten, einst nach dem quadratischen Muster eines orientalischen Teppichs angelegt und als achtes Weltwunder gerühmter *Hortus palatinus* mit seiner blühenden Pracht, mit den Grotten und beheizten Bädern, den allegorischen Figuren und technischen Wasserspielereien, war nun neben gänzlich verwilderten Arealen reiner Nützlichkeit preisgegeben. Obstspaliere und profane Gemüsebeete bestimmten das Bild.

Schon einige Jahre bevor Heinrich Kaspar Hahn und Eva Katharina Gaub heirateten, hatte der Kurfürst Heidelberg verlassen und wütend gedroht, die Stadt werde zum Dorf schrumpfen und vor den Häusern bald das Gras wachsen. So schlimm war es nicht geworden, aber ohne den Hofstaat, die Beamten und Soldaten fehlte der größere Teil der gut situierten Kundschaft der Heidelberger Geschäftsleute. Auch all die Besucher, die eine Residenz aus privaten, wirtschaftlichen oder politischen Gründen stets anzog, die überall, wohin sie reisten, viel Geld ließen, blieben seither aus.

Wieder einmal war die Religion schuld gewesen. Der Kurfürst – nun war mal wieder ein katholischer an der Reihe – bewies weitaus weniger Toleranz als seine Vorgänger. Die Heiliggeistkirche, die mit der Mauer zwischen Chor und Langhaus, sollte wieder einzig ihm und seinen Glaubensbrüdern und -schwestern gehören und fürstliche Grablege sein. Die starke protestantische Gemeinde hatte entschlossen Widerstand geleistet, und als sich noch die evangelischen Fürsten des Reichs einmischten und mit Sanktionen drohten – Kriege wurden auch in jenen Zeiten allzu leicht angezettelt –, hatte er mitsamt seinem vielköpfigen Hofstaat die Stadt im Zorn verlassen und war ins nahe Schwetzinger Schloss übergesiedelt, bis das grandiose neue in Mannheim bewohnbar war.

Die Stadt hatte sich nicht in eine grasüberwucherte Ödnis verwandelt, aber sie war doch viel schläfriger und kleinbürgerlicher geworden und der Gang der Geschäfte erheblich bescheidener. Wenn die Wittib Hahnin das große Haus halten wollte, sich und ihre Kinder ernähren und ihnen eine gute Bildung und günstige Heirat ermöglichen, musste sie lukrative, weit über die Stadt hinausreichende Geschäfte machen. Für ihre Kinder wird wenig Zeit geblieben sein, und doch – oder gerade darum – wurde sie zum praktischen Vorbild für ihre heranwachsenden Töchter.

Wir lernen am meisten und nachdrücklichsten durch Vorbilder, und so liegt hier eine Erklärung für Eva Königs (so muss sie an dieser Stelle schon genannt werden, denn nur unter diesem Ehenamen war sie Geschäftsfrau) spätere Entschlossenheit und ihre Fähigkeiten im Kampf um ihre Manufakturen in Wien. Kinder lernen von der Eltern- und Großelterngeneration, auch von Geschwistern, Freunden, von ihrer Umwelt, durch Anleitung ihrer Lehrer, aber auch durchs Zusehen und Miterleben, davon tatsächlich am meisten. Die besten Vorschriften und Befehle bleiben vergeblich, wenn ihnen widerspricht, was Kinder sehen, fühlen und beobachten.

Sie lernen, wie man sich die Nase putzt, den Löffel manierlich oder unmanierlich zum Mund führt, wie man miteinander und mit anderen spricht und sich verhält, sie lernen, wie man eine Suppe kocht oder ein Dach deckt. Zu Zeiten, als Beruf und Privatleben inhaltlich wie räumlich noch eng miteinander verknüpft waren, lernten sie so selbstverständlich wie die alltäglichen Sitten und häuslichen Tätigkeiten auch die beruflichen Fertigkeiten ihrer Familien. Die Spezies Mensch gehört zu den Nachahmern, die Vorbilder der Kindheit, das in frühen Jahren Erlebte, prägen am tiefsten. Bis Kindheit und ›kindgerechte‹ Freizeit als Erfindungen späterer Zeiten die Generationen und die konkreten Erfahrungen trennten, erlebten Kinder nicht nur alle Arbeit der Erwachsenen mit, sie hatten auch Teil daran. Wenn sie wie die Hahn'schen Kinder das Glück hatten, in einer begüterten Familie aufzuwachsen, nur so weit, wie es ihrer Kraft und ihrem jeweiligen Alter entsprach.

Eva, das Kind, das Mädchen, wird in der Küche und im Nähzimmer, beim Erbsenpflücken und Seifekochen vor allem die Dienstboten erlebt haben. Ebenso an den Waschtagen, zweimal im Jahr, wenn die Frauen mit den roten Händen ins Haus kamen, die Röcke hochbanden und eine ganze Woche lang Wasser vom Fluss herbeischleppten und Berge von Leibwäsche, Tisch- und Betttüchern in der dampfenden Lauge kochten, kneteten und rubbelten. Wenn die Bleichwiese hinter dem Haus von den Leintüchern ganz weiß war und der Geruch von Pottasche, Melisse und Lavendel durchs Haus zog. Die Hausfrau hatte auch jetzt auf all das ein wachsames Auge, aber mehr nicht, zuallererst war ihr Platz in ihrem Kontor und im Warenlager, sie verhandelte mit Kunden und Geschäftspartnern, sie stritt mit Konkurrenten und den Vertretern der Ämter.

Schließt man von den Zeugnissen zurück, die es von der erwachsenen Frau gibt, war das Kind Eva wach und wissbegierig. Sicher haben sie und ihre Schwester viele Arbeitsstunden ihrer Mutter, der Handelsfrau, geteilt, umso mehr und verantwortlicher, je älter sie wurden. Spätestens als Eva ein Fräulein von zehn oder zwölf Jahren war, denn in dieser Zeit hatten ihre neun und fünf Jahre älteren Brüder Johann Georg und Johann Heinrich das Haus sehr wahrscheinlich verlassen, um bei anderen Kaufleuten in die Lehre zu gehen oder das im eigenen Haus Gelernte zu vertiefen und zu erweitern, so war es Brauch. Johann David, der mittlere, besuchte in Holland die Universität. 1753, als Eva siebzehn Jahre alt wurde, war er schon Professor der Physik in Utrecht.

Bildung und die Wissenschaften hatten in dieser Familie hohen Wert. Auch für die Frauen? Als Madam König war Eva eine gebildete Frau. Woher? Durch wessen Unterstützung? Wohl machten sich einige gelehrte Köpfe Gedanken über Mädchenschulen, die mehr waren als die Kirchenschulen, in denen Jungen und auch Mädchen armer Familien das Nötigste lernten, Lesen und ein wenig Rechnen, den Katechismus natürlich und – nur die Mädchen – Nadelarbeit. Aber ›gelehrte‹ Institute, wie es sie für Jungen des Adels, Großbürgertums und mit einem Stipendium auch für Söhne wenig begüterter Gelehrter und Beamter gab, lagen in weiter Zukunft. Auch eine Erziehung als Pensionistin in einem Kloster kam für ein lutherisch getauftes Mädchen nicht in Frage.

Ob Evas Brüder die Lateinschule besuchten, ist zumindest für die beiden zukünftigen Kaufmänner fraglich. Seit dem 16. Jahrhundert gab es das von Reformierten geleitete *Pädagogium*, eine höhere Knabenschule, die aber der Vorbereitung auf die Universität diente. Sonst waren die Bildungsinstitutionen in Heidelberg in dieser Zeit fest in den Händen der Jesuiten, und an die – wie an andere Pädagogen – hatte die Wittib Hahnin keine guten Erinnerungen. Der Orden galt als geistige Elitetruppe der Katholiken, seine Heidelberger Vertreter machten dem wenig Ehre. Die Universität erlebte in diesen Jahrzehnten ihren zahlenmäßigen wie inhaltlichen Tiefstand. Vor Jahren war auch die Bildung von Hieronymus David Gaub, Evas Onkel und Bruder ihrer Mutter, den Heidelberger Jesuiten anvertraut worden, bis sein Vater die Gefahr spürte, der Sohn werde unter dem missionarischen Eifer seiner Lehrer die eigene Religion verleugnen und konvertieren. So einfach war es eben doch nicht mit der Freiheit der Religionen. In der Schule des strengen Pietisten August Hermann Francke im fernen Halle, der nächsten Station auf Hieronymus' Bildungsweg, war er vor ›papistischen‹ Einflüssen sicher, doch der Pädagoge fand in ihm nur mangelnde geistige Fähigkeiten – höchstens geeignet für den Kaufmannsstand, erklärte er, nicht für die Wissenschaften – und schickte ihn zurück in die Pfalz. Erst bei einem Onkel in Amsterdam, einem renommierten Arzt, fand er Förderung und Anerkennung. Er studierte im nur wenige Meilen von der Hafenstadt entfernten Leiden bei dem berühmten Arzt und Botaniker Hermann Boerhaave, was gewiss nicht billig war, vertiefte seine Studien ein Jahr lang in Paris und promovierte, zurück in Leiden, zwanzigjährig über ›die festen Teile des menschlichen Körpers‹.

Inzwischen war er selbst als Arzt und Wissenschaftler eine Koryphäe, Autor weit verbreiteter Lehrbücher und Nachfolger auf Boerhaaves Lehrstuhl. Eine besondere Ehre, Ausländer waren auf niederländischen Lehrstühlen nicht vorgesehen. Dass sich eine seiner späteren, viel beachteten Abhandlungen mit dem Thema Heimweh befasste, lässt nach den langen Kinder- und Jugendjahren in der Fremde nicht wundern.

Dieses Stück Familiengeschichte der Gaubs zeigt eine Weltläufigkeit, die bei Handelsleuten nicht außergewöhnlich, aber auch nicht an der Tagesordnung war. Sie zeigt den Stellenwert, den Bildung und Wissenschaft in dieser Familie hatten. Für eine Frau war ein solcher Lebensweg, eine solche Karriere natürlich undenkbar. Auch jetzt noch diskutierten selbst ein paar gelehrte Köpfe, männliche Köpfe, ob Frauen überhaupt eine Seele hätten. Bildung, Übung im Denken (was nicht dasselbe ist) erfuhr Eva trotzdem. Das zeigen ihre spätere Tätigkeit als Kauffrau und der Freundeskreis, der sich an ihrer Tafel versammelte. Das zeigen die Briefe, die sie später als Eva König an ihren fernen liebsten Freund schrieb.

Sie konnte nicht nur denken, sie konnte ihren Gedanken und Überlegungen, ihren Ängsten, Hoffnungen und Freuden auch Ausdruck geben. ›Eine fertige Briefschreiberin‹ nannte Lessing, dem Schmeicheln fremd war, sie später. Sie verstand mit Worten umzugehen, nicht auf diese gedrechselte Weise, wie es der Mode ihrer Zeit entsprochen hätte, sondern klar und klug, stets mit Gefühl und meistens mit Humor. Und eben immer auch mit Verstand.

Wie andere Mädchen ihrer Gesellschaftsschicht werden sie und ihre Schwester den ersten Unterricht von ihrer Mutter – vielleicht am großen Tisch im Kontor – oder einer anderen im Haus lebenden Frau bekommen haben, bevor ein Privatlehrer ihr Wissen vertiefte. Über das Lesen, Schreiben und das Rechnen hinaus auch in Französisch, das gewiss, wohl auch in Englisch und Italienisch, Sprachen, die im Handel wichtig waren. In dieser Zeit schon wichtiger als das Latein der Gelehrten. Auch Erdkunde und ein wenig erbauliche Literatur. Für die religiösen Unterweisungen war der Pfarrer oder sein Hilfsprediger zuständig, wenn er zu den Mutigen gehörte, vielleicht auch für ein paar Lektionen in Philosophie und Geschichte. Einen großen Haushalt zu führen lernte sie in alltäglichen Tochterpflichten, den Umgang mit der Näh- und der Sticknadel nach getaner Arbeit bei Kerzenschein. Das Sticken, die zierliche Kunst mit bunten Seidenfäden, blieb ihr immer ein Vergnügen, mit dem sie ungeduldige Stunden des Wartens kurz werden ließ. Nur eine ›geschickte Köchin‹ wurde sie nicht.

Womöglich durften die Mädchen beim Unterricht der drei älteren Brüder dabei sein, zumindest still zuhören. Sogar für Lateinschüler gehörte zusätzlicher Privatunterricht zum Bildungsprogramm, auch in an den Schulen nicht gelehrten Fächern. Zumindest für Johann David, den mittleren der Brüder. Er würde wie sein Onkel Hieronymus David Gaub, nach dem er seinen zweiten Vornamen trug, in Leiden (und in Utrecht) studieren. Ihn wird sie von ihren Brüdern am meisten lieben. Sie war stolz auf diesen gelehrten Bruder; wenn sie später in ihren Briefen von ihm berichtete, nannte sie ihn stets mit liebevollem, niemals spöttischem Unterton den ›Professor‹.

Womöglich war der jesuitische Astronom und Professor der Mathematik in Heidelberg Christian Mayer einer von Davids Lehrern, die ins Haus der Hahns kamen, vielleicht war er einer der Schüler von Evas Onkel in Leiden gewesen. Viele Jahre später schrieb Lessing aus Wolfenbüttel an Eva nach Wien, Professor Mayer habe ihn auf der Durchreise von St. Petersburg besucht und sehr bedauert, Madame König in Hamburg nicht angetroffen zu haben. Der Heidelberger Jesuit war ein Verehrer Lessings und den Hahns und Eva schon lange freundschaftlich verbunden.

Etliche Tagesreisen von Heidelberg entfernt im sächsischen Kamenz in der Niederlausitz ging ein Kind ganz anderer Herkunft einen ganz anderen Bildungsweg. Gotthold Ephraim Lessing war 1729 als Sohn des lutherischen Predigers und Archidiakons an der Marienkirche Johann Gottfried Lessing und dessen Frau Justina Salome, geb. Feller geboren worden. Einige seiner Vorfahren, die des Vaters, waren ursprünglich aus Böhmen eingewandert, waren Handwerker, die meisten Pastoren, Stadtrichter, Ratsherren oder Bürgermeister und hatten in Leipzig, Halle oder Wittenberg studiert. Das Städtchen Kamenz hatte nur etwa 2000 Einwohner, es lag an der wichtigen Hohen Straße, die von Krakau über Breslau nach Leipzig und Erfurt führte. Die Gassen waren eng, doch die beiden Kirchen und das Rathaus stattlich. Wie Heidelberg hatte Kamenz einen großen Stadtbrand überlebt und sich nur mit Mühe erholt. Es war eine Handwerkerstadt, Leineweber, Tuchmacher und Bierbrauer waren am bedeutendsten.

Gottholds Vater wartete fünfzehn kärgliche Jahre, bis er als Nachfolger seines Schwiegervaters Gottfried Feller vom Prediger zum Pastor Primarius, zum Hauptpastor aufstieg. Da hatte ihm seine Frau, sie galt als besonders gottesfürchtig und ergeben in ihr Schicksal, schon zwölf Kinder geboren. Mag sein, dass es das Leben war, das ihn streng und – ziemlich oft – missmutig und ›hitzig‹ gemacht hatte. Er besaß eine große, später von seinem ältesten Sohn bewunderte Bibliothek, war ein fleißiger theologischer Publizist und übersetzte auch aus dem Lateinischen, Griechischen, Hebräischen und eigene Texte ins Französische und Englische, er dichtete Kirchenlieder, manche allerdings in recht wunderlichen Bildern. Bei alledem war er ein ziemlich konservativer Mann, ganz anders als sein Vater, Gotthold Ephraims Großvater, der ein vergnügter Mensch, der reinste Freigeist und ein entschiedener Vertreter der Toleranz (auch der religiösen) war. Theophilus Lessing hatte an der Philosophischen Fakultät in Leipzig studiert, zur gleichen Zeit wie ein anderer, noch entschiedenerer Freigeist, der Mathematiker und Philosoph Gottfried Wilhelm Leibniz, und blieb 24 Jahre Bürgermeister der Stadt.

Gotthold war das dritte Kind des Archidiakons Lessing, das zweite von sieben, die ihre ersten Jahre überlebten, der älteste Sohn. Das Leben im Pfarrhaus war – sagen wir: nicht einfach für diesen Jungen mit dem überwachen Geist und der Neigung zum Widerspruch. Er hatte früh seinen eigenen Kopf, seine speziellen Vorlieben. So weigerte er sich als Fünfjähriger entschieden, sich als verspieltes Kind ›mit einem Bauer, in welchem ein Vogel saß‹ malen zu lassen. Er wollte mit einem großen Haufen Bücher gemalt sein oder gar nicht, erinnerte sich sein Bruder Karl Gotthelf später. Er war überzeugend: Sein Bild wurde ohne Bauer, mit vielen Büchern gemalt.

Zunächst hatten ihn, wie es üblich war, sein Vater und Verwandte unterrichtet. Mit acht Jahren wurde er Schüler der protestantischen Kamenzer Lateinschule. Die hatte einen aufgeschlossenen, noch nicht einmal dreißig Jahre alten Rektor, der versuchte, das starre System blinder Paukerei und der Konzentration auf die alten, die gelehrten Sprachen und die Religion zu durchbrechen. Er gab der deutschen Sprache breiten Raum im Lehrplan und richtete mit Unterstützung des Bürgermeisters, Gotthold Ephraims Großvater, ein Schultheater ein. Nicht nur irgendein Podest für rhetorische Übungen und Deklamationen klassischer lateinischer und griechischer Texte, sondern ein richtiges, mit gemalten und beweglichen Kulissen, und dass er auch zeitgenössische deutsche Stücke aufführen ließ, muss Furore gemacht haben. Es war das erste Theater, das der zukünftige Dramatiker und Theaterkritiker erlebte.

Schon nach wenigen Jahren erkannte Vater Lessing, der ja selbst ein gelehrter Mann war, dass Gotthold Ephraim in Kamenz nicht genug lernen konnte. Es mag auch sein, dass er beschloss, dieser unruhige Sohn brauche erheblich strengere Zucht, auf alle Fälle eine Bildung, die ihm die Eignung für ein bedeutendes Amt gab. Das kleine Gehalt eines Pfarrers reichte kaum zum Leben der vielköpfigen Familie, Geldnot begleitete sie ständig. So erbat er vom sächsischen Kurfürsten Friedrich August II. für seinen ältesten Sohn eine Koststelle, eine Art Stipendium an der traditionsreichen Fürstenschule St. Afra in Meißen. Die Bitte wurde gewährt – und für Gotthold Ephraim öffnete sich die Welt. Die Welt der Bücher, des Wissens, des Denkens. Das war der erste Schritt.

Die sechsjährige Schulzeit war in zwölf ›Dekurien‹ eingeteilt, Gotthold bestand die Aufnahmeprüfung – Griechisch, Religion, Mathematik und Latein – glänzend, er durfte die erste Dekurie überspringen. In St. Afra herrschte klösterliche Zucht, morgens, mittags und abends Gebete, Tag für Tag zehn Stunden Unterricht und stilles Studium, am meisten Religion und Latein, gefolgt von Griechisch und Hebräisch, dann Französisch, Rhetorik, Mathematik, Erdkunde und Geschichte. Aber es wurde auch, anders als an anderen solcher Schulen, Musik, Italienisch und sogar Tanz unterrichtet. Das sagt es schon: An dieser Schule herrschte neben christlicher Zucht und Ordnung auch ein etwas freierer Geist.

Es fiel dem zwölfjährigen Gotthold schwer, sich einzufügen und seinen sprunghaft-übermütigen Kopf auf das zu konzentrieren, was gerade gefordert war. Im Osterzeugnis 1742 hieß es: *Er ist nicht unbedeutend begabt, bedarf aber strenger Leitung, ›um ordentlich und fleißig seine Schuldigkeit zu tun*[4]*‹*. Aber er war hier glücklich. Bald sogar sehr fleißig, und im übernächsten Jahr bescheinigten ihm seine Lehrer *Geistesschärfe und ausgezeichnetes Gedächtnis, auch strebt er nach sittlich würdigem Betragen,* und *seine hervorragenden Geistesgaben macht er durch häufige Arbeiten,* *auch geometrische, und durch Verbesserung seiner Sitten lobenswerter.*[5] Sein lebhafter Geist, auch das wurde notiert, müsse allerdings gezügelt werden, da der Schüler dazu neige, sich zu zersplittern. Er hat immer, bis in seine letzten Jahre, dazu geneigt, etwas Neues zu planen, zu skizzieren, zu beginnen und es über noch Neuerem, einer noch besseren Idee abzubrechen, manchmal mitten im Satz, und es nie zu beenden. Schließlich stellte sein Rektor fest: *Er ist ein Pferd, das doppeltes Futter haben muss. Die Lektiones, die andern zu schwer werden, sind ihm kinderleicht. Wir können ihn fast nicht mehr gebrauchen.*[6]

Diese Schule war für ihn ein großes Glück, auch und besonders wegen des Mentors, den er hier fand. Johann Albert Klimm war ein Außenseiter unter den Lehrern an St. Afra. Er unterrichtete Mathematik, Geographie und Astronomie, Rhetorik und Logik. Er beaufsichtigte auch zusätzliche Privatstunden, die in der freien Zeit der Schüler absolviert werden mussten, und die reichten bei ihm weit über die im Stundenplan vorgesehenen täglichen zwei hinaus. Klimm paukte nicht nur, er redete und diskutierte mit seinen Schülern, oft bis tief in die Nacht, er lieh ihnen Zeitschriften und Bücher, die er privat bezog, eine Lektüre, die nichts mit dem Lehrplan zu tun hatte, sondern seinen Schülern die literarischen und philosophischen Strömungen der Zeit nahe brachte.

Die Vorstellung kann nicht unerlaubt sein, so Dieter Hildebrandt in seiner Lessing-Biographie, *dass Klimm ihm zuerst eine Ahnung davon verschaffte, dass es neben der Historie und den Büchern auch eine Gegenwart gab.*[7]

Klimm unterstützte den Schüler Lessing auch in seinen in St. Afra an Unbotmäßigkeit grenzenden Übungen in der deutschen Sprache. Die Pflege des Deutschen an der Kamenzer Schule war eine kühne Ausnahme, an anderen und erst recht an einer Fürstenschule wie St. Afra war Deutsch (zumindest als Lehrfach) verpönt. Nur die floskelhafte, gedrechselte und mit lateinischen Wendungen verschnörkelte Kanzleisprache der Juristen und Ämter wurde geübt. Die musste jeder beherrschen, der mit ›hoch gestellten‹ Persönlichkeiten, mit der Obrigkeit, korrespondieren oder reden wollte. Man sprach und schrieb Latein und Griechisch, wie es sich für gelehrte Männer gehörte. Wer das Deutsche pflegte, darin gar einen eleganten Stil suchte und vervollkommnen wollte, und das übte der Schüler Lessing mit grimmiger Entschlossenheit, gebärdete sich außenseiterisch – wie der Lehrer Klimm.

Als im zweiten Schlesischen Krieg 1745 im von den Preußen beschossenen und besetzten Meißen auch das Leben in St. Afra schwer erträglich wurde, wurden dem Schüler Gotthold Ephraim auf Antrag seines Vaters die letzten beiden Dekurien, ein ganzes Jahr, erlassen. Er war nun siebzehn Jahre alt und bereit für die Welt der Gelehrten. Am 30. Juni 1746 verabschiedete er sich mit seinem lateinischen Vortrag *Über die Mathematik der Barbaren*, der nichtgriechischen Völker.

War der Abschied von der Schule, von den Mitschülern und Lehrern schwer? Sicher. Er erinnerte diese fünf Jahre immer als eine sehr glückliche Zeit. Aber welcher junge Mensch hätte das Ende der Schulzeit je bedauert? Draußen wartete doch die Welt.

Zuerst Leipzig. Die Universität, natürlich. Wieder half ein Stipendium dem armen Pfarrerssohn, diesmal eines der Stadt Kamenz. Die Universität? Ja, die auch. Aber Leipzig war nicht nur die Stadt der Bücher. Diese sprudelnde Stadt, das deutsche Paris, hatte so viel mehr zu bieten für einen jungen Feuerkopf, der alles andere als die für ihn bestimmte Theologie im Sinn hatte. Wissenschaften und Kunst, ja, unbedingt, aber auch Vergnügen, Freiheit, Abenteuer – und nun, endlich, nicht mehr nur aus den Büchern.

Ob das Mädchen in Heidelberg, am anderen Ende des Reichs, viel Vergnügen und viel freie Zeit hatte? Es sieht nicht so aus. Als heranwachsende Tochter einer berufstätigen Mutter hatte sie mehr und vor allem verantwortungsvollere Pflichten als andere Mädchen. Freundinnen wird sie gehabt haben. Die brauchte sie unbedingt. Zum Schwatzen und Lachen, um Geheimnisse und Träume auszutauschen, zum Wiederfrohwerden an melancholischen Tagen. Auch darüber ist nichts bekannt, aber wer bot sich da an? Sehen wir uns in der Nähe des Hahn'schen Hauses um.

Katharina Christine Bassermann (noch eine Katharina!) vielleicht? Die als Erste, denn sie lebte direkt gegenüber, auf der anderen Seite der Hauptstraße. Dass sie ein Jahr jünger war als Eva, macht nichts. Wer in der eigenen Familie das Nesthäkchen ist, kann es angenehm finden, anderswo die Ältere zu sein. Im Haus der Bassermanns herrschte ganz anderer Trubel als in einem Handelshaus, es muss Eva ungemein verlockend erschienen sein. Katharina Christine war eine der Töchter der Wirtsleute des Gasthofes *Zu den drei Königen*.

Ihr Vater Johann Christoph Bassermann war Bäckergeselle und Wirtsgehilfe gewesen, bis er, der Habenichts, die Erbin des Gasthofes heiratete – oder sie ihn? – und gerade 25-jährig zum Drei-König-Wirt aufstieg. Das Schicksal seiner Frau gleicht dem der Wittib Hahnin. Auch sie wurde mit Mitte dreißig Witwe und Erbin eines Unternehmens, auch sie hatte Kinder, allerdings nur vier. Aber anders als Evas Mutter war sie den üblichen Weg gegangen: Sie hatte schnell wieder geheiratet und die Geschicke ihres Erbes in die Hände des neuen Ehemannes gelegt. Der war zehn Jahre jünger als sie und nur Gehilfe, aber er war doch ein ›Mann vom Fach‹ und – das muss sie erkannt haben – von großem Unternehmungsgeist. Eine vernünftige Ehe, die ihn im Lauf der Jahre außerordentlich wohlhabend und zu einer bedeutenden Stimme in der Stadt machte. Gemeinsam bekamen sie weitere fünf Kinder, zwei Töchter und drei Söhne. Diese Bassermanns aus dem Heidelberger Gasthof brachten eine ganze Dynastie bedeutender Unternehmer, Politiker und Künstler hervor.

Katharina Christine war das älteste Kind aus dieser neuen Ehe. Wenn Eva über die Straße lief und die Halle des Drei-König-Wirts betrat, tauchte sie in eine andere Welt. Nur in den privaten Räumen des großen Hauses, auf den Treppen, im Hof und bei den Ställen herrschte die Unruhe einer an Kindern wie an Dienstboten reichen Familie.

In der Halle, im Entree, erlebte sie eine Gesellschaft, der sie sonst nicht begegnete: Beim Drei-König-Wirt stiegen die vornehmen Besucher der Stadt ab. Leute von Adel, Diplomaten, hohe Beamte, wohlhabende Kaufherren. Denn die gab es auch nach dem Wegzug des Hofes doch noch. Oder wieder. Die feine Gesellschaft hatte das Reisen entdeckt. Die meisten Gasthöfe waren miese Absteigen. Wo sich ein Haus wie dieses mit sauberen Betten und guter Küche und Weinkeller fand, mit allem Service, den diese Zeit bieten konnte, machten betuchte Reisende auch einen Umweg, um zu übernachten oder sich einige Tage auszuruhen. Um ihre empfindlichen Roben aus französischer Seide, italienischem Samt und indischem Kattun aufbügeln zu lassen, womöglich gar in einem Zuber mit reinem Wasser die Flöhe vom letzten Gasthofbett zu ertränken. Endlich wieder gut zu essen und zu trinken. Und Neuigkeiten zu hören.

Zeitungen waren ja noch Mangelware. Die Poststationen, die ›Haltestellen‹ der Postkutschen zur Rast und zum Pferdewechsel, und die Gasthöfe waren die reinsten Umschlagplätze für Nachrichten. Für Klatsch von den Höfen, zum Beispiel über die neue Mätresse des französischen Königs, diese

Madame Pompadour mit ihrer fragwürdigen Herkunft, die sich wie ein Mann in die Politik einmischte. Oder über den neuen böhmischen Kapellmeister und Violinisten am Mannheimer Hof, Monsieur Stamitz, unter dessen Leitung die Hofkapelle ganz außerordentliche Musik spielen sollte. Über das Ende des österreichischen Erbfolgekrieges – irgendwo war immer Krieg in diesen Jahrzehnten –, der die Position der Habsburger Kaisertochter Maria Theresia als Nachfolgerin ihres Vaters Kaiser Karl VI. gesichert hatte. Zwar war ihr Ehemann Herzog Franz Stephan von Lothringen als Franz I. 1745 von den Kurfürsten zum römisch-deutschen Kaiser gewählt worden, doch die Erbin des mächtigen Habsburgerreiches war die tatsächlich regierende Kaiserin. Eine Frau auf diesem Thron, dazu eine mit dem Kopf voller Reformen, wohin konnte das führen? Vielleicht hatte Eva das junge Kaiserpaar selbst gesehen, als sie auf der Rückreise von der Kaiserkrönung in Frankfurt am Main in Heidelberg Station gemacht hatten, Heimatstadt der Großmutter Franz II., Lieselotte von der Pfalz.

Mag sein, dass auch Reisende aus Leipzig bei Bassermann abstiegen, und Eva hörte sie über eine neue, höchst amüsante Komödie auf der Bühne der Prinzipalin Neuberin reden. Ein Leipziger Student sollte sie geschrieben haben, ein grüner Junge mit Namen Lessing, der sich, anstatt fleißig zu studieren, über die Gelehrten lustig machte.

Den Namen wird sie schnell vergessen haben, vom Theater wusste sie wenig oder nichts, in Heidelberg gab es keines, und die derben Aufführungen der wandernden Gesellschaften waren einer Frau, erst recht einem Mädchen aus ordentlichem Haus strikt verboten; die des Karlsruher Hoftheaters, das ab und zu im Ballhaus gastierte, wahrscheinlich auch. Die waren nicht derb, doch mit den italienischen Sängerinnen und französischen Balletteusen beinahe genauso unschicklich. Andererseits – wer weiß? Später, als junge Frau und als Witwe, kannte sie sich mit dem Theater gut aus. Vielleicht war die Wittib Hahnin großzügiger und freigeistiger, als zu vermuten ist.

In der Halle der Bassermanns hörte Eva fremde Sprachen und Dialekte; wenn ein Gast sie für eine Bedienstete oder eine der Töchter des Hauses hielt und nach dem Weg zum Palais Moraß oder der Universität fragte oder *Café* verlangte, konnte sie ihr Französisch erproben; sie sah die schlichteren Kleider der Kaufleute und Gelehrten, die waren ihr vertraut, aber auch solche, die kostbarer und prächtiger waren als alles, was die Heidelberger Bürgerinnen und Bürger sich leisteten. Verführerische glänzende Gewebe in kunstvollen Mustern oder mit Gold- und Silberfäden durchwirkt, mit Spitze und wie die Frisuren der Damen mit pastellfarbenen Kunstblumen und Seidenbändern dekoriert – Luxuswaren, von denen sie nicht wusste, dass sie viele Jahre ihres Lebens bestimmen würden. Sie sah die üppigen Spitzenjabots an den gepuderten Hälsen der Herren, ihre zierlichen Kavaliersdegen, in allen Farben des Regenbogens bestickte Westen unter eleganten, eng taillierten Röcken mit den breiten, von Litzen gesäumten Aufschlägen an den Ärmeln; und erst die ausladenden Reifröcke der Damen, die jede Kutsche eng werden ließen, die selbst im Winter tiefen Dekolletees, Stöckelschuhe und so eng geschnürte Mieder, dass darin kaum Luft blieb zu lachen. Ach, und die Schönheitspflästerchen, die Ringe und Armbänder auf behandschuhten Händen …

Es gab so vieles, das Eva und Katharina Christine über die engen Grenzen der kleinen Stadt und der gutbürgerlichen Sphäre hinausträumen ließ. Eva wird diese Grenzen überschreiten und das provinzielle Leben hinter sich lassen. Katharina Christine Bassermann wird in der Pfalz bleiben. Sie heiratete ein Jahr nach Evas Heirat mit dem Seidenhändler

Heidelberg, Universitätsplatz nach Norden gesehen, 1758

Engelbert König und ihrer Übersiedelung in die weltoffene Hafen- und Handelsstadt Hamburg den reformierten Pfarrer Johann Georg Erb aus dem Zweibrückischen. Ehen dienten nicht nur der Mehrung und Sicherung von Besitz, auch die Beförderung des Seelenheils war vernünftig und willkommen.

Über familiäre Geselligkeiten, kirchliche Feste, vielleicht ein Feuerwerk am Geburtstag des Kurfürsten hinaus gab es für ein Mädchen wie Eva wenig erlaubte Vergnügungen in Heidelberg. Erst später, als sie ein wenig älter war und schon als Fräulein oder gar Mademoiselle Hahn angesprochen wurde, nahm ihre Mutter sie mit zur Messe nach Frankfurt. Das nehmen wir einfach mal an, ein wenig mehr Spektakel als das in der Halle des Drei-König-Gasthofes oder dem Jahrmarkt muss ihr gegönnt sein.

Zweifellos fuhr die Wittib Hahnin, wie es von anderen Heidelberger Handelsleuten und sogar Krämern belegt ist, zu den zweimal im Jahr stattfindenden Messen. Die freie Reichsstadt am Main war ein wichtiges Zentrum für Banken und Börsen und nach Leipzig der größte Messeplatz im Reich. Schon seit dem 11. oder 12. Jahrhundert wurde dort Messe gehalten, dieses Treffen von Händlern aus aller Welt, nun ja, zumindest aus dem gesamten Reich und aus Italien, Frankreich und Holland, um mit allem zu handeln, was sich kaufen und verkaufen lässt. Gewürze, Tabak, Hölzer, Steingut und Porzellan, Galanteriewaren aus Frankreich, der in Mode gekommene Nippes. Bücher auch, längst nicht mehr so zahlreich wie in Leipzig, aber Frankfurt war immer noch eine Buchdruckerstadt. Und Silberwaren, Pelze und feinstes Leder aus Russland, auch edle Pferde – oder Stoffe.

Es ist nicht belegt, womit die Hahns gehandelt haben. Anders als die Krämer, die von ihrer jeweiligen Zunft strikt auf eine Warenart begrenzten Kleinhändler, mit verschiedenen Waren, vermutlich auch mit Wein, ganz sicher mit Textilien.

Evas Bruder Johann Georg musste einige Jahre später die Bezahlung einer Lieferung von Trauerkleidung einklagen. Und die meisten Eheschließungen dieser Familie bedeuteten Verbindungen mit Textilgroßhändlern.

Auf der Messe gab es alle Arten von Textilien. Die groben und schlichten, die überall verkauft wurden, feines Leinen aus Schlesien und dem Krefelder Raum, und insbesondere die luxuriösen Samte und Seiden in zahllosen Varianten von Mustern und Webarten, kunstvolle Bänder und Borten – die schönsten und feinsten brachten die Händler und Manufakteure aus Lyon.

Schon für die erwachsenen Besucher war die Messe ein Abenteuer, und für die, die große Spektakel mochten, ein enormes Vergnügen. Die Hahn-Töchter Maria Amalia und Eva Katharina waren nun fast im heiratsfähigen Alter, ein Grund mehr, sie zur Messe mitzunehmen, wo es von anderen Händlern und ihren Söhnen nur so wimmelte. Von lange bekannten und von fremden, über die es dort leicht war, verlässliche Auskunft zu bekommen. Die Hahnin wird ihre Töchter kaum vom Arm gelassen und auch gut Acht gegeben haben, dass sie nicht zu lange vor den Possen der dick geschminkten schrillen Komödianten auf der eilig errichteten Bretterbühne stehen blieben; die Seiltänzer und Akrobaten, Straßensänger und Jongleure, Marionetten- und Schattenspieler, die Tanzbären, possierlichen Äffchen oder dressierten Hunde waren da schon manierlicher. Ein bisschen. Und auch eine Witwe und Handelsfrau musste ab und zu lachen. Sie mag ihren Töchtern erlaubt haben, einem Silhouettenschneider zu sitzen, aber die Wahrsagerinnen – wer kann Mädchen mit Abenteuerlust im Kopf und Träumen von der ersten Liebe wichtiger erscheinen? – waren sicherlich verboten. Die Wahrsagerei galt vernünftigen Menschen nun schon als Firlefanz und vor allem unchristlich.

Aber Madam Hahn war wegen ihrer Geschäfte hier. Es war nur gut, wenn ihre Töchter erlebten, wie der Handel auf der Messe verlief, die Warenproben kennen und prüfen lernten, es lag ja nahe, dass sie die Familientradition fortsetzen und Frauen von Kaufleuten werden würden. Aber ihren männlichen Geschäftspartnern wird es genug gewesen sein, mit einer Frau zu verhandeln, auch noch Mädchen mit naseweisem Blick – das war überflüssig. Für solche Stunden brauchten Eva und Maria Gesellschaft – besser gesagt: Aufsicht.

Da bot sich eine andere Heidelbergerin an. Die war auf jeder Frankfurter Messe und kannte sich aus. Sie stammte aus einer bescheidenen, doch respektablen reformierten Familie und wird der Wittib Hahnin über ihren Bruder bekannt gewesen sein. Mit ihr traf Eva noch eine selbständige Frau und Unternehmerin. Die energische, von ihren Zeitgenossen als ›männlicher Charakter‹ beschriebene Helene Dorothea Delph war um 1750 mit Mutter und Schwester nach Heidelberg zu ihrem Bruder gezogen, dem ehemaligen Lehrling der Handelsfrau Hahn. Als Besitzerin übernahm sie dessen kleinen Laden für Seiden- und Tuchwaren erst nach seinem Tod 1760, vier Jahre nachdem Eva Heidelberg verlassen hatte, aber schon in den 1750er Jahren mischte sie im Unternehmen ihres kränkelnden Bruders kräftig mit. Ihre ältere Schwester Sibylle Elisabeth auch, doch die war eine stille Person und nur als Gehilfin zu gebrauchen.

Helene Dorothea, die ›Handelsjungfer Delph‹, war jetzt Mitte zwanzig, fünf Jahre jünger als ihr Bruder, gleichwohl war sie die treibende Kraft in diesem Geschwistertrio. Sie führte den Handel mit selbstsicherer Entschlossenheit. Ihren Versuch, die Geschäfte in ihrem Krämerladen gegen die engen herrschenden Regeln mit dem lukrativen Tee- und Kaffeehandel auszuweiten, gab sie erst auf, als sich die konkurrierende Handlungsinnung beim Landesherrn beschwerte. Später stand sie mit Handelshäusern und Banken in Frankfurt, Offenbach, Türkheim und Straßburg in Verbindung und war viel in Geschäften unterwegs. Die Messe in Frankfurt ließ sie nie aus. In der Mainstadt trank sie später, als Eva längst in Wien um ihre Existenz kämpfte, Tee mit der Frau Rath Goethe, deren Sohn Johann Wolfgang sie, die unverheiratet blieb, gleich zweimal mit jungen Damen ihrer Bekanntschaft zu verheiraten suchte. Und in den späten siebziger Jahren, als es zwischen dem pfälzischen Kurfürsten und dem Kaiser in Wien zu Absprachen über Gebietsabtretungen kam, die wiederum dem preußischen König absolut nicht passten, stellte die Postzensur fest, sie fungiere als heimliche Überbringerin von Briefen des Preußen an pfälzische Minister, die hinter dem Rücken des Kurfürsten und des Kaisers intrigierten.

Die Demoiselle Delph war zeit ihres Lebens alles andere als ein braves Fräulein, das sich auf die ihrem Geschlecht zugeschriebene Rolle der Zuarbeiterin beschränken ließ. Ob sie ein echtes Vorbild für ein redliches Leben war, ist nicht gewiss zu beurteilen, aber ein Modell für die Entwicklung von Ich-Stärke, Mut und Unternehmungsgeist, für das, was ihre Zeit bei einer Frau zumeist so misstrauisch wie abschätzig, selten nur bewundernd einen ›männlichen Charakter‹ nannte, war sie zweifellos.

So war Eva Katharina, die Mutter, nicht die Einzige, die Eva Katharina, der Tochter, entschlossenes Handeln und selbständiges Leben in einer Männern zugeschriebenen Rolle vorlebte.

Eva Katharina Hahn, die Wittib, hat das Handelshaus mindestens ein Jahrzehnt geführt, wahrscheinlich einige Jahre länger, bis ihr ältester Sohn und Erbe des Familiengeschäfts 25 Jahre alt und nach pfälzischem Recht mündig war. In den 1770er Jahren, als Eva König sich als sachverständig in der Führung und endlich, nach quälend langwierigen Verhandlungen, im Verkauf einer Seidenmanufaktur und einer Tapetenfabrik zeigte, musste sie alles beherrschen, was ein Manufakteur und Kaufmann können musste. Nicht nur Qualität und Schönheit der Stoffe beurteilen oder die Mode der nächsten Saison vorausahnen, sie musste Bilanzen lesen und verstehen, mit Kunden und Lieferanten verhandeln, mit Gläubigern und potenziellen Käufern, mit Vertretern der Wiener und niederösterreichischen Behörden, mit den Hofbeamten und der Kaiserin selbst. Dazu gehörte mehr als ein tadelloser Hofknicks und die richtigen Floskeln. Dass sie jahrelang nicht aufgab, dass sie erkannte, wie ihr Faktor, der von Engelbert König eingesetzte Geschäftsführer, bei aller präsentierten Ergebenheit schließlich wohl mehr an seine eigene Börse und glänzende Zukunft dachte, dass sie all das überstand und letztlich beinahe ihr Ziel erreichte, das gelingt nur jemandem – ob Mann oder Frau –, der das Gewerbe gelernt hatte.

Sicher hat sie einiges, besonders die speziellen Kenntnisse für den Seidenhandel, während der Ehe mit Engelbert König gelernt, sie werden gründlich über das Wiener Wagnis gesprochen, sicher gemeinsam über den Berechnungen, Anträgen, Plänen und Kreditbriefen gegrübelt haben. Die Grundlagen des Handels und den Mut, ihre vorgegebene Rolle zu verlassen, hatte ihr die Handelsfrau Hahn vorgelebt, solange sie sich erinnern konnte.

2.

Der Seidenhändler aus Lüttringhausen

HEIDELBERG

Und nun: Auftritt Engelbert König. Der Seidenhändler aus Hamburg habe Eva Katharina Hahn, ›die frische Mädchenknospe‹, zufällig kennen gelernt, vermutete anno 1881 Richard Thiele in seinem Lebensbild der Eva Lessing. Auf einer seiner weiten Geschäftsreisen zum Seideneinkauf, die ihn durch Süddeutschland nach Italien und Frankreich führten, sei er wohl durch Heidelberg gekommen. Und dann habe ›ein inniger Herzensbund die beiden guten Menschen‹ vereint.

Eine romantische Vorstellung: Der junge Kaufmann ist im noblen Heidelberger Gasthaus *Zu den drei Königen* abgestiegen. Er ist Mitte der zwanzig, und wenn man von dem einige Jahre später gemalten Porträt rückschließt, ein wohl gebauter eleganter Mensch. Der Nachmittag ist mild und sonnig. Er tritt aus der Halle des Gasthofs auf die Straße, um sich nach langer Fahrt beim Spaziergang durch die Neckarauen und die am jenseitigen Ufer des Flusses aufsteigenden Weinberge von der zermürbenden Rüttelei der Kutsche zu erholen. Da beugt sich aus einem der Fenster des Hauses direkt gegenüber, nämlich dem Hahn'schen Handelshaus, ein Mädchen mit neugierigen Augen. Sie ist sehr schlank, überhaupt zierlich von Gestalt, das Haar lockig. Die graubraunen Augen halten alles fest, was sie sieht.

Sie mag nach ihrer Mutter Ausschau halten, der Handelsfrau Hahnin. Oder nach ihrem ältesten Bruder, der dem Familienunternehmen nun wohl schon gemeinsam mit seiner Mutter vorsteht. Der mittlere lebt als Gelehrter in Holland, der jüngste hat Heidelberg verlassen, um sich in Frankfurt gut zu verheiraten und als Kaufmann zu reüssieren. Kurz und gut: Ihre Blicke treffen sich, sie errötet …

So weit die Fantasie. Wie es wirklich war, ist nicht überliefert. Aber von zufälliger Begegnung ist in dieser Liebesgeschichte – und Liebe, wenigstens tiefe Sympathie und Verbundenheit, scheint schon zu Beginn mit im Spiel gewesen zu sein – nicht auszugehen. Auch hier kann wieder nur aus den Usancen der Zeit geschlossen werden: Die Verbindung zwischen Eva Hahn und Engelbert König war sehr viel wahrscheinlicher eine der üblichen praktisch geplanten Ehen, die ihre Ursache in Verwandtschaft oder Bekanntschaft der Eltern und ihr Ziel in Sicherung und Ausweitung der Handelsgeschäfte hatten. Und in der Hoffnung auf ein zufriedenes, vielleicht sogar glückliches Leben von Tochter und Sohn. Das sicher auch.

Das Ideal der reinen Liebesheirat entstand erst im 19. Jahrhundert. Es ist kein Zufall, dass Liebesheiraten in der Geschichte stets besonders betont werden. Wie zum Beispiel die der habsburgischen Erzherzogin Maria Theresia, die in Eva Hahns Geburtsjahr Franz Stephan von Lothringen angetraut wurde. Allerdings hätte sie, die Erbin eines der bedeutendsten Reiche Europas, ihren geliebten Freund aus Kindertagen keinesfalls bekommen, wenn er nicht halbwegs ins dynastische Konzept gepasst hätte.

Nicht nur die Töchter und Söhne adeliger oder großbürgerlicher Dynastien unterlagen solchem Familienhandel. In Zeiten ohne staatliche soziale Sicherung, ohne eigene weibliche Berufstätigkeiten, durch die sich Frauen selbst ernähren, in denen ein gebrochenes Bein oder eine schwere Erkältung den Tod bedeuten konnten, gab einzig das eigene Vermögen Sicherheit. Doch Besitz kann verloren gehen, die beste Versicherung bildete der Familienverband. Der wollte klug ergänzt und erweitert sein – je größer und enger miteinander verbunden, umso größer die Möglichkeit gegenseitiger Unterstützung, besonders in Notzeiten. Familien funktionierten wie ein Baukastensystem, Heiraten gehörten darin zu den wichtigsten Klammern.

Im Übrigen kamen Töchter durch ihre Mitgift teuer, was war vernünftiger, als die Kosten möglichst Gewinn bringend zu investieren? Was verantwortungsbewusster, als den Töchtern – wie auch den Söhnen – eine solche Basis für die Zukunft zu schaffen? Hin und wieder machte natürlich ein Fehlgriff aller klugen Planung einen Strich durch die Rechnung. Und manchmal doch auch die Liebe. Wie bei Evas zweiter Ehe mit einem stets an finanzieller Bedrängnis und wechselnden Stimmungen leidenden Literaten und Hofbibliothekar. Aber der hatte wenigstens ein reputierliches Amt, war berühmt und zeigte sich als freundlich und unterhaltsam und als ein Mann ohne den Dünkel vieler Gelehrter.

Glück ist eng mit Erwartungen verknüpft. Wer sein Ideal in einer aus leidenschaftlicher Liebe geschlossenen Ehe sieht, wird in einer ›vernünftigen‹, einer auf Sympathie (das dann doch) und praktischer Planung basierenden Ehe enttäuscht werden. Wer eine solche Verbindung als selbstverständlich und auch den eigenen Zielen entsprechend versteht, kann sich zuversichtlich mit dem neuen Leben einrichten. Leidenschaft vergeht, das ist ein alter Hut. Gemeinsame Herkunft, Verlässlichkeit und die einander ergänzende Arbeitsteilung mit dem gemeinsamen Ziel der sozialen Absicherung, des geschäftlichen Erfolgs und der gesellschaftlichen Anerkennung – das ist eine solide Basis, auf der ein Paar zufrieden

werden kann. Wenn noch das Quäntchen Glück hinzu-
kommt, das jedes Leben braucht. Glück in den die Familie
ernährenden Geschäften, das Glück langer Gesundheit, das
Glück einer wohl geratenen zahlreichen Kinderschar.

Und vielleicht stimmt es ja doch, dass die Liebe bei vielen
Paaren mit der Zeit entsteht und wächst. Über die Mutter-
schaft hinaus, die erste Pflicht jeder Ehefrau, war einzig die
Karriere des Mannes und Hausherrn die Karriere der Frau.
Abgesehen von den wenigen regierenden Fürstinnen und den
in der bürgerlichen Gesellschaft noch kaum respektierten
Künstlerinnen, war die Bedeutung einer Frau immer nur als
Spiegel, als Partnerin eines erfolgreichen Mannes vorge-
sehen. Egal, ob sie im Hintergrund die Fäden zog und die
heimliche Leiterin eines Unternehmens war.

Es hat immer Frauen gegeben, die trotz aller gesellschaftlichen Widerstände und gesetzlichen Hürden Möglichkeiten
fanden – oder finden mussten –, eine eigene aktive Rolle im
Geschäftsleben oder in der Politik zu übernehmen und erfolgreich auszufüllen. So wie Eva Königs Mutter und auch
Eva selbst für einige Jahre ihres Lebens. Andere, wie zum
Beispiel die Heidelberger Händlerin Demoiselle Delph, für
viele Jahre bis zu ihrem Tod. Dass das fast immer mit Ehelo-
sigkeit oder Witwenschaft einherging, ist kein Zufall. Der
männliche Charakter, im 18. Jahrhundert eine Bezeichnung
für Entschiedenheit, Mut und Klugheit, der solchen Frauen
oft zugeschrieben wurde, war nur selten respektvoll oder gar
bewundernd gemeint. Als Ziel weiblicher Träume bot er sich
kaum an.

Engelbert König war nicht der einzige Bewerber um Evas
Hand. Tatsächlich mag es etliche gegeben haben, sie war
klug, gebildet, von verträglicher Wesensart und brachte eine
gute Mitgift und die Aussicht auf ein ansehnliches Erbteil in
die Ehe. Von einem, wohl ein Freund und Kollege ihres Bru-

ders David, schrieb sie Lessing später in einem Postskriptum, als seine Briefe wieder einmal ausblieben: *Leben Sie wohl! und erneuern Sie die Freundschaft mit Madam H.* [Huber] *nicht zu stark, sonst gibt mir mein guter oder böser Geist ein, dass ich es nicht besser mache. Eben lässt sich ein Professor aus Holland bei mir melden, dem ich vor zwanzig Jahren eben nicht ganz gleichgültig war. Wenn ich es aber zu meiner Rache wählen sollte, so müsste sich mein Geschmack in dieser Zeit sehr verändert haben.*[8]

Die Werbung des holländischen Gelehrten fand 1755 statt, also war sie Engelbert König zumindest offiziell noch nicht ›versprochen‹. Da sie den jungen Seidenhändler ein Jahr später heiratete, war die Verlobungszeit für damalige Sitte dann kurz – was für eine Neigungsheirat spricht. Auch war Engelbert König für diese Tochter und Schwester einer Handelsfamilie der ideale Kandidat.

Er war schon ein erfolgreicher Kaufmann, und dass er seine Seidenhandlung in Hamburg betrieb, bedeutete einen Familienstützpunkt im ›Warenumschlagplatz Europas‹, außerhalb eines einschränkenden fürstlichen oder königlichen Machtbereichs, mit seiner dem freien Handel günstigen Zollpolitik und Kontakten. So wie Hamburg Agenten in Antwerpen, Bergen, Berlin, Cadiz, Haag, Hannover, Lissabon, London, Madrid, Malaga, Paris, Petersburg, Regensburg, Wetzlar und Wien hatte, hatten Reiche und Handelskompanien aus halb Europa Diplomaten und Handelsagenten an der Elbe.

Auch seine Herkunft konnte kaum passender sein. Der gewöhnlich kurz als Hamburger Kaufmann notierte Engelbert König stammte tatsächlich aus dem Bergischen Land, der gleichen Region wie Heinrich Kaspar Hahn, der Vater der Braut. Und wie der gehörte er in seiner Familie zu den Ersten, die die ländliche Heimatregion verließen, um sich größeren Städten und Unternehmungen zuzuwenden.

Engelbert König wurde am 14. Oktober 1728 in Lüttringhausen evangelisch lutherisch getauft. Der Tag der Geburt ist im Kirchenbuch nicht vermerkt, doch nicht nur in Heidelberg fand die Aufnahme in die christliche Gemeinschaft zwei oder drei Tage nach der Geburt statt. Der kleine Ort lag nur etwa anderthalb westfälische Meilen (ca. 15 Kilometer) von Schwelm, dem Geburtsort Heinrich Kaspar Hahns, entfernt. Schwelm lag an der großen, seit dem Mittelalter existierenden und bis zum ausgehenden 18. Jahrhundert kaum veränderten hansischen Handelsstraße, die über Köln und Aachen nach Süden und Westen führte, über Münster und Osnabrück nach Norden, nach Bremen und Hamburg, das kleinere Lüttringhausen lag nur eine halbe westfälische Meile abseits.

Es wäre seltsam, wenn die Familien einander nicht gekannt hätten. Beide waren in ihren nahe beieinander liegenden Kirchspielen bedeutend, beide betrieben Handel. Vielfältige Kontakte sind denkbar, es lag nahe, die nächste Generation miteinander zu verbinden. Ehe als Investition in die Zukunft brauchte Vertrauen, und Kandidaten aus bekannten Familien waren berechenbarer – auch im konkreten Sinn des Wortes.

Noch eine mögliche Brücke bestand: Engelbert Königs ältere Schwester Anna Katharina war mit einem Tuchhändler in ›Mühlheim am Rhein‹ verheiratet. Das liegt zwar tatsächlich nicht direkt am Rhein, aber in der Pfalz, damals keine Tagesreise von Heidelberg entfernt. Es ist gut möglich, dass die Hahns einen Teil ihrer Waren bei ihm bezogen, und vermutlich war der junge Engelbert König in der Handlung seines Schwagers zum Kaufmann ausgebildet worden.

So gab es einige sehr konkrete Gemeinsamkeiten und Möglichkeiten früherer Begegnungen zwischen den Familien Hahn und König, die dem schönen Zufall den Rang ablau-

Engelbert König, 1763

fen. Sie zeigen auch, welchen Anteil familiäre Beziehungen für das private und berufliche Schicksal hatten.

Engelbert Königs Vorväter waren Messerschmiedemeister und einige von ihnen einflussreiche Männer. Sein Urgroßvater hatte eine leitende Funktion in seiner Gemeinde und in seiner Zunft, sein Großvater war 28 Jahre lang als Schöffe am Landgericht Lüttringhausen, sein Vater Johann Theodor amtierte als ›Ludimoderator‹, als Lehrer und Organist seines Kirchspiels; später, vielleicht nebenbei, vielleicht im Auftrag oder mit Unterstützung seines Mühlheimer Schwiegersohns, war er auch Kaufmann.

Über die weiblichen Vorfahren ist – wie gewöhnlich – wenig bekannt. Engelbert Königs Mutter Regina Christina, geb. Hartmann, war die Tochter eines Bergisch-Neukirchener Pastors. Sie hat mindestens neun Kinder geboren, von denen beim Tod des Ehemanns 1760 außer Engelbert König nur noch ein Bruder (dem wir später in Hamburg und Wien begegnen werden) und zwei Schwestern lebten. Die jüngere, Anna Maria, heiratete 1761 in Velbert den Kaufmann und Tuchfabrikanten Anton Gottfried Stoltenhoff, die ältere, Christina Katharina, schon 1745 Gerhard Andreas Schmidts, den bedeutenden Mühlheimer Tuchhändler.

Bei der Hochzeit dieser älteren Schwester war Engelbert König siebzehn Jahre alt und als Sohn eines Lehrers und Organisten gewiss alles andere als vermögend. Wahrscheinlich wurde er von seinem Schwager zum Händler für Textilwaren ausgebildet und ließ sich mit dessen Hilfe, womöglich zunächst als eine Art Filialleiter, in Hamburg nieder. Vielleicht hatte er auch schon Geschäfte auf eigene Rechnung machen können. Dass er sich in der Hansestadt am 14. Juni 1754 um das große Bürgerrecht bewerben konnte, zeigt, dass er zwei Jahre vor seiner Hochzeit mit der ›Jungfrau Hahnen‹ längst kein bescheidener Handlungsgehilfe mehr war.

Wie in anderen Städten auch wurde in Hamburg das große Bürgerrecht (dem wir den Begriff Großbürger verdanken) längst nicht jedem gewährt. Bewerber mussten lutherisch getauft sein, das sowieso, Menschen anderer Konfessionen, auch Juden, konnten sich im zum dänischen Machtbereich gehörenden benachbarten Altona niederlassen. Sie mussten unbelasteten Grundbesitz im Wert von 1 000 Talern in Hamburg oder 2 000 Talern in den Vorstädten samt einem zumindest winzig kleinen Grundstückchen innerhalb der Wälle vorweisen. Auch die Gebühr von 150 Mark war eine erkleckliche Summe. Als Engelbert Königs Berufsbezeichnung ist im alten Bürgerbuch ›Kaufmann‹ notiert, was ihn als Fern- und Großhändler auswies. Einzelhändler mit ihren kleinen Läden und Krambuden wurden als Krämer vermerkt, sie erlangten gewöhnlich das kleine Bürgerrecht. Das kostete nur 40 Mark und bot den ›Kleinbürgern‹ entsprechend weniger Rechte, besser gesagt: Privilegien.

Mit der Erfüllung der Voraussetzungen und der Entrichtung der Gebühr war es nicht getan, erst das Ablegen des Bürgereids vor den feierlich versammelten Ratsmitgliedern in ihren langen schwarzen Mänteln, weißen Perücken und brettsteifen weißen Halskrausen machte den gemeinen Mann zum Bürger.

Das Bürgerrecht besagte weitaus mehr als eine Meldebescheinigung. Es war nicht unbedingt die Eintrittskarte in die gute Gesellschaft, die öffnete ihre Türen gern auch Nicht-Eingebürgerten – wie zum Beispiel Gotthold Ephraim Lessing und anderen interessanten Gästen der Stadt. Auch um in Hamburg Handel zu treiben, konnten Männer ohne Großes Bürgerrecht Sondergenehmigungen bekommen, davon gab es viele, selbst für Männer von anderem als lutherischem Glauben. Doch nur wer den Bürgereid geleistet hatte, konnte weiteren Grundbesitz erwerben und erlangte damit das

Recht, aktiv an Politik und Verwaltung der Stadt teilzuhaben (was selbstverständlich nur für Männer galt) oder die Tochter eines Hamburger Bürgers zu heiraten. So blieben das Geld, auch die Erbschaften der Töchter, in der Stadt und Fremde und besitzloser Pöbel von Regierung und Verwaltung ausgeschlossen. Auch Adelige konnten sich durch die Hintertür des Grundbesitzers nicht wieder in Machtpositionen der Bürgerrepublik drängen: Ihnen war der Besitz von städtischem Grund schon seit dem 13. Jahrhundert verboten.

Für die Gewährung des Bürgerrechts hatte Engelbert König als Fremder auch einen Bürgen gebraucht. Als der ist im Bürgerbuch der Kaufmann Hinrich Matthias Wegener notiert; er war gebürtiger Hamburger mindestens in der zweiten Generation und hatte das Bürgerrecht selbst erst ein halbes Jahr zuvor bekommen. Woher oder wie lange sie sich kannten, bleibt der Fantasie überlassen. Vielleicht hatte er Wegener schon in früheren Jahren in Süddeutschland kennen gelernt, in der Handlung seines Schwagers oder auf der Frankfurter Messe, und der hatte ihn mit Schilderungen von den guten Geschäftsmöglichkeiten in der Kaufmannsrepublik nach Hamburg gelockt. Wegener stand kurz vor seiner Heirat, und zwar mit Maria Amalia Hahn, der älteren Tochter der pfälzischen Handelsfrau Hahn, Evas Schwester. Die Hochzeit fand am 4. Juli 1754 in Heidelberg statt.

Wieder ergeben sich weitere Möglichkeiten: Wenn Engelbert König die Hahns über seine familiären Verbindungen kannte, erbot sich der Verlobte Maria Amalias als sein Bürge, als Engelbert König sich in Hamburg niederlassen wollte. Oder hat der den jungen Wegener bei der Familie Hahn überhaupt erst eingeführt? Dass Maria Amalia vor ihrer drei Jahre jüngeren Schwester Eva Katharina heiratete, muss nicht bedeuten, dass Engelbert König und Eva einander noch nicht kannten. Mag sein, sie waren schon verlobt (oder verliebt) und mussten warten, bis Engelbert sich in seiner neuen Heimat etabliert hatte und eine Familie ernähren konnte.

Ihre Ehe bedeutete für die zwanzigjährige Eva Hahn den Abschied von ihrer Familie, von allen und allem, was ihr vertraut war. Trotzdem mag auch die Aussicht, diesem jungen Seidenhändler aus dem schläfrigen Heidelberg in die brodelnde Hafenstadt zu folgen, in ihren Augen für ihn gesprochen haben. Sie war eine mutige Frau, sie wird auch ein mutiges, auf eine neue Welt neugieriges Mädchen gewesen sein.

Die Hochzeit am 2. August 1756 fand, wie es die Tradition gebot, im Elternhaus der Braut statt. Am Wohnort des Bräutigams war sie schon vier Wochen zuvor von der Kanzel bekannt gegeben worden, am 4. Juli 1756 hatte der Küster im Hochzeitenbuch der Hamburger Hauptkirche St. Jakobi notiert: ›*Engelbert König, Bürger und Kaufmann, wird mit Jungfr. Eva Kath. Hahnen, seel. Heinr. Casp. Hahnen aus Heydelberg Tochter, hieselbst proclamiert, in Heydelberg aber copulirt. Er wohnt bei der Börse.*‹

Es wird eine stille, eine traurige Hochzeit gewesen sein, voller Erinnerungen an die letzte Trauung im Hause Hahn. Erst ein halbes Jahr zuvor, am 16. Februar 1756, war Evas Schwester Maria Amalia in Hamburg plötzlich gestorben. Danach konnte der jungen Braut ihre zukünftige Heimat nicht mehr als ein Ort ungetrübten Glücks erscheinen. Viele Jahre später, als sie in Wien das Heimweh nach Hamburg und ihren Kindern quälte, erinnerte sie sich, dass es eine Zeit gegeben hatte, da sie lieber an jeden anderen Ort gegangen wäre als nach Hamburg. Vielleicht war ihr die Stadt, in der ihre Schwester gestorben war, kein Platz, an dem sie leben mochte. Oder war die Liebe zu dem jungen Engelbert König erst mit den Jahren gewachsen? Fürchtete sie einfach die Trennung von der Familie und das Fremdsein in der großen Hafenstadt? Hoffen wir, dass sie auch neugierig auf all das war, das vor ihr lag. Wenn man zwanzig ist, fallen Trennungen oft leichter, dann leben die Träume noch, das Leben scheint unendlich, und zuerst zählt die Zukunft. Die junge Madam König hatte einen wachen Geist und die besten Aussichten an der Seite eines liebevollen tüchtigen Ehemanns. Sie würde dort bald Freunde finden, sich zu Hause fühlen und später nie mehr den Wunsch haben, in ihre provinzielle Heimat und unter die Aufsicht einer sittenstrengen Familie zurückzukehren.

Hamburg war jetzt nach Wien und Berlin die größte Stadt im Reich. Obwohl man von ihrer Mitte bei der Nikolaikirche jeden Punkt der Stadt in einer halben Stunde zu Fuß erreichen konnte, drängten sich etwa 90 000 Menschen innerhalb des Befestigungsringes. Es kamen täglich mehr, bald würden es 100 000 sein. Der Hafen war nun der bedeutendste im Norden des europäischen Kontinents, er brachte Reichtum und Verbindungen in die Welt.

Es war August, als Eva und Engelbert König nach tagelanger Kutschfahrt anno 1756 ihre neue Heimat erreichten. Wer wie sie von Süden und Westen kam – und das waren die meisten –, musste einige Meilen vor Hamburg die Elbe überqueren. Der Fluss war breit, eine Brücke gab es noch nicht. Mit der Fähre bei der Zollstation Zollenspieker im Osten der Stadt, der wichtigsten und schnellsten im Niederelbebereich, wurden Menschen, Wagen, Fuhrwerke und Kutschen, Pferde oder Vieh in etwa einstündiger Fahrt übergesetzt. Das junge Paar hatte Glück, es war noch zu früh für die Ochsentrift. Dann besetzten Tausende der schweren Fleischpakete, die alljährlich von den saftigen Weiden Jütlands und Schleswigs auf dem ›Ochsenweg‹ nach Süden und Westen getrieben wurden, die Fähre für etliche Tage.

Bei der Weiterfahrt durch die Marschen wuchsen mit jeder Umdrehung der Räder am Horizont die Kirchen und die trutzigen Festungswälle höher in den Himmel, und das Land links und rechts der Straße gab Eva einen ersten Eindruck vom Reichtum ihrer künftigen Nachbarn. Zwischen Getreide-, Gemüse-, Erdbeer- und Blumenfeldern der Marschenbauern hatten wohlhabende Hanseaten behagliche Gartenhäuser gebaut, deren oft weitläufige Gärten wahre Schaustücke waren, einige hätten manchem Herrenhaus Ehre gemacht.

Bald nachdem sie das Steintor mit seinen Zugbrücken und dem langen Gang unter dem Wall passiert hatten und ihre Kutsche durch die engen, von Menschen, Wagen und Reitern bevölkerten Straßen rollte, konnte die junge Madam König verstehen, dass die in den Reiseführern gerühmte Hamburger Gartenkultur ihre Ursache nicht nur in der Blumenliebe oder der Lust ihrer Besizter am eigenen Gemüse und Obst hatte.

Anders als das Heidelberger war das Hamburger Stadtbild noch weitgehend von Fachwerkhäusern bestimmt. Die meisten waren uralt, entsprechend war ihre Ausstattung. Das 18. Jahrhundert gehörte noch zu den Zeiten unerfreulichster hygienischer Zustände, da stank jede Stadt, jede Ansammlung von Menschen und Vieh. In Heidelberg wurden in diesen Jahren innerhalb der Stadt 344 Pferde, 42 Zugochsen, 439 Kühe, 64 Rinder und 553 Schweine gezählt. In Hamburg lebten auf engem Raum dreizehn Mal so viele Menschen und auch noch etliches Vieh. Dass es schon seit Jahren verboten war, die Schweine durch die Stadt zu treiben, mag die Straßen ein wenig sauberer gehalten haben – dem Wind war das egal. Und allein der Urin der vielen Pferde stank kaum milder. In der Melange der Gerüche mischten sich die Beweise der Nähe von Brauereien, Seifensiedern und Schlachthäusern, der Gerberei in der nächsten Gasse, der Hühnerställe, Misthaufen und der Jauchegruben in den Hinterhöfen, der Qualm der Kamine, Essen und Herdfeuer. Nicht zu vergessen die Ausdünstungen von zahlreichen Menschen auf engem Raum. Kein Wunder, wenn Gärten mit der Frische ihrer Luft und dem Duft ihrer Gewächse als Paradiese galten. Als *irdisches Vergnügen in Gott* hatte sie der weit gereiste dichtende Ratsherr Barthold Brockes beschrieben.

Wie Venedig und Amsterdam war Hamburg von einem Netz von Kanälen, den Fleeten, durchzogen und durch seine Lage an Alster und Elbe und die Nähe zum Meer stets mit frischer Luft versorgt, doch das machte es besonders in diesen Hochsommerwochen nur wenig angenehmer. Die Fleete fungierten zugleich als Entwässerungsgräben, Transportwege und Nutz- und Trinkwasserleitungen, als Müllschlucker und Kloaken – ihr Gestank bei heißem Wetter war berüchtigt. So trieb es im Hochsommer alle, die es sich leisten konnten, zumindest am Sonntag nach dem Kirchgang in die Gärten und auf die schönen Spazierwege vor den Toren. Immerhin, die Kanäle in Venedig, so hatte ein Reisender berichtet, stänken noch übler.

Die Königs wohnten ›Bei der Börse‹ (später: Bei der alten Börse), einer kurzen Straße im ältesten Teil der Stadt zwischen Trostbrücke und Zollenbrücke. Es war nicht die eleganteste, aber eine honorige Adresse, für den Anfang gar nicht schlecht und zudem günstig gelegen. Die Rückseiten der Häuser grenzten an den Nikolaifleet und hatten so einen direkten und kurzen Zugang zum Hafen. Sie waren alt und schmal, vier oder gar fünf Etagen hoch. Mindestens das hintere Drittel, meistens auch der größere Teil des mittleren gehörte über alle Etagen dem Warenlager. Das Quietschen der Seilwinde, wenn die Tuchballen von ›den Böden‹ in die im Fleet liegenden Schuten hinuntergelassen wurden oder von diesen flachen Booten für den Transport zwischen Hafen und Speichern hinaufgehievt, war in den nach vorne zur Straße gelegenen Räumen nicht zu hören. Dort befand sich auch das Kontor, das Herz jedes Handelsunternehmens. Es wurde direkt von der Diele betreten, die war zwei Etagen hoch und in der ersten von einer Galerie mit den Türen zu den Zimmern im mittleren Teil des Hauses umgeben. Denen gönnte die eng bebaute Stadt wenig oder gar kein Tageslicht. Auch das so genannte Prunkzimmer für Feiern und den Empfang von Gästen hatte seinen Platz gewöhnlich im mittleren Teil des Hauses; es war mit den besten Möbeln, einem Kachelofen und einer Vitrine für das gute Geschirr ausgestattet. Das Wohnzimmer der Familie endlich lag hinter hohen Fenstern im vorderen Teil des Hauses über dem Kontor. Die Küche mit dem aus Lehm und Ziegelsteinen gemauerten offenen Herd, dem Arbeitstisch, den Töpfen, Pfannen, Schüsseln, Kruken und all den anderen Gerätschaften befand sich hinter der Diele oder im Souterrain, gleich daneben die Vorratskammer. Ganz oben unterm Dach schließlich hatten die Dienstboten und die Kontorgehilfen ihre spartanischen Schlafstuben.

Die Wohnräume waren klein, und da der junge Engelbert König nicht zu den großen, den bedeutenden Kaufleuten in der Stadt gehörte, ist fraglich, ob die Königs in diesen ersten Jahren ein ganzes Haus zum Wohnen und Arbeiten hatten, oder nur ein oder zwei Etagen.

Die Enge großer Städte hat Eva König nie behagt, so hatte sie in diesen ersten Jahren vielleicht nicht nur Heimweh nach ihrer Familie. Auch die Sprache war ihr fremd, die meisten Menschen sprachen ›Platt‹, Niederdeutsch, ein Idiom, das für eine Süddeutsche einer Fremdsprache gleichkam. Und sie lebte nun in unmittelbarer Nachbarschaft zu einem der elendesten Teile der Stadt, zu einer Massenarmut, wie sie sie bisher nicht gekannt hatte. Eines der wegen seiner oft kaum schulterbreiten labyrinthischen Gassen Gängeviertel genannten Quartiere war nur wenige Schritte von ihrem Haus entfernt. Wer hier lebte, hatte selten ein Bett für sich allein, oft – so ergab eine Untersuchung wenige Jahre später – nicht einmal ein eigenes Hemd. Die Gängeviertel waren eine düstere Welt für sich, den Bürgern galten sie als Quelle von Laster, Verbrechen und Pestilenz. Arm und Reich lebten strikt getrennt, und doch so nah beieinander, dass der eine den Atem des anderen spüren konnte.

Zugleich führte die Straße, in der die Königs wohnten, mit wenigen Schritten in den wichtigsten Teil der Stadt, in das Zentrum ihrer Macht. Um einen schönen Platz, tatsächlich auf einer Insel zwischen den Wasserläufen, standen außer der Börse auch das Rathaus, das Gericht und die Bank; auf dem Flachdach der alten, offenen Börsenhalle war das ›Commerzium‹ gebaut worden, dort versammelten sich die Mitglieder der Commerzdeputation, der überaus einflussreichen Vereinigung der See- und Fernhandelskaufleute. Gegenüber, im *Kaiserhof* am Ness, stiegen die Gäste des Rats und die vornehmen und wohlhabenden Besucher der Stadt ab – wie in Heidelberg beim Drei-König-Wirt.

Der tägliche Gang zur Börse war für Engelbert König wie für alle, die in der Stadt Handel trieben, selbstverständliche Pflicht. Ebenso mittags um zwei nach Börsenschluss der Besuch eines Kaffeehauses. Auch wenn das eher nach Vergnügen klingt, wurden in den Hamburger Kaffeehäusern, insbesondere im *Dreyer'schen* und im *Dresser'schen*, die wichtigen Nachrichten ausgetauscht und fast so viele Geschäfte und Politik gemacht oder eingefädelt wie in den Kontoren. Beide lagen nahe der Börse und der Wohnung der Königs. Sie waren nicht nur Treffpunkte der Kaufleute, sondern auch der ausländischen Diplomaten, der Gelehrten, der hohen Beamten. Hier wurden auch Karten und besonders gern Billard gespielt – um Gewinn allerdings nur im Geheimen. Zeitungen aus dem Reich, aus Frankreich, England oder Italien lagen aus, und wer rasch einen Brief oder womöglich einen Vertrag schreiben wollte, ließ sich vom Wirt Papier, Tinte und Feder bringen. Überhaupt konnte hier jeder, der die Zeit und das nötige Geld für die luxuriösen Getränke hatte, bei Kaffee und Tee, aber auch einem Glas Wein und einer Pfeife Toback Freunde, Feinde oder Fremde treffen.

Hier begegneten sich die beiden gesellschaftlichen Gruppen, die für gewöhnlich wenig, in dieser Stadt aber schon mehr als in anderen miteinander zu tun hatten: die Kaufleute und die Gelehrten und Künstler. Das galt auch für die Freimaurer, die trafen sich im *Schüler'schen Kaffeehaus*, nur einige Straßen entfernt.

Und Eva? Was machte eine junge Ehefrau? Sie bestellte ihr Haus, regierte über ihre Dienstboten und die Kinder. Und dann? Anders als in London waren in Hamburger Kaffeehäusern Frauen nun schon geduldet, mehr aber auch nicht. Für eine junge, in den Sitten der großen fremden Stadt unerfahrene Frau war das kein gemütlicher, schon gar kein angemessener Ort.

Wenn sie ausgehen wollte, ohne als unschicklich zu gelten, brauchte sie Begleitung. Für den Weg auf den Markt oder in die Läden reichte die Köchin oder eine Dienstmagd, aber sonst? Spaziergänge über den Jungfernstieg, der weithin gerühmten Promenade, und weiter entlang dem idyllischen Alstersee oder unter den Ulmen auf den Festungswällen machte eine junge Ehefrau am besten am Arm ihres Mannes. Da blieb nur der Sonntag. Und die Abende. Hamburg galt als eine ungemein gesellige Stadt. Trotzdem war für viele Bürgerfrauen, abgesehen von Familienfesten, der Kirchenbesuch noch die einzige ›Geselligkeit‹, eine Gelegenheit, Freunde und Nachbarn zu treffen, Klatsch und andere Neuigkeiten auszutauschen und sich ›im guten Kleid‹ zu zeigen. Sie ließen sich von einer Dienstmagd begleiten, die trug auch ihr Gesangbuch und an kalten Wintertagen einen mit glühenden Kohlen gefüllten Behälter, der ihrer Herrin im eiskalten Gotteshaus die Füße wärmte. So altväterliche Sitten herrschten bei den Königs nicht, sie waren ein modernes junges Paar, das unter Leben mehr als Pflicht und Arbeit verstand.

Wenn andere Städte längst in tiefer Dunkelheit und die Bürger sicher in ihren Betten lagen, traf man sich hier noch in den Gasthäusern und privaten Salons zu so ausgedehnten wie üppigen Mahlzeiten, zu Debatten am Teetisch, zu Leseabenden und – wie im Kaffeehaus, nur ausdauernder und unbedingt mit den Damen – zum Kartenspiel. Die Dunkelheit hatte (ein bisschen) von ihrem Schrecken verloren: Mehr als 1000 Tranlampen, dazu private Laternen an reichen Häusern und Geschäften, erhellten die Nächte und verscheuchten Diebe und Räuber. Mehr oder weniger. Bei Vollmond, selbst wenn er sich hinter einer dicken Wolkenschicht versteckte, blieben die ›Anstecker‹ zu Haus und die Laternen dunkel, erst wenn der Mond weniger als halb voll war, brannten die Lichter mehrere Stunden. Das war nicht viel für eine so große Stadt, trotzdem galt Hamburg als die hellste im Reich. Selbst ein kleines Licht gab in der Nacht das Gefühl von Sicherheit und machte den Heimweg nach einem vergnügten Abend, der in der Hamburger Gesellschaft gewöhnlich bis nach Mitternacht dauerte, doch gefahrloser. Und da waren ja auch noch die Nachtwächter. Knapp 300 Männer, allesamt ehemalige Soldaten, patrouillierten durch die Straßen und sorgten für Ruhe und Ordnung. Leute wie die Königs, die nicht wirklich reich, aber auch nicht arm waren, engagierten für ihren Weg durch die Nacht zudem einen Laternenträger.

Was konnten sie sonst unternehmen? Was gab es an öffentlichen Lustbarkeiten? Zu den schönsten Sommervergnügen gehörten die Bootsfahrten, Bewirtung inklusive, unter der Lombardsbrücke hindurch und hinaus auf die Außenalster;

bei Gelegenheit wurden über dem See prächtige Feuerwerke veranstaltet. Im Winter, wenn ›die Elbe stand‹, wenn man trockenen Fußes über den Fluss gehen konnte, gab es Schlittenfahrten, auf dem Eis bauten Glühwein-, Kuchen- und Suppenverkäufer ihre Buden auf, und die Schlittschuhläufer, auch -läuferinnen in wehenden Röcken, bekamen rote Nasen vom raschen Gleiten durch den kalten Wind. Ein Vergnügen, dem sich selbst vernünftige Männer hingaben.

Eva las gerne, sie und ihr Mann gaben sogar Geld für Bücher aus. (Später, als sie wieder einmal ihren Haushalt auflösen und den restlichen Besitz in eine andere Stadt expedieren musste, waren auch große Bücherkisten dabei. Eine solche Menge an Büchern, schrieb ihr zukünftiger zweiter Ehemann, habe er ihr nicht zugetraut.) Nun konnte sie Bücher auch ausleihen. Nicht nur von ihren Freundinnen und Freunden, die Bibliothek der Commerzdeputation war mit 50 000 Bänden eine der größten in Europa und nur einen Katzensprung entfernt; sie konnte sie sehen, wenn sie sich aus einem Fenster ihrer vorderen Zimmer beugte. Auch die schon beachtliche, leider ziemlich vernachlässigte Bibliothek der städtischen Lateinschule Johanneum und des Akademischen Gymnasiums stand den Bürgern und Bürgerinnen der Stadt offen. Romane fand sie in beiden kaum, deren Lektüre, zum Beispiel das gerade auf Deutsch erschienene Melodram *Manon Lescaut* von Abbé Prévost, kamen in Mode, galten jedoch bei den meisten ernsthaften Menschen noch als leichtfertige Zeitverschwendung.

Die Oper, die erste bürgerliche im ganzen Reich und von der Kirche heftig bekämpft, war zwar nach sechzig Jahren mit festem Ensemble längst pleite, aber der Glanz der berühmten Männer, die dort musiziert und Musikgeschichte gemacht hatten, wirkte noch nach. Georg Friedrich Händel zum Beispiel hatte hier zu Anfang des Jahrhunderts als junger Musiker Violine und Cembalo gespielt, auch ein fast mit seinem Tod endendes Duell mit seinem Kapellmeister ist überliefert. Nun lebte er schon seit vier Jahrzehnten in London und war in ganz Europa berühmt. Er war alt und blind, in drei Jahren würde er in der Westminster Abbey beerdigt werden. Seinen Namen kannte sie gewiss, sicher auch einige seiner Kompositionen. Oder Georg Philipp Telemann. Der war kaum weniger berühmt (und noch ein paar Jahre älter und wie sein Freund Händel ein großer Blumenliebhaber), trotzdem war er als Städtischer Musikdirektor in Hamburg geblieben.

Das alte Gebäude im Opernhof beim Gänsemarkt war ziemlich marode, aber es diente noch reisenden Theatergesellschaften für ihre Aufführungen, und im Karneval, in der turbulenten Zeit zwischen dem Jahreswechsel und der Passionszeit, wurden hier die großen Maskenbälle gefeiert.

Das Theater fand in der bürgerlichen Gesellschaft erst wenige Freunde und Unterstützer. Beliebter – und auch schicklicher – war die Musik. Musiker zeigten keine Dekolletees, keine aufreizenden Tänze oder koketten Komödien und Singspiele, keine blutigen Dramen und erst recht nicht den beim Volk so beliebten furzenden, pöbelnden, prügelnden, bei jeder Gelegenheit die Hose runterlassenden Hanswurst. Außer der Musik in den Kirchen gab es neben privaten schon öffentliche Konzerte, im großen Saal im Drillhaus zum Beispiel. Wenn gerade nicht exerziert werden musste. Es heißt, Eva und Engelbert König hätten die Musik geliebt und bei ihren Besuchen in Salzburg freundschaftlich im Hause des Kompositeurs Leopold Mozart verkehrt. Zweifellos wird der stolze Vater den Gästen aus dem Norden auch seine hoch begabten Kinder Nannerl und Wolferl präsentiert haben.

Es ist wahrscheinlich, dass Eva und Engelbert König das Theater besucht haben, ganz sicher einige Jahre später, nachdem sie den Dramaturgen des neuen Theaterunternehmens, den Herrn Gotthold Ephraim Lessing, kennen und überaus schätzen gelernt hatten.

Gotthold Ephraim Lessing – der war 1756, in diesem Ankunftsjahr des frisch getrauten Paares, auch in Hamburg. Aber noch kreuzten seine Wege Eva Königs nicht.

Er war nun 27 Jahre alt. Die Schüchternheit und das Gefühl, bäurisch zu sein, die ihn während der ersten Leipziger Jahre gehemmt hatten, waren vorbei. Jedenfalls hatte er gelernt, sie gut zu überspielen. Das kräftige runde Kinn, die vollen Lippen, das lockige braune Haar, dessen Fülle ihm die Ausgabe für eine Perücke ersparte, die großen suchenden Augen ließen ihn noch jünglingshaft erscheinen. Trotzdem gehörte er schon zu denen, die man nicht übersah, wenn sie einen Raum betraten.

Er hatte sich viele Freunde gemacht, aber auch schon Gegner. Davon vielleicht noch mehr. Mit einer Eigenmächtigkeit, einer Schlampigkeit – oder war es nur ein Missverständnis gewesen? – hatte er sogar Voltaire verärgert und damit eine vage Chance verspielt, in Berlin eines dieser begehrten Ämter zu ergattern, die das Leben sicherten, ohne die Zeit zum Schreiben und Denken allzu sehr einzuschränken. Auch er bewunderte den hoch verehrten (und teuer bezahlten) französischen Dauergast des preußischen Königs in Potsdam, er hatte Werke des großen Aufklärers übersetzt, ihn aber wahrscheinlich nie persönlich, sondern nur seinen Sekretär getroffen.

Er hatte ein ruheloses Leben geführt, äußerlich wie innerlich, und würde es noch geraume Zeit tun, genau genommen nur unterbrochen von kurzen ruhigeren Phasen bis ans Ende seines Lebens. Seine Einkünfte waren stets so knapp, dass er oft froh war, wenn er halbwegs satt wurde. Und doch war er schon ziemlich berühmt, jedenfalls bei lesenden Menschen, und stand im Ruf, ein so witziger und lebenslustiger wie schnell und scharf denkender Mann zu sein, immer streitbar und scharfzüngig. Manche sagten auch: ein kecker, ein wahrlich respektloser Besserwisser.

Undenkbar, dass sich so einer zum Pfarrer machen ließ. Auch Luther war streitbar gewesen, doch der hatte in anderen Zeiten gelebt. Gotthold Ephraim Lessing blieb immer ein Verehrer, ein Denker der Theologie, aber er war nie ein Theologe und wollte auch nie einer sein. So hatte er in Leipzig wenig Konzentration für sein Theologiestudium aufgebracht, statt dessen lieber Vorlesungen für Geschichte und Archäologie besucht, am liebsten die des nur um ein Jahrzehnt älteren, unkonventionellen Philosophen und Mathematikers Abraham Gotthelf Kästner. Der war auch ein Dichter und für seine satirischen Epigramme bekannt.

Nebenbei – oder vor allem? – hatte Lessing das Leben studiert, zumeist in den Gasthäusern und der Theaterbude. Er hatte Schulden gemacht, immer wieder, sein Stipendium reichte ja kaum zum Leben, erst recht nicht für Vergnügen. Er hatte das Theologiestudium abgebrochen und es für kurze Zeit in Wittenberg mit der Medizin versucht, von Anfang an nur zur Beruhigung seiner hoch besorgten Eltern, die in diesen Sohn ihre Hoffnungen auf Ehre und finanzielle Unterstützung setzten. Aber da hatte er schon für sich erkannt, *die Bücher würden mich wohl gelehrt, aber nimmermehr zu einem Menschen machen. Ich wagte mich von meiner Stube unter meinesgleichen. Guter Gott! was für eine Ungleichheit wurde ich zwischen mir und den andern gewahr. Eine bäuerische Schüchternheit, ein verwilderter und ungebauter Körper, eine gänzliche Unwissenheit in Sitten und Umgange, verhasste Mienen, aus welchen jedermann seine Verachtung zu lesen glaubte (...) Ich empfand eine Scham, die ich niemals*

empfunden hatte. Und die Wirkung derselben war der feste
Entschluss, mich hierinne zu bessern, es koste was es wolle.[9]

So war er auch nicht Arzt geworden, sondern nach Berlin
geflohen, hatte sich in der preußischen Hauptstadt als Journalist, Übersetzer und Schriftsteller durchgeschlagen und die
Nächte durchgemacht. Wein, Weib und Gesang? Unbedingt,
aber immer auch in streitbaren Debatten und philosophischen Erörterungen mit Freund und Feind. Der Pflicht als
Sohn wegen hatte er sein Studium schließlich doch noch abgeschlossen, 1752 als Magister an der Universität Wittenberg. Dann aber flink zurück ins lebendige Berlin.

Er hatte anakreontische Gedichte geschrieben, dem Stil der
Zeit entsprechende ›Kleinigkeiten‹ von Liebe und Wein, auf
die Faulheit, den Tod und die Freundschaft. Auch auf die
Weiber, selten – fast nie! – schwärmerisch verehrend. Der
junge Lessing – das stellte auch Eva König nach ausgiebiger
Lektüre später fest – gebärdete sich gern als ›Erzweiberfeind‹.
Wichtiger waren seine literatur- und religionstheoretischen
Schriften und Kritiken und die ersten dramatischen Werke.

Weil er jede Münze zweimal umdrehen musste und ihm
der Sinn fürs Sparen fehlte, hatte er schon in seinem ersten
Leipziger Jahr, noch als Student der Theologie, für ›die Neuberin‹, die das deutsche Theater reformierende Prinzipalin
und noch bedeutendste Schauspielerin in der Zeit seiner jungen Jahre, im Tausch gegen Eintrittsbilletts französische und
wenige englische Stücke übersetzt. Der dem Neuen aufge-
schlossene Professor Kästner hatte ihm Fleiß und Fort-
schritte bei seinen Studien bescheinigt, auch dass er sich *bei
den Disputationen über philosophische Gegenstände* als jemand erwiesen habe, der richtig zu denken und seine Gedanken klar und elegant zu entwickeln verstehe, so dass man nur
das Trefflichste erwarten kann[10]. Trotzdem hatte Lessing die
Universität vernachlässigt und – durch die vielen Stunden

vor der Neuber'schen Bühne geschult – lieber sein erstes Stück geschrieben. Die bissige Komödie *Der junge Gelehrte* nimmt die trockenen lebensfremden Theoretiker wie den Leipziger Literaturpapst Johann Christoph Gottsched spöttisch ins Visier. Er hatte das Stück schon während seiner Meißener Schulzeit entworfen, aber erst in Leipzig schreiben können.

Diese Mühe, erklärte er einige Jahre später, *ward mir durch das dasige Theater (...) ungemein versüßt. Auch ungemein erleichtert, muß ich sagen, weil ich von demselben hundert wichtige Kleinigkeiten lernte, die ein dramatischer Dichter lernen muss, und aus der bloßen Lesung seiner Muster nimmermehr lernen kann.*[11]

Friederike Caroline Neuber, wie der junge Autor kampflustig und immer bereit zum Spott, war in dieser Kritik an lebensfremden Theoretikern absolut seiner Meinung. Auch erkannte sie in dem Studenten endlich einen der Dichter, auf die sie schon lange wartete, einen, der lebendige Charaktere auf die Bühne brachte, Menschen mit intelligentem Witz und guter, gleichwohl unterhaltsamer Sprache und bürgerlicher Moral.

Im Januar 1748 hatte *Der junge Gelehrte* auf ihrer Bühne in Leipzig Premiere. Schon da hatte Lessing sich als Kritikaster gezeigt, als der Mann, der in späteren Jahren immer wieder dazu neigen würde, das Glas eher für halb leer als halb voll anzusehen. Anstatt in jugendlichem Überschwang seinen berechtigten Stolz zu pflegen, misstraute er dem Erfolg der ersten Aufführung: *Wenn nach dem Gelächter der Zuschauer und ihrem Händeklatschen die Güte eines Lustspiels beizumessen ist, so hatte ich hinlängliche Ursache, das meinige für keines von den schlechtesten zu halten. Wann es aber ungewiss ist, ob diese Zeichen des Beifalls mehr für den Schauspieler, oder für den Verfasser gehören; wenn es wahr ist, dass der Pöbel ohne Geschmack am lautesten lacht, dass er da oft lacht, wo Kenner weinen möchten: so will ich gerne nichts aus dem Erfolge schließen, aus welchem sich nichts schließen lässt.*[12]

Von diesem ersten Erfolg seiner dramatischen Kunst wird Eva König, die noch Hahn hieß und erst elf Jahre alt war, ebenso wenig gehört haben wie von der einige Jahre später folgenden Veröffentlichung seiner ersten gesammelten *Schrifften*. Leipzig war weit, das Theater in Heidelberg sowieso kein Thema, und als der Student Lessing lieber trockenes Brot essen wollte, als eine ihrer Aufführungen zu versäumen, war die einst gefeierte Gesellschaft der Neuberin schon dem Ende nah.

Doch Lessing war elektrisiert von diesem Theater – und von der Gesellschaft der Schauspieler. Und der Schauspielerinnen. Am meisten von Christiane Friederike Lorenz, der so talentierten wie anmutig schönen Patentochter der Prinzipalin. Sie war seine erste tiefe Liebe, leider blieb es ein ziemlich einseitiges Gefühl. Die geliebte, auch mit Gedichten bedachte *Acteurin* reiste mit einigen anderen Komödianten der Neuber'schen Gesellschaft nach Wien, und Lessing, selbst arm wie eine Kirchenmaus, bürgte für ihre Schulden, vielleicht in der Hoffnung, die geliebte Christiane werde so bald zurückkommen. Er blieb auf der Schuld sitzen, sie heiratete an der Donau Herrn Huber, einen wenig talentierten Schauspieler, und machte an den Wiener Theatern Karriere. Viele Jahre später trank sie dort als würdige Matrone mit Madam König Tee. Was Lessing, als Eva ihm davon schrieb, nicht wirklich behagte.

Vielleicht hatte sie aber selbst in Heidelberg von seinem Trauerspiel *Miß Sara Sampson* gehört. Das Drama um Ehre und Tugend mit blutigem Ende war das Ergebnis einer Wette. Lessing hatte mit seinem Freund, dem klugen Moses

Mendelssohn, in Berlin eines der modischen tränenreichen französischen Dramoletts gesehen, das Publikum war zutiefst ergriffen gewesen, selbst Mendelssohn hatte die Augen trocknen müssen. Tränenreiche Reaktionen gehörten in diesem Jahrhundert zum guten Ton, Lessing hatte das Geschehen auf der Bühne trotzdem kalt gelassen. Alte Weiber zum Heulen zu bringen sei leicht, hatte er in gewohnt ruppiger Manier verkündet und mit Mendelssohn gewettet, in nur sechs Wochen ein besseres, ein wirklich bewegendes Drama zu schreiben. War in einem Potsdamer Gartenhaus verschwunden, hatte es getan und die Wette gewonnen. Das ist nur eine Anekdote, wer weiß schon genau, ob es sich so zugetragen hat? Aber es ist eine schöne Geschichte, und sie verrät einiges über den jungen Lessing.

Dieses erste deutsche bürgerliche Trauerspiel, das heißt mit bürgerlichen anstelle der üblichen adeligen oder antiken Heldinnen und Helden, wurde im Juli 1755 in Frankfurt an der Oder von der Ackermann'schen Gesellschaft aufgeführt und war sein erster großer Erfolg.

Herr Lessing hat seine Tragödie in Franckfurt spielen sehen und die Zuschauer haben drey und eine halbe Stunde zugehört, stille gesessen wie Statüen, und geweint. Künftig wird er in reimfreien Jamben dichten[13], schrieb der Dichter und Professor der Logik an der Kadettenanstalt in Berlin Karl Wilhelm Ramler, der mit ihm die Uraufführung besucht hatte, an den Domsekretär und anakreontischen, die heitere Lebenslust besingenden Dichter und Mäzen Johann Wilhelm Ludwig Gleim in Halberstadt. Gleim stand mit nahezu allen, die in Deutschland der Literaturszene angehörten, zumindest brieflich in Verbindung, seine Porträt-Galerie der Literaten war legendär (und ist heute noch im Gleimhaus zu bestaunen). Er hatte schon von diesem frechen Lessing gehört, nun war er erst recht begierig, ihn auch kennen zu lernen.

Das neue Trauerspiel eroberte die Repertoires der bedeutenden unter den deutschsprachigen Wanderbühnen, sogar in Frankreich, im *Journal étranger*, erschien eine positive Besprechung.

In Hamburg wurde es wenige Wochen nach der Ankunft Eva und Engelbert Königs, am 6. Oktober 1756, von der Schönemann'schen Gesellschaft aufgeführt. Vielleicht hatte sich auch das junge Ehepaar einen Theaterbesuch erlaubt. Sicher ist in der Gesellschaft ihrer Freunde und Bekannten darüber gesprochen und auch gestritten worden. Einige mögen den Verfasser der Tragödie im Frühsommer bei seinem ersten Besuch in der Stadt sogar begegnet sein.

Bis dahin war Lessing kaum aus seinem heimischen Sachsen herausgekommen. Nur ins Preußische, immerhin, das war ja schon Ausland, und bald, mit dem Beginn des Siebenjährigen Krieges, feindliches Ausland.

Vor drei Jahren hatte er seinen unruhigen Vetter Christlob Mylius beneidet, dem eine neue naturwissenschaftliche Gesellschaft in Berlin eine Forschungsreise nach Amerika finanziert hatte. Zu den Mitgliedern der Gesellschaft zählten so renommierte Männer wie der Literaturtheoretiker Johann Georg Sulzer und der Naturwissenschaftler Albrecht von Haller. Lessing kündigte die Stationen der Reise in der *Berlinischen Zeitung* ausführlich und kenntnisreich an. Mylius sollte über Holland und London für ein Jahr nach Surinam fahren, für ein weiteres *nach Karolina und besonders nach Georgien, auch wenn es die Zeit gestattet, nach Pennsylvanien*[14], und über Boston und die Antillen zurück. Er kam nur bis London. Dort starb er im März 1754 an einer Lungenentzündung, wie es heißt, in einem Gefängnis. Sein Reisegeld hatte er im verführerischen London schon beinahe durchgebracht.

In diesem Sommer 1756 würde Lessing nicht bis Surinam

oder Pennsylvanien reisen, aber auch sehr weit. Er hatte sich als Reisebegleiter engagieren lassen. Wie auch sonst, er war ja ein Hungerleider, ein Kritiker und Journalist, Übersetzer und Schriftsteller. Es war sein Ideal, als freier Schriftsteller zu leben. Trotzdem hatte er sieben Jahre lang, erst als freier Mitarbeiter, dann als mager bezahlter Redakteur für ›gelehrte Sachen‹ und die von ihm selbst initiierte Beilage *Das Neueste aus dem Reiche des Witzes*, für ›eher zum Vergnügen als zur Beschäftigung‹ dienende Künste und Wissenschaften bei der *Berlinischen Privilegierten Zeitung* gearbeitet. Dann war er in das die Künste mehr liebende Leipzig zurückgekehrt, mit leeren Taschen.

Der Leipziger Kaufmannssohn Johann Gottfried Winkler kam ihm da gerade recht. Der wollte auf seine *Grand Tour* gehen, die auch bei reichen jungen Bürgern in Mode gekommene ausgedehnte Bildungsreise, drei oder gar vier Jahre lang. Vor allem nach London, aber wer wusste schon, wohin noch. Am besten kreuz und quer durch Europa. Er hatte seinem zwei Jahre älteren Begleiter eine angenehme und nützliche Expedition versprochen.

Am 10. Mai verließ die Kutsche Leipzig. Die erste Station war Wolfenbüttel, wo die beiden jungen Männer die berühmte *Bibliotheca Augusta*, die Herzog-August-Bibliothek besuchten, ohne dass Lessing ahnte, wie viele Jahre, wie viele unzählige einsame Stunden er später in ihr verbringen würde. Im Juni erreichten sie Hamburg. Hier traf Lessing den Schauspieler Konrad Ekhof, der als größter Tragöde seiner Zeit in die Theatergeschichte eingehen würde. Wegen seines Talents und weil er wie kein anderer Schauspieler – abgesehen von dem großen David Garrick in London – die Abkehr von der exaltierten Darstellung zugunsten des natürlichen, die Seelen berührenden Spiels verkörperte. Obwohl er wirklich kein schöner oder auch nur stattlicher Mensch war, was man von einem Bühnenhelden doch erwarten konnte, hatte er immer den größten Applaus.

Friedrich Gottlieb Klopstock, den schon bekannten Poeten der Messias-Oden, besuchte Lessing mindestens zweimal. Dessen Bruder kannte er aus Leipzig, und in der *Berlinischen Zeitung* hatte er die ersten ›Messias-Gesänge‹ rezensiert. (Das große Werk, das die christliche Heilsgeschichte in persönlicher undogmatischer Religiosität in zwanzig Gesängen fasste, würde erst 1772 abgeschlossen sein.) Lessings Urteil war keine reine Hymne gewesen, es hatte Klopstock trotzdem gefallen.

Er lebte als eine Art Hofpoet mit einer lebenslangen Pension in Kopenhagen, doch seine Frau Margareta war eine Hamburger Bürgertochter. Bis Klopstock im Oktober 1770 endgültig nach Hamburg übersiedelte, reiste er immer wieder zu ausgedehnten Aufenthalten an die Elbe.

Lessing machte also Besuche in Hamburg und erklärte Winkler die Welt der Literatur. Und des Theaters? Sicher lockte er Winkler in die Aufführungen der seit Beginn des Juni in der Stadt gastierenden Schönemann'schen Gesellschaft. Zu deren Repertoire gehörten volkstümlich-putzige Stücke und Ballette, auch der vom Harlekin betrogene Pierrot fand noch breiten Raum. Aber Schönemann zeigte ebenso Werke Schlegels, Gellerts, Molières, Voltaires oder Corneilles. Und wenig später, im Herbst dieses Jahres, auch Lessings *Miß Sara Sampson*. Konrad Ekhof war darin der Verführer Mellefont und bekam so viel Beifall, dass das Drama dreimal wiederholt wurde. Was heute nach wenig klingt, galt viel in Zeiten, als eine Theatergesellschaft, die ihr Haus füllen wollte, an jedem Abend ein anderes Stück geben musste, samt heiterem Vorspiel und möglichst einem Ballett als Nachspiel. Anders als bei der Aufführung seines *Jungen Gelehrten* 1748 auf der Neuber'schen Bühne hätte Lessing, wäre er im Publikum gewesen, sicher sein können, dass der Applaus nicht allein den Akteuren galt.

In jenem Sommer 1756 haben Eva König und Lessing einander noch nicht getroffen. Als die Königs im August in Hamburg eintrafen, waren Lessing und Winkler längst weitergereist und hatten mit Amsterdam schon ihre Endstation erreicht. Am 29. August marschierten die Preußen in Sachsen ein, damit hatte der später so genannte Siebenjährige Krieg begonnen. Leipzig war eine besetzte Stadt, und Winkler – vielleicht in Sorge um seinen Besitz – entschied, die Reise abzubrechen und eilends zurückzukehren. Zum Verdruss seines Begleiters. Dem entgingen so nicht nur eine ausgedehnte Reise und Begegnungen mit der europäischen Kultur und gelehrten Geistern, sondern auch die finanzielle Sicherheit der nächsten Jahre.

Sie erreichten Leipzig in den letzten Septembertagen. In Winklers Haus, in dem auch Lessing Unterkunft fand, waren preußische Offiziere einquartiert. Was Lessing nicht störte. Auch dieser Krieg um Herrschaft und Pfründe der Mächtigen und Reichen wendete ihn nicht zum lokalpatriotischen Sachsen. Er fühlte sich über die zahllosen Grenzen des aufgesplitterten Reiches hinweg als Deutscher, was damals so viel bedeutete wie ein Kosmopolit. Er war als Sachse geboren und aufgewachsen, seine Familie lebte dort, doch seine vertrautesten Freunde lebten in Preußen, und in dem ungewöhnlichen preußischen Offizier und feinsinnigen Dichter Ewald Christian von Kleist hatte er ein Jahr zuvor einen bewunderten Freund gefunden. Sollte er plötzlich Feinde sehen, wo bisher Freunde gewesen waren? Waren die Menschen mit den diese Kriege führenden Fürsten und Königen gleichzusetzen? In Sachsen, würde er später sagen, habe er stets als Preuße gegolten und in Preußen als Sachse. Sein Platz war ›zwischen den Stühlen‹, und so würde es immer bleiben.

Es ist nicht bekannt, ob Eva König Meta Klopstock kennen gelernt hat. Ihren Witwer, bis zu seinem Tod 1803 als umschwärmter Dichterfürst eine der zentralen Gestalten des geselligen und literarischen Hamburger Lebens, kannte sie in späteren Jahren gut. Es ist möglich, sogar wahrscheinlich, dass sie auch der jungen Madam Klopstock in den intensiv gepflegten geselligen Zirkeln der Hamburger Bürgerfamilien begegnet ist.

Hätten sie einander gemocht? Meta war acht Jahre älter, von Stand und Erziehung, in ihrer Lebendigkeit und der Freude an Geselligkeit waren sie einander ähnlich, was fürs Mögen natürlich wenig besagt. Auch ein ausgeprägter Sinn für das Praktische, für weibliche Aufgaben, war ihnen gemein, wenn beide sich auch nicht darauf reduzieren ließen. Meta Klopstock war zugleich eine beseelte Schwärmerin, das war Eva König gewiss nicht. Aber Meta, die Tochter einer hanseatischen Kaufmannsfamilie, hatte eine Ehe mit einem Dichter durchgesetzt. Das muss Eva König interessiert haben.

Wohl anders als Eva Hahn und Engelbert König, ähnlich wie Eva König und Gotthold Ephraim Lessing, hatten Friedrich Gottlieb Klopstock und Margareta Moller einander tatsächlich mit der Hilfe des Zufalls und eines gemeinsamen Freundes gefunden. Als Klopstock im April 1751 nach Hamburg reiste, um den verehrten Dichter Friedrich von Hagedorn kennen zu lernen, bat ihn ein Freund aus seinen Leipziger Tagen, auch seine Jugendfreundin zu besuchen, das Fräulein Moller. Sie habe die ersten Gesänge seines *Messias* gelesen und sei voller Begeisterung. Klopstock folgte der Bitte umgehend, und während der kurzen drei Tage seines Aufenthaltes sah er seine Verehrerin täglich.

Margareta, kurz Meta genannt, war 24 Jahre alt, Klopstock drei Jahre älter und – eigentlich – unglücklich in seine Kusine in Langensalza verliebt. Doch den ersten Brief der vielen, die bis zur Heirat 1754 folgen sollten, schrieb er schon auf der Heimreise mit der Kutsche an die »Liebe kleine Mollerin«, den zweiten auf der Überfahrt über den Großen Belt an sein »Liebes kleines Mädchen«. Das klingt überaus vertraut und nach Liebe auf den ersten Blick, es klingt auch despektierlich, als habe er sie eher als großes Kind denn als ernst zu nehmende junge Frau erlebt. Aber wir befinden uns im Jahr 1751, in der großen Zeit der emphatischen Briefwechsel und der Empfindsamkeit – und bei diesen beiden handelte es sich um eine gegenseitige tief schwärmerische Liebe, um Seelenharmonie ohne jedes Wenn und Aber. Und in klarer Verteilung der Rollen. Auch aufs Zuhören verstand sie sich besonders gut.

Wo sich Eva König und Gotthold Ephraim Lessing, das längst erwachsene, in Stürmen des Lebens erfahrene Paar, später in ihren Briefen behutsam annäherten, wo sie die Sorge umeinander wohl mit wachsendem Gefühl, doch stets auch mit Beherrschung und im Bemühen ausdrückten, den anderen nicht zu bedrängen, offenbarten diese beiden sich einander in selbstverständlicher, ungefilterter Überschwänglichkeit, ohne jeden Zweifel am gegenseitigen Gefühl.

Nun bist du schon so weit, weit von mir, schrieb Meta Moller nach einem von Klopstocks Besuchen im Oktober 1752. *Ach, sey nur sicher, sey nur sicher! (…) nun geht meine schwerste Sorge wieder an. O gott! O gott! sey mit ihm (…) Wenn du nur erst glüklich in Kopp* [Kopenhagen]: *wärst, ach wenn ich das nur erst wüste, so wollte ich ruhig seyn. (…) gestern weinte ich den ganzen Tag …* [15]

Klopstock antwortete so, wie er es in den folgenden Jahren noch oft tun würde: mit einem Gedicht:

Furcht der Geliebten
Cidli, du weintest, und ich schlumre sicher,
Wo im Sande der Weg verzogen fortschleicht;

Meta Klopstock, 1755

Auch wenn stille Nacht ihn umschattend decket,
Schlumr' ich ihn sicher.

Wo er sich endet, wo ein Strom das Meer wird,
Gleit' ich über den Strom, der sanfter aufschwillt;
Denn, der mich begleitet, der Gott gebots ihm!
Weine nicht, Cidli.[16]

Viele tief empfindsame Gedichte wird er von seiner Liebe zu Meta sprechen lassen. Noch vier Jahrzehnte nach ihrem Tod, als er 73 Jahre alt und mit Metas so schön singender Nichte Madam von Winthem liiert und – endlich – auch verheiratet war, fasste er seine Gedanken an Metas Grab, von der unverändert zu ihr gefühlten Nähe, von dem Vertrauen in ein frohes Wiedersehen in der ›höhren Welt‹, in das Liebespoem *Das Wiedersehen*.

Persönliches Glück, insbesondere die Liebe, beeinflusst literarisches Schaffen immer. Der Einfluss seiner jungen Frau auch auf Klopstocks Werk jedoch war enorm. Und es war auch Meta, die ihn in die so genannten gehobenen Kreise der Hamburger Bürgergesellschaft einführte, vor allem in diese überschaubaren, miteinander gut bekannten, oft verwandten und sich überschneidenden Kreise, denen auch Eva und Engelbert König angehörten. Und dreizehn oder vierzehn Jahre später auch Lessing.

Anders als Eva König, von der keinerlei literarische Ambitionen bekannt und auch nicht zu vermuten sind, verfolgte Meta Klopstock, Muse und Schutzengel eines verehrten Dichters, selbst schriftstellerische Ziele. Ihre *Briefe von Verstorbenen an Lebendige*, aus tiefer vertrauensvoll-froher Gläubigkeit verfasste Gedanken über Tod und Jenseits, und ihr Trauerspiel *Abels Tod* wurden mit einer umfangreichen Sammlung ihrer Briefe an ihren Mann, Verwandte, Freunde und Schriftsteller im Jahr nach ihrem Tod von Klopstock als *Hinterlassene Schriften von Margareta Klopstock* veröffentlicht. Sie zeugen von ihrer Gelehrtheit und Nachdenklichkeit und erörtern ebenso ausführlich Fragen der Kindererziehung, Mode oder Haushaltsführung.

Meta Klopstock – eine Kaufmannstochter, die einen Dichter geheiratet hatte. Das grenzte an einen Skandal und kam nicht alle Tage vor, sie hatte heftig kämpfen müssen, bis ihr Stiefvater einwilligte. (Metas Schwestern machten ihm mehr Freude, beide heirateten jeweils den Mann, den er ihnen bestimmte.) Sie war bei aller Zartheit und Empfindsamkeit ›ein ganz ander Mädchen wie andre‹, wie ihre Schwester Elisabeth befand, eine eigenwillige Person, die ihr Ideal nicht im vorgeschriebenen Weg finden konnte und wollte. Sie beherrschte Englisch, Französisch, Italienisch und Latein, sie liebte und kannte die Literatur, besonders – darin bewies sie Modernität und Aufgeschlossenheit – die englische.

Es war eine große, in der tiefen Religiosität des Paares wurzelnde Liebe. *Ob ich Kl. auch als Verfasser des Mess. besonders lieb habe?*, antwortete sie ihrer Schwester in einem Brief. *Ach Schmidten! Von wie vielen Seiten habe ich ihn besonders lieb! Aber hauptsächlich von dieser! Und welche Liebe ist das! Wie rein, wie sanft u. wie furchtvoll! Es ist mir erstaunlich wichtig, dass Kl. den Mess: schreibt. Nicht der Ehre, sonderd des Nutzens, der Erbauung wegen. Er arbeitet nie daran, deß ich nicht unterdeß bete, daß Gott die Arbeit u. die Erbauung segnen möge.*[17]

Die Ehe der Klopstocks galt vielen als ein Ideal ihrer Zeit, Metas Grab blieb lange Pilgerstätte für junge Schwärmer. Noch in Fontanes 1891 erschienenem Roman *Unwiederbringlich* möchte ein junger Tourist ›Meta Klopstocks Grab‹ besuchen. Seine Mutter stimmte gerne zu, weil sie wusste, ›dass solche Momente bleiben und das Leben vertiefen‹.

Es mag sein, dass Meta Klopstocks Tragödie, nämlich ihr früher Tod im ersten Kindbett nach dem missglückten Einsatz der Geburtszange durch einen Chirurgen und einen Wundarzt, die große, nahezu heiligende Verehrung dieser Frau und dieser Ehe überhöht hat. Das Sterben einer jungen Frau mit ihrem Kind, das gewaltvolle Ende einer strahlenden jungen Ehe, die keine Chance hatte, gewöhnlich zu werden, hat die Herzen schon immer bewegt.

Hätten die beiden Kaufmannstöchter Eva und Margareta einander nun gemocht? Sich verstanden? Auch Eva König war religiös, fromm, wie es ihrer Zeit entsprach, und ihrem lutherischen Glauben fest verbunden. Später, als Lessing ein so lukratives wie ehrenvolles Amt nur um den Preis des Übertritts zum Katholizismus in Aussicht stand, stimmte sie ihm in seiner Ablehnung entschieden zu. Auf alles verklärende Gottesliebe lässt jedoch nichts schließen. Mag sein, sie war als Mädchen schwärmerisch, wie es Mädchen oft sind, als erwachsene Frau war sie es nicht. Den später in Hamburg lebenden und als Dichterfürst verehrten Klopstock sah sie stets mit ironisch-amüsierter Distanz: *Die Klopstockschen Schrittschuhe-* [Schlittschuhe] *und Lesegesellschaften haben mich herzlich lachen machen,* schrieb sie 1771 an Lessing. *Meine Imagination stellte mir gleich den ganzen Kreis der Damen vor, und ihn mitten darinnen voller Entzückung, indem er bei einer rührenden Stelle die Tränen von den Wangen seiner Zuhörerinnen herunter rollen sah. Was ich aber befürchtete war, dass er einigen nach Hause folgen, und da Entdeckungen machen möchte, die seine Zufriedenheit stören könnten.*[18]

Von Meta Klopstocks Tod im November 1758 – und damit von dieser ganzen tragisch-romantischen Liebes- und Lebensgeschichte – hat sie gewiss und sofort gewusst. Denn Meta Klopstock und ihr Kind starben in Hamburg, im Haus der mit einem Weinhändler verheirateten Schwester in der Großen Reichenstraße, wenige Schritte von der Wohnung der Königs entfernt. Wenn ihr Begräbnis auch nicht zu einem solchen Ereignis wurde wie das ihres Mannes – dessen Sarg folgten beinahe ein halbes Jahrhundert später 25 000 Trauernde ›aller Klassen‹ und 126 Kutschen durch die von Menschen dicht gesäumten Straßen zu Metas und seinem Grab nach Altona –, war auch ihre Totenfeier ein großes Fest der Trauer.

Gerade dieser mit der Geburt des ersten Kindes verbundene Tod muss Eva König besonders berührt haben. Die Geburten der Kinder, sehnlich erwartet und erste Aufgabe der Ehefrauen, waren immer ein Kampf mit dem Tod. Ihr eigenes erstes Kind, Theodor Heinrich, war gerade ein Jahr alt, Mutter und Sohn hatten die Geburt überlebt. Das allein war schon eine gnädige Fügung des Schicksals.

3.

Patrioten und andere Freunde

HAMBURG

Ihr erstes Kind, den Sohn Theodor Heinrich, brachte Eva König in den letzten Novembertagen 1757 zur Welt. Das erste Kind. Anlass zu großer Freude und großer Sorge. Berichte, Erinnerungen gibt es nicht. Es ist falsch, wenn heute vermutet wird, Frauen früherer Zeiten hätten eine Geburt als etwas Alltägliches empfunden, als einen von Gott gegebenen Vorgang, der ohne großes Brimborium zu absolvieren sei. Ebenso wenig stimmt, dass die Körper der Frauen kräftiger waren und die Geburten leichter. Viele weibliche Brustkörbe waren durch seit der Kindheit getragene eng geschnürte Korsetts deformiert und die Volumen der Lungen reduziert. Frauen aus den elenden Schichten konnten sich kein Schnürkorsett leisten, aber auch keine ausreichende Nahrung, bei etlichen hatte die in den lichtarmen Elendsquartieren grassierende Rachitis die Beckenknochen deformiert. Das betraf viele Frauen: Im Hamburg jener Jahre gehörte ein gutes Drittel der Bevölkerung zu den Armen. Frauen aus adeligen und reichen bürgerlichen Familien waren wiederum an körperliche Arbeit und Anstrengung nicht gewöhnt, die Schwerarbeit einer Geburt erschöpfte ihre letzten Kräfte und schwächte sie für den Kampf gegen das gefürchtete Kindbettfieber und die Folgen von Blutverlusten.

Jede Frau wusste, wie hoch die Sterblichkeit der Kinder und der Mütter war, wohl jede hatte das in der eigenen Familie erlebt. Jede hatte Angst. Vor den Schmerzen und vor dem Tod. Es lag nur an der individuellen Gesinnung oder Beherrschtheit, ob das Drama der Geburt von Flüchen oder Gebeten begleitet wurde.

Von jeher waren Wehmütter, die Hebammen, die Helferinnen in diesen schicksalhaften Stunden, in der Mitte des 18. Jahrhunderts und in der städtischen bürgerlichen Schicht verdrängten die Ärzte nun die traditionellen Geburtshelferinnen. Ob das gut oder schlecht war, ist schwer zu entscheiden. Die Hebammen hatten gewöhnlich die größere Erfahrung, die aber (wie bei den Ärzten) auch zu brachialen, Mutter und Kind schädigenden ›Geburtshilfen‹ führen konnte, anstatt das Gebären zu erleichtern. Wie in jedem Beruf zu jeder Zeit gab es unter den Hebammen gute und schlechte. Die von der ›churbrandenburgischen Hofwehmutter‹ Justine Siegemundin und der französischen Hebamme Angélique Le Boursier du Coudray im 17. beziehungsweise 18. Jahrhundert verfassten Lehrbücher zur Geburtshilfe beweisen außergewöhnlich hohes Können, von dem nicht nur andere Hebammen, sondern auch Ärzte lernten.

Die meisten, besonders außerhalb der Städte, waren jedoch gering bezahlte Frauen aus den unteren Schichten, die den größeren Teil ihres Brots mit der gewöhnlichen körperlichen Arbeit verdienen mussten. Der Stadtphysikus und Gründer einer Hebammenschule von Altona, Dr. Johann Friedrich Struensee, konstatierte 1761 in einem Gutachten über das Hebammenwesen im Amt Segeberg: *Eine Hebamme sollte sich eigentlich mit nichts anderem als mit ihrer Kunst beschäftigen. Denn treibt sie daneben, wie öfters geschieht, Handarbeit, so bekommt sie grobe Hände und wird hierdurch zur Geburts-Hülfe untüchtig.* Viele hätten *raue und trockene Hände mit langgewachsenen, scharfen, unsauberen Fingernägeln (…), womit sie an den so empfindlichen Teilen des Frauenleibes oft Schmerzen und Verletzungen verursachen.* Sie sollten vor der Geburt *ihre Hände nicht nur mit Seife und warmem Wasser sauber waschen, sondern auch mit Öl und Fett einreiben, (…) alle Fingernägel so beschneiden und zurechtfeilen, daß sie glatt, stumpf und sauber sind.*[19] Er warnte auch vor Wunden an den Händen der Geburtshelferin, die für Mutter und Kind gefährlich sein könnten. Struensee gehörte zu den wenigen, die die Ursachen für das so genannte Kindbettfieber in Schmutz und Verletzungen sahen und die segensreiche Wirkung gewaschener Hände, sauberer Tücher und frischer Luft propagierten.

Studierte Ärzte verfügten zumeist über bessere anatomische Kenntnisse, was in der Praxis nicht viel bedeuten musste. In der Regel half alles wenig, sobald die geringste Komplikation auftrat. Die in der frühen Mitte des 18. Jahrhunderts entwickelte Geburtszange war nun schon verbreitet, ihre ungeübte oder schlicht falsche und brachiale Anwendung durch die Ärzte richtete oft bei Mutter und Kind mehr und tödlichen Schaden an, als dass sie half. Auch bei hervorragenden Geburtshelfern wie dem englischen Arzt William Smellie. Er verstand sich wie wenige auf den Umgang mit geburtshilflichen Instrumenten, allerdings umwickelte er die Löffel der Zange mit Lederstreifen – was die Gebärenden schonen sollte, aber viele Infektionen verursacht haben dürfte. ›Ich will dir viel Beschwerden machen in deiner Schwangerschaft‹, hatte Gott nach dem 1. Buch Mose zu der Frau gesprochen, die er nach dem Sündenfall aus dem Paradies vertrieb, ›mit Schmerzen sollst du Kinder gebären.‹ Vom Sterben war nicht die Rede gewesen, doch Frauen starben in großer Zahl. Viele an der mangelnden Ausbildung ihrer Helfer und Helferinnen, an der Unwissenheit ihrer

Zeit. Und im Zweifelsfall hatte das Leben des Kindes Vorrang vor dem der Mutter.

Trost und das beste Mittel gegen die Angst der Schwangeren und Gebärenden blieben eine erprobte Hebamme und die Nähe anderer vertrauter Frauen, Mütter, Schwestern oder Freundinnen, die selbst schon geboren hatten und (besser als die ausschließlich männlichen Ärzte) um die Schrecken und Schmerzen wussten.

Zu der ersten Entbindung ihrer Tochter reiste Eva Katharina Hahn von Heidelberg an. Mit ihren 55 Jahren galt sie schon als alte Frau. Es war eine lange, beschwerliche Reise vom Neckar durch womöglich sturm- und regenreiche Herbsttage bis an die Elbe, sicher war es das erste Wiedersehen seit der Hochzeit vor sechzehn Monaten. Die Wittib Hahnin war auch die Patin des am 28. November in der St. Petrikirche auf die Namen seiner beiden Großväter Theodor Heinrich getauften Kindes. Johann Theodor König, Engelbert Königs Vater aus dem Bergischen Land, war der zweite Pate, der ›Gevatter‹, ein weiterer Hinrich Matthias Wegen(er), der Witwer von Evas Schwester Maria Amalia.

Auch in Hamburg fand die Taufe wenige Tage nach der Geburt statt, damit das Kind, wenn es doch noch plötzlich stürbe, Eingang in Gottes Reich fände. Das Taufbecken wurde nach der Hauptpredigt geöffnet, eine Freude für den Prediger, der mit der heiligen Handlung sein überaus spärliches Gehalt aufbessern konnte, eine Geduldsprobe für die Taufgemeinde, die das stramm gewickelte und ins Steckkissen geschnürte Neugeborene stillhalten musste, bis die eine Stunde und länger dauernde, an Belehrungen und Ermahnungen reiche Kanzelrede absolviert war.

Auch zur Geburt des zweiten Kindes, der ersten Tochter, fanden sich Evas Mutter und Engelberts Eltern im Haus Bei der Börse ein. Die beiden Großmütter standen am 8. April

Hamburg, Zollenbrücke und
Straße Bei der (alten) Börse, 1862

1760 in St. Petri Pate, das Kind erhielt nach ihnen die Namen Katharina und Regina. Es lebte nur dreieinhalb Monate, am 21. Juli wurde es begraben.

Ein Jahr später, im Juli 1761, wurde Maria Amalia geboren und auf den Namen ihrer früh verstorbenen Tante, Evas einziger Schwester, getauft, wie alle weiteren Kinder in der St. Nikolaikirche. Jenes Malchen, das Lessing viele Jahre später nach dem Tod seiner Frau als einzigen Trost empfand. Auch jenes Malchen, das noch viel später als zufriedene Matrone in Braunschweig über das kurze glückliche Leben der Lessings im Wolfenbütteler Haus nahe der Bibliothek Auskunft gab. Ihre Patinnen waren Tanten aus Velbert und Heidelberg und Engelbert Königs jüngerer Bruder aus Lüttringhausen.

Ihr am 19. Dezember 1762 getaufter Bruder Johann Engelbert lebte nur wenige Tage, und die nächste Tochter, die am 20. Juli 1764 getaufte Regina Johanna, knapp dreizehn Monate. Zu beiden Taufen war unter anderen Evas Lieblingsbruder David Hahn aus dem holländischen Utrecht als Pate angereist.

Erst der drei Wochen vor deren Tod, am 18. Juli 1765 geborene und zwei Tage später auch auf den Namen Johann Engelbert getaufte Sohn erreichte wieder das Erwachsenenalter. Für ihn übernahm neben Evas ältestem Bruder Johann Georg Hahn aus Heidelberg und dem Hamburger Kaufmann Hinrich Meyer der Hamburger Münzmeister Otto Heinrich Knorre die Patenschaft. Seine Frau Gustava, Gustävchen genannt, war eine der engsten Freundinnen Eva Königs.

Der Tod, dieser ungebetene, gefürchtete Gast, schlich sich in diesen Ehejahren oft ein. Das war etwas, mit dem zu rechnen war, das anderen Eltern, anderen Familien auch zustieß. Als Gustava Knorre Eva König etwa 1761 kennen lernte, war sie 25 Jahre alt und hatte in knapp siebenjähriger Ehe schon sieben Kinder geboren, von denen nur das dritte, vierte und siebte noch lebten, zwei Söhne und eine Tochter. Von den weiteren vier Kindern, die sie in den nächsten zwölf Jahren gebären würde, erreichten drei das Erwachsenenalter. Und doch war es nichts Gewöhnliches. Auch wenn der Tod eines Kindes als Entscheidung Gottes akzeptiert wird, ist immer ein verzweifelter Schmerz, damals wie heute. Jedenfalls eines willkommenen Kindes. Es starben viele Neugeborene in der Stadt nicht an Krankheiten, Komplikationen bei der Geburt oder einfach aus Schwäche. Für ledige Frauen bedeuteten Schwangerschaft und Geburt tiefes Unglück. Fast alle gehörten der Unterschicht an, sie konnten ihre Kinder allein nicht ernähren und mussten drakonische Strafen fürchten: nach der öffentlichen Auspeitschung am Pranger jahrelange Zwangsarbeit im ›Spinnhaus‹. Engelke Singelmann, ihr Name mag für viele stehen, wurde 1750 nur für die Verheimlichung ihrer Schwangerschaft mit fünfzehn Jahren Zuchthaus bestraft.

Wohnungsvermieter und Hebammen waren verpflichtet, unverheiratete Schwangere anzuzeigen. Wenn auch viele Frauen versuchten, einander zu helfen, immer in Gefahr, dafür selbst bestraft zu werden, endete die verzweifelte Suche nach einem Ausweg immer wieder mit der Aussetzung oder Tötung des Neugeborenen. Im 18. Jahrhundert zunehmend. Der Rat erließ wirkungslose Mandate zur Kontrolle und Bestrafung. Der sehr viel praktischere Versuch eines sozial engagierten Kaufmanns, solche Kinder zu retten, griff nur kurz. Er stiftete einen in der Pforte des Waisenhauses angebrachten Torno, eine Drehlade, in der Säuglinge anonym abgegeben werden konnten. Schon nach sechs Jahren wurde der Torno wieder abgeschafft. Bis zu hundert Kinder waren jährlich durch die Klappe geschoben oder, wenn sie schon zu groß waren, daneben gelegt worden. Zu viele, um von dem Stiftungsgeld ernährt und im chronisch überfüllten Waisenhaus untergebracht zu werden.

Der größere Teil der unehelichen Kinder, im Hamburg des mittleren 18. Jahrhunderts war es etwa jedes zehnte, wurde im Jakobikirchspiel mit seinem elenden Gängeviertel geboren, in direkter Nachbarschaft der Königs. Eva König kannte Armut und Hunger nur vom Zusehen. Der Seidenhandel ernährte die junge Familie so gut, dass sie (vermutlich) zwischen April und Juli 1760 nach dem Neuen Wall umzog. Die Straße führte auf die schönste Promenade der Stadt, den Jungfernstieg, und gehörte zu den besten Adressen.

Im 16. Jahrhundert verlief dort ein Teil des Walles der älteren Stadtbefestigungen (›neu‹ im Straßennahmen bezog sich auf die noch ältere mittelalterliche); durch die letzte, in der ersten Hälfte des 17. Jahrhunderts errichtete und auch die Vorstädte umschließende Befestigung lag sie mitten im Zentrum. Trotzdem hatten dort nach dem Abtragen des Walls noch lange nur wenige ärmliche Häuser gestanden, deren Bewohner den ekligen Verwesungsgestank aus benachbarten Gerbereien ertragen mussten. 1707 hatten Rat und Bürgerschaft beschlossen, aus der Schmuddelecke ein Schmuckstück zu machen. Das Land links und rechts der schnurgerade zwischen dem Alster- und dem Bleichenfleet verlaufenden Straße war in 93 Grundstücke unterteilt und zum Verkauf und zur Bebauung mit präsentablen Bürgerhäusern angeboten worden. Jedes hatte an der Rückseite direkten Zugang zum Fleet, Vorbauten wurden dem eleganten Eindruck des Gesamtbildes der Fassadenreihe zuliebe untersagt, stinkende Gewerbe wie Gerbereien oder Färbereien sowieso. Hier sollten vornehme, zumindest wohlhabende Familien wohnen.

Als Eva und Engelbert König ihr erstes gemeinsames Domizil in dem alten Haus Bei der Börse verließen und in eines dieser großen komfortablen Häuser am Neuen Wall umzogen, war die Reihe der Fassaden in barocker, gleichwohl hanseatisch-schlichter Bauweise längst geschlossen.

Der Umzug fand mitten im Siebenjährigen Krieg statt, der größten europäischen Krise im 18. Jahrhundert. Wieder ein Krieg, und wieder zwischen Preußen und Österreich. Preußen fand Unterstützung in England, die ebenfalls mit dem deutschstämmigen englischen Königshaus unter König George II. dynastisch verbundenen Hannoveraner und Braunschweiger schlossen sich an. Zu Österreichs Lager gehörten Frankreich, Russland und die meisten übrigen Staaten des Deutschen Reichs. Wieder ging es zuerst um Schlesien, schließlich um die Macht in Europa, gleichzeitig kämpften Frankreich und England um den Besitz der überseeischen Kolonien in Nordamerika, Westafrika, West- und Ostindien. Als 1763 zuerst in Paris zwischen England und Frankreich und dann, notgedrungen, in Hubertusburg zwischen Preußen und Österreich die Friedensverträge unterzeichnet wurden, hatte letztlich nur England gewonnen: Es war nun unangefochten die mächtigste Nation in Europa und in der Welt. Die Armee Friedrich II. war so gut wie vernichtet, doch auch Preußen gehörte nun endgültig zu den Großmächten.

Hamburg wahrte in diesem Krieg Neutralität. Die Stadt unterstand ja keinem Fürsten, der sich durch Tradition, familiäre Verbindungen oder Aussichten auf die Vergrößerung des eigenen Territoriums auf die eine oder andere Seite schlagen musste. Die Kaufmannsstadt hatte einzig den Wohlstand und die Unversehrtheit ihrer Bürger zu wahren, das hieß: die Stadt für Geschäfte mit allen Seiten offen zu halten. Da beide Kriegsparteien auf den Hafen und die florierenden hanseatischen Handelshäuser angewiesen waren, wurde die Stadt von keiner Seite bedrängt.

Der Krieg war ein Jahr nach der Hochzeit Eva und Engelbert Königs ausgebrochen, sie mussten sich um ihre Familien in der Pfalz und mehr noch im Bergischen Land sorgen, das für einige Zeit sogar unter österreichische Verwaltung geriet.

*Hamburg, Stadthaus (ehemals Görtz-Palais)
und Neuer Wall, Mitte 19. Jh.*

Sie selbst erlebten den Kanonendonner im sicheren Hamburg nur von ferne. Am Silvestertag 1757 bot er sogar Attraktion.

Im Herbst hatten die französischen Soldaten das zum britisch-hannöverschen Hoheitsbereich gehörende Harburg an der Süderelbe eingenommen, schnell und ohne Blutvergießen. Sie hatten die maroden Wälle der alten Festung saniert, ansonsten dort recht behagliche Wochen verbracht. Bis in die ersten Dezembertage – da griffen hannöver'sche Regimenter die besetzte Festung an, und die in ihre wollenen Umhänge und Pelze gehüllten Hamburger hatten auf ihren sicheren Wällen oder vom Altan des *Baumhauses*, des Gesellschaftshauses am Hafen, Logenplätze für den Blick auf den Krieg. Die Optiker konnten sich freuen, der Bedarf an Fernrohren zur Beobachtung des Kanonenfeuers und des Sterbens wird beträchtlich gestiegen sein.

Am letzten Tag des Jahres kapitulierten die Franzosen, und halb Hamburg fuhr *über das Eis zum Schauplatz der Ereignisse, bestaunte die Verwüstungen und grauste sich vor den Leichen der nur oberflächlich eingegrabenen Franzosen.*[20]

Solange sie nur Zaungast sind, weiden Menschen sich gern an Grausamkeiten. In Zeiten ohne Kino und Fernsehen drängten sich die Zuschauer bei blutigen Tierhatzen und bei Hinrichtungen, und noch im 19. Jahrhundert fanden sich Herren in Gehrock und Zylinder, mit Verpflegung und Feldstecher bewaffnet, am Rande der Schlachtfelder ein.

Kriege kosten nicht nur Blut und Leben, beim Friedensschluss 1763 war Österreich verschuldeter denn je, und auch die Kassen des preußischen Königs waren leer. Als Friedrich II. neue Münzen prägen ließ, um das entwertete Geld zu ersetzen, platzten überall Wechsel, Bankrotts wurden zur Seuche, und Europa geriet in eine schwere Wirtschaftskrise.

Auch für die Menschen in Hamburg begannen schwierige Zeiten. Die Teuerung war allgemein, besonders bei den

Grundnahrungsmitteln, die Mieten explodierten, die Zahl der Armen und der Arbeitslosen, der Bettler, wuchs und wuchs. Selbst die großen unter den Kaufleuten, die im Krieg gut verdient hatten, mussten sich sorgen. Der Bankrott niederländischer Banken – seit jeher wichtige Partner und Kreditgeber – machte auch 97 Hamburger Handelshäuser zahlungsunfähig.

Die Seidenhandlung König gehörte nicht dazu. Sicherlich gingen die Umsätze in dieser Krise zurück und gerade Luxusgüter wie Samte und Seiden fanden weniger Abnehmer, die Handlung gehörte nicht zu den bedeutenden in der Stadt, doch ohne gute Gewinne wäre die Wohnung am noblen Neuen Wall kaum zu halten gewesen. Auch von Bankrotten in den pfälzischen und bergischen Familien der Hahns und Königs ist nichts bekannt. Sie waren noch einmal davongekommen.

Eva Königs Leben war in diesen Jahren vor allem von den Geburten ihrer ersten sechs Kinder bestimmt, und von dem Tod dreier von ihnen. Sechs Kinder bedeuten fast sechzig Monate Schwangerschaft, Monate, in denen sie als manierliche Bürgerin ihr Haus kaum verließ. Alle Ehefrauen sollten schwanger werden, am besten oft, doch der Anblick der gewölbten Bäuche, diese Konkretisierung von Sexualität, war verpönt. Es bedeutete auch viele Monate des Stillens. Selbst adelige Frauen begannen unter dem Eindruck der aus Frankreich und England kommenden neuen Mode der Natürlichkeit ihre Kinder selbst zu stillen, auch jetzt und in Zukunft gehörten noch zu vielen Häusern Ammen, doch moderne bürgerliche Frauen stillten ihre Kinder möglichst selbst, wenn es nach Empfehlungen in einigen Ratgeberbüchern ging, zwei volle Jahre.

Sie lernte nun auch viel über die kostbaren Stoffe aus den hauchfeinen Fäden der Seidenraupenkokons, sicher prüfte sie mit ihrem Mann die Proben und Musterbücher und versuchte, die Mode der nächsten Jahre für Dessins und Materialien vorauszusehen. Wer das nicht konnte, blieb auf seiner Ware sitzen.

Nicht nur der weibliche Geschmack musste erspürt werden, die Männermode vom Strumpf bis zum litzengesäumten Dreispitz war weniger bunt und verspielt als zwanzig oder vierzig Jahre zuvor, besonders in einer Kaufmannsrepublik, aber zumindest die Festkleidung der Männer war immer noch farbenfroh von Seide und Samt bestimmt und mit Borten, Tressen und Schmuckknöpfen, Stickereien und Spitzen geschmückt. Doch zuallererst war Eva in diesen Jahren Hausfrau und Mutter. Und Gastgeberin. Das neue Domizil bot endlich auch genug Platz für ihre Gäste.

Eva König war gebildet und am öffentlichen Leben und neuen Entwicklungen interessiert. Dass Gleiches für Engelbert König gilt, von dem es keine überlieferten Briefe oder ähnliche Dokumente gibt, zeigen der Freundeskreis des Paares und Engelberts Mitgliedschaft in der *Hamburgischen Gesellschaft zur Beförderung der Manufakturen, Künste und nützlichen Gewerbe*, bald nur noch kurz und ehrenhaft *Patriotische Gesellschaft* genannt, einem Zusammenschluss von Männern, die den Idealen der Aufklärung verbunden waren und sich für das Wohl der Stadt und ihrer Menschen tatkräftig engagierten.

Anders als heute wurde unter Patriotismus aktives Engagement für die Allgemeinheit verstanden. Einige (zumindest der späteren) Mitglieder mögen vor allem nach Wegen gesucht haben, die Wirtschaft ihrer Stadt und damit ihren eigenen Handel konkurrenzfähig zu halten, doch alle, so der Experte für die Aufklärung in Norddeutschland Franklin Kopitzsch, *verband der Patriotismus (...) als eine untrennbar mit der Aufklärung verknüpfte Haltung, als soziale Ver-*

pflichtung zum gemeinnützigen Wirken durch kritisches Denken, offene Diskussion und praktisches Handeln mit dem Ziel, den Mitmenschen und sich selbst zu besseren, weil vernünftigeren und humaneren Lebensverhältnissen zu verhelfen, Vorurteile zu bekämpfen, Missbräuche zu verhindern und Not und Elend zu lindern[21]. Zwischen 1760 und 1820 entstanden im deutschsprachigen Raum rund sechzig solcher Vereinigungen.

Fanden sich in den Anfängen zumeist nur Gelehrte zusammen, waren in der Mitte des 18. Jahrhunderts Kreise verschiedener beruflicher und damit auch gesellschaftlicher Gruppen entstanden. In der Handelsstadt Hamburg, neben Leipzig, Halle, Königsberg, Berlin, Göttingen, Zürich und Wien eines der Zentren der Aufklärung im deutschsprachigen Raum, gehörten früher und mehr Kaufleute dazu als in den anderen Städten. Umgekehrt interessierten sich hier mehr gebildete Nicht-Kaufleute für die auch praktisch-konkrete Lösung wirtschaftlicher und sozialer Probleme und arbeiteten aktiv an ihrer Behebung mit.

Die *Patriotische Gesellschaft* in Hamburg war 1765 aus dem Freundeskreis des Initiators, des fast siebzig Jahre alten Professors für orientalische Sprachen am Akademischen Gymnasium Hermann Samuel Reimarus entstanden. Als Autor zahlreicher wissenschaftlicher Bücher war er wie Evas Onkel Hieronymus Gaub unter anderem Mitglied der Russischen Akademie der Wissenschaften und ein erfolgreicher Publizist. Die private Bibliothek des hoch gelehrten, unabhängigen Denkers umfasste 6300 Werke aus nahezu allen Bereichen der Natur- und Geisteswissenschaften. Von seinem 2000 Seiten umfassenden, radikal bibel- und religionskritischen Manuskript *Apologie und Schutzschrift für die vernünftigen Verehrer Gottes* wussten nur sehr wenige enge Vertraute; es enthielt wahren theologischen und damit gesellschaftlichen Zündstoff, die Veröffentlichung hätte ihn zumindest sein Lehramt gekostet und das Verbot weiterer Publikationen bedeutet, wahrscheinlich Ausweisung oder Haft. Teile dieser Schrift haben nach seinem Tod unter dem Titel *Fragmente eines Ungenannten* für einen entsprechenden Eklat gesorgt – und ihrem Herausgeber Gotthold Ephraim Lessing die schwersten Anfeindungen und bittersten Konflikte seines beruflichen Lebens gebracht. Das gesamte Werk wurde erst 1972 veröffentlicht.

Wie vergleichbare Vereinigungen in anderen Städten war die *Patriotische Gesellschaft* ein reiner Männerklub. Spätestens nach Reimarus' Tod 1768 fanden die Zusammenkünfte der ›Patrioten‹ wahrscheinlich nicht mehr in seinem Haus statt. Damit war Reimarus' Tochter Elise, diese für ihre Zeit ungewöhnlich intellektuelle Frau, ausgeschlossen. Wahrscheinlich, so vermutet ihre Biographin Almut Spalding[22], rief sie in dieser Zeit einen eigenen, halb privaten Kreis ins Leben, der sich um ihren Teetisch versammelte. Vielleicht wurde er erst zur festen Institution, nachdem ihr verwitweter Bruder Dr. Johann Reimarus 1770 Christina Sophia Louise, geb. Hennings geheiratet hatte. Sie war wie ihre sieben Jahre ältere Schwägerin eine engagierte Aufklärerin, als Zeitschriftenrezensentin hatte sie besonders schnellen Zugang zu den aktuellsten Publikationen.

Austausch, Lesung und Diskussion von Büchern, Zeitschriften, Artikeln und Korrespondenzen standen im Mittelpunkt der langen Abende, doch Vergnügen wie Gesang, Pantomime, Schach- oder Kartenspiel, eben die üblichen Unterhaltungen in familiär-freundschaftlichen Kreisen gehörten auch dazu. Das Haus Reimarus war das Hamburger Zentrum eines weiten Netzwerkes der Aufklärung. Diese Teetisch-Gesellschaft wurde von der nächsten Generation weitergeführt, sie bestand über vierzig Jahre bis ins 19. Jahrhundert.

Hier trafen sich *Gelehrte und Publizisten, Kaufleute und Musiker, Schauspieler und Pädagogen, ausländische Diplomaten und lokale Ratsmitglieder, Frauen und Männer, Juden und Christen.*[23] Neben den örtlichen Besuchern, zu denen Klopstock und Lessing zählten, gehörten auch andere, *die über ganz Europa verstreut waren und mit dem Teetisch durch Korrespondenz in Verbindung standen.*[24]

Geistiger Austausch, öffentliche und private Information zählten zu den Prinzipien, tatsächlich zu den Voraussetzungen aufgeklärten Denkens und Handelns. Briefe gingen nicht nur in andere Städte, Länder und nach fernen Kontinenten, sondern auch in die nächste Straße hinter dem Fleet. Die Zahl der gedruckten Bücher, besonders der nicht-theologischen, stieg rapide. Auch eine erkleckliche Zahl an Kaufleuten und Beamten griff zur Feder, wenn sie nur genug Muße fanden. Sie verfassten je nach Beruf und Leidenschaften umfangreiche juristische, philosophische oder ökonomische Werke, Anleitungen zum Gartenbau hatten ebenso Konjunktur wie detaillierte Reiseberichte und Ratgeber für die Damen, und die wenigen, die sich schon für das Theater erwärmen konnten, versuchten sich an Komödie und Drama, an Gebrauchslyrik sowieso. Viele Frauen schrieben ebenfalls mehr und anderes als Briefe. Allein für die Zeit von 1770 bis 1800 sind für den deutschsprachigen Raum dreißig heute vergessene Dramatikerinnen nachgewiesen, von ihren sechzig Originalstücken wurde mindestens die Hälfte aufgeführt und in Literaturzeitungen rezensiert. Es mögen mehr gewesen sein, eine Bürgerfrau, die nicht aus ihrer sittsamen Rolle fallen wollte, schrieb über ihre Korrespondenz hinaus nur für die Schublade und Aufführungen im heimischen Salon – oder veröffentlichte unter einem männlichen Pseudonym. Eine gesellschaftlich erzwungene Bescheidenheit, die im europäischen Kulturkreis bis ins 20. Jahrhundert hinein bestand.

Wenn allerdings in einem der anderen Hamburger Zirkel dieser Jahre, der Klopstock-Büsch'schen Lesegesellschaft, ausdrücklich die Damen die gemeinsame Lektüre bestimmten, hatte das mit weiblicher Emanzipation und männlicher Einsicht wenig zu tun. Es sollte nur garantieren, dass sich kein Text einschlich, der empfindsame (weibliche) Seelen erschrecken oder brüskieren konnte. Hier fanden Entwicklung und Experiment statt, keine Revolution.

Springen wir in das Jahr 1767. Eva war nun 31, Engelbert 39 Jahre alt, und es war ein illustrer Kreis bürgerlicher Freunde, mit dem sie in vertrautem und geselligem Kontakt lebten und ebenfalls gemeinsame Lese- und Diskussionsabende veranstalteten. Gelehrte und Ärzte gehörten dazu, Beamte und Kaufleute. Mindestens zwei von ihnen waren auch Kunstsammler, einige betätigten sich zugleich als Schriftsteller oder Übersetzer oder publizierten in der wachsenden Zahl der Zeitungen und Journale. Was nicht unbedingt auf literarische Talente und Ambitionen schließen lässt, sondern die praktische Umsetzung des aufklärerischen Prinzips des geistigen Austauschs, der öffentlichen Debatten und Kritik bedeutete.

In Hamburg war die Schicht der gebildeten, erst recht die der Aufklärung nahe stehenden Bürger und Bürgerinnen wie überall dünn. Ihre Ränder reichten ein wenig ›nach oben‹ in die führenden Gruppen um die Ratsherren, ihre Beamten und den Adel, ein wenig ›nach unten‹ in die Welt der Handwerksmeister und der Künstler. Es waren neben den Freimaurern die ersten Vereinigungen, Zirkel und Freundeskreise, in denen sich Menschen aus verschiedenen gesellschaftlichen Gruppen mischten, wo Besitz und Stand weniger trennten, als gemeinsame Überzeugungen und das Bemühen um eine sich zum Besseren ändernde Welt verbanden.

Bei allem Interesse an Wissenschaft und Sozialem im Besonderen und einer besseren, einer ›vernünftigeren‹ Zukunft im Allgemeinen – die heiteren, die spielerischen Vergnügen kamen auch im Salon oder Speisezimmer der Königs nicht zu kurz. Die Männer und Frauen, die sich hier trafen, entsprachen alle nicht dem Klischee der steifen, jeden Pfennig umdrehenden Hanseaten. Sie amüsierten sich beim L'hombre, einem ungemein beliebten, aus Spanien stammenden Kartenspiel, unternahmen samt Kindern Ausflüge in die umliegenden Dörfer oder zu den im Grünen gelegenen Gasthäusern, spazierten auf den Promenaden über die baumbestandenen Wälle oder entlang der Alster, spielten Federball oder genossen vom kleinen Lusthaus am äußeren Festungsgraben den Blick auf Elbe und Hafen. Im Winter konnten sie sich mit Freunden bei Bällen im *Baumhaus* treffen, dem Gesellschaftshaus am Hafen, zum Punsch auf dem Weihnachtsmarkt unter den Arkaden des alten Mariendoms oder die Aufführungen der Wandertheater besuchen … Für Eva und Engelbert König aus dem kleinen Heidelberg und dem noch viel kleineren Lüttringhausen muss dieses Großstadtleben mit seinen Vergnügungen, seiner Kultur und seiner Geselligkeit eine neue besonders turbulente Welt gewesen sein.

Zu ihren ältesten Hamburger Freunden gehörten Otto Heinrich Knorre und seine Frau Gustava. Er war 1760 als Münzrat, als Leiter der städtischen Münze von Stralsund nach Hamburg gekommen, ein kräftiger Mann mit selbstbewusstem Blick. Seine Begeisterung für das Theater war groß, für die Aktricen auch. Seine Frau, das Gustävchen mit dem Kindergesicht, zierlich, mit dunklen Knopfaugen und von verspielter Eleganz, stand Eva König besonders nah. Das Haus am Neuen Wall muss für die Knorres ein Ort der Erholung gewesen sein. Sie wohnten im 400 Jahre alten Münzhaus am Dornbusch mitten in der engen Altstadt, der

Lärm von der Münze drang durch alle Ritzen, wegen der Schmelz- und Glühöfen war die Feuergefahr stets groß. Knorre hatte beim Antritt seines Postens die immense Summe von 60 000 Mark Kaution stellen müssen, trotzdem besaß er eines dieser Landhäuser, die Eva König schon bei ihrer ersten Fahrt von der Elbfähre durch den Marschen zum Steintor passiert hatte. Auch dort, wahrscheinlich in einem hellen Gartensaal im ersten Stock mit dem Ausblick über den weitläufigen Garten und die sanfte Landschaft, wurde gut getafelt und der Spieltisch aufgeklappt.

Der junge Kaufmann und Kunstsammler August Gottfried Schwalb und seine Frau Elisabeth gehörten ebenfalls zum engeren Kreis. Wie die Büschs, mit denen Elisabeth Schwalb verwandt war – überhaupt gab es in diesem Kreis, man kann auch sagen: in solchen Kreisen, vielfältige verwandtschaftliche Verbindungen. Johann Georg Büsch, der auf Bildern immer nur als alter Mann festgehalten ist, war jetzt etwa in Engelbert Königs Alter und ein so kluger wie gemütvoller Mensch. Gleichwohl war der Professor der Mathematik am Akademischen Gymnasium ein unruhiger Geist und eine treibende Kraft in Sachen Bildung. Mit seinen öffentlichen Vorträgen für ein ›nichtstudierendes‹ Publikum begründete er das breite öffentliche Vorlesungswesen der Stadt, aus dem gut 150 Jahre später die Hamburger Universität entstand. Mit einem anderen Freund der Königs, dem Kaufmann und preußischen Kommerzialrat, kurhannöverschen und später auch braunschweigischen Legationsrat Friedrich Christoph Wurmb, bereitete er die Eröffnung einer *Handlungs-Academie* vor. Sie sollte jungen Männern aller christlichen Konfessionen offen stehen und sie gründlich und systematisch, weit über die übliche Lehre hinaus, auf den Kaufmannsberuf vorbereiten. Mit der Eröffnung 1768 füllte die Akademie eine europäische Bedarfslücke, schon im ersten Jahr wurden

Schüler aus sechs Nationen unterrichtet, in späteren Jahren auch Alexander von Humboldt und Fritz von Stein, der Zögling des Weimarer Geheimrats Goethe. Den von Wurmb erhofften Reichtum zum Ausgleich seiner schlecht gehenden Geschäfte brachte die Akademie allerdings nicht. Nach wenigen Jahren musste er als Kaufmann mit einer Schuld von 20 000 Mark Konkurs anmelden, und Eva König gehörte, als sie das Geld selbst dringend brauchte, mit 1 200 Mark zu seinen Gläubigern. Die Schuld wurde nicht beglichen, trotzdem erhielt sie ihm ihre Freundschaft.

Büschs mollige Gattin Margarete Auguste war eine muntere, überaus gescheite Dame und Evas nahe Freundin. Natürlich bekleidete sie kein Amt, aber sie war das Zentrum eines anderen dieser Zirkel, des ›Büsch-Kreises‹, und hatte an allen Aktivitäten ihres Mannes großen Anteil. Sie liebte die Literatur, und die Handlungsakademie, diese ungewöhnliche, in die Zukunft weisende Einrichtung, fand ihre ganze Begeisterung. Umso mehr, als nach Wurmbs Bankrott ihr Mann die Leitung der Schule übernahm und erst zur Blüte brachte, als die Mahlzeiten der Schüler in ihrem Haus stattfanden, was, wie Eva König feststellte, eine große zusätzliche Last war. Und dann liebte Madam Büsch noch das Kartenspiel. Für eine Partie Karten waren sie und Gustävchen Knorre immer als Erste zu haben, selbst auf die Gefahr, darüber die eine oder andere ihrer vielfältigen Pflichten für einige Stunden zu vergessen.

Mit Johann Samuel Müller, der sich gelegentlich als Opernlibrettist betätigte, ließ es sich vorzüglich über Theater und Musik debattieren, vor allem seit in diesem Frühjahr eine Gruppe von ›Entrepreneurs‹ das Theater im Opernhof am Gänsemarkt übernommen hatte und Grandioses versprach. Das alte Opernhaus war vor wenigen Jahren abgerissen und vom Theaterprinzipal Ackermann durch ein neues ersetzt worden. Ganz Hamburg sprach darüber, nur wenige so enthusiastisch wie Müller. Obwohl der neue, eigens aus Berlin engagierte Dramaturg Herr Lessing Neugier weckte. Müller stand seit 35 Jahren der Lateinschule Johanneum als Rektor vor, er war kein großer Gelehrter, aber ein engagierter praktischer Pädagoge. Ihm wurden *vorzügliche Gaben des Herzens* nachgesagt, er galt als *nachgiebig zur rechten Zeit, aber auch fest und bestimmt, wo es not tat*[25]. Die traditionell antiken und religiösen Texten vorbehaltenen Schulaufführungen erlebten unter seiner Aufsicht eine neue Blüte, was die Eltern und nicht einmal die strenge, dem konservativen Geist verpflichtete Schulaufsicht störte. Das Einüben und Vortragen der Texte wurde als Übung in Rhetorik verstanden, die freie, gewandte und wirkungsvolle Rede musste für zukünftige Theologen und Kaufleute gleichermaßen von Vorteil sein. Die Texte stammten zumeist aus Müllers eigener Feder. Frauenrollen waren an einer Knabenschule natürlich zu vermeiden, nur bei der Geschichte Neros war ihm *die Person der Agrippina viel zu wichtig, als dass sie füglich weg gelassen werden könne, aber deswegen sei es nicht nötig, daß sie im Frauenkleide erscheine.*[26] Die Mutter Neros, die Gattin und angebliche Mörderin Kaiser Claudius' in schwarzen Kniehosen und Schülerjacke, mit weißer, bezopfter Perücke. Wenn man in Rechnung stellt, dass Frauen auf dem Theater überhaupt erst seit einigen Jahrzehnten erlaubt waren und zeitgenössische Kleidung auf der Bühne selbstverständlich, war das für eine fromme Lateinschule nicht die schlechteste Lösung.

Die Aufführungen fanden ein- oder zweimal jährlich an vier aufeinander folgenden Tagen öffentlich statt; zwischen den Akten unterhielten Georg Philipp Telemann beziehungsweise sein Nachfolger Carl Philipp Emanuel Bach mit ihrem Chor und Orchester das Publikum. Theodor, Evas Erstgebo-

rener, war nun fast zehn Jahre alt und als Sohn einer begüterten, gebildeten Familie sicher Schüler am Johanneum. Die
Königs konnten sich dieses Vergnügen in Rhetorik im einstigen Johanniskloster auch als gesellschaftliches Ereignis nicht
entgehen lassen. Allerdings mussten sie rechtzeitig Plätze in
der Aula reservieren. Dieses Theater ohne jegliche Gefahr
leichtfertiger oder unschicklicher Szenen war so beliebt, dass
der Andrang der Kutschen stets die Straßen verstopfte und
die Damen gebeten wurden, ohne Reifröcke zu erscheinen.

Bei den Königs konnte Rektor Müller, konnten alle um
den großen Tisch versammelten Eltern auch mit Johann
Bernhard Basedow streiten. Oder – was wahrscheinlicher
ist – mit ihm zumindest teilweise einer Meinung sein. Begegnungen mit dem brauseköpfigen Altonaer Gymnasialprofes-
sor und Erziehungsreformer verliefen schnell turbulent.
Einer seiner Leitsätze lautete: *Der Hauptzweck der Erziehung soll sein, die Kinder zu einem gemeinnützigen, patriotischen und glückseligen Leben vorzubereiten.*[27] Das klingt
nach streng-aber-gerecht, auch nach liebevoller Nachsicht,
nach Toleranz. Trotzdem war Basedow bei allem ihm nach-
gesagten Witz als streitbarer, tatsächlich als streitsüchtiger
Mensch berüchtigt. Zutiefst überzeugt von der Richtigkeit
seines Menschenbildes und seiner Methoden, lief er Sturm
gegen das übliche sture Auswendiglernen, den Drill zu blin-
dem Gehorsam und das Fehlen zeitgemäßer Lehrinhalte und
Fächer zugunsten der Religion. Er forderte auch körperliche
Ertüchtigung und praktische Arbeiten als Teil des Unter-
richts und der Erziehung. Dass er die Trennung der Schulen
von kirchlicher Aufsicht verlangte, kam Rebellion und Ketzerei gleich. Seine Schriften waren zeitweilig verboten, und
ihm und seiner Familie wurde das Abendmahl verweigert.

Einige Jahre später kam er seinem Ziel einen großen
Schritt näher. Als Gründer und Leiter des wahrhaft revolu-

tionären Erziehungsinstituts *Philantropinum* in Dessau wurde er als Hauptvertreter der Aufklärungspädagogik zum bekanntesten Pädagogen seiner Zeit. Seine Überlegungen, vergleichbare Institute für Mädchen und andere ›zur Verbesserung des großen Haufens‹, für Kinder aus armen ungebildeten Familien einzurichten, konnte er nicht in die Tat umsetzen.

Zu den entschiedenen und überaus beharrlichen Vertretern ihrer Überzeugungen, zu den sehr konkreten Unruhestiftern gehörte auch Julius Gustav Alberti, der mit seiner Frau Dorothea Charlotte den Königs und auch dem tatsächlich absolut nicht gottlosen Basedow freundschaftlich verbunden war. Als Prediger an der Hauptkirche St. Katharinen mitten im reichen Kaufmannsviertel gehörte er zu den wenigen der Aufklärung nahe stehenden Theologen der Stadt und brüskierte beharrlich die mächtige orthodoxe Geistlichkeit.

Zum Eklat kam es beim Streit über das traditionelle Bußtagsgebet, das nach dem 79. Psalm die Zeile enthält: *Schütte Deinen Zorn auf die Heyden und auf die Königreiche, die Deinen Namen nicht anrufen.* Alberti forderte die Abschaffung dieses zu Gewalt und Intoleranz gegenüber Andersgläubigen aufrufenden Gebets. Es sei in einer anderen Zeit unter dem Eindruck von Vertreibung entstanden und könne nun keine Gültigkeit mehr haben.

Sein entschiedenster Widersacher war der mächtige Hauptpastor an St. Katharinen und Senior (sozusagen der offizielle Spitzenmann) der Hamburger Kirchenvertreter Johann Melchior Goeze, ein im doppelten Sinn gewichtiger Herr. Der Streit der Männer, die in derselben Kirche von derselben Kanzel predigten, zog sich mit Abhandlungen, Eingaben an den Rat und klaren Worten von der Kanzel über Jahre hin und spaltete auch die Gläubigen, selbst innerhalb von Familien. Zunächst – grob vereinfacht gesagt – die Jungen für

Alberti, die Alten für Goeze, zunehmend die Gebildeten pro Alberti, die ungebildeten und die konservativeren Kleinbürger pro Goeze. Keine Frage, auf wessen Seite Eva und Engelbert König standen.

Der Streit – letztlich nur ein Symbol für den Kampf grundsätzlich unterschiedlicher Auffassungen – ging nun schon sechs Jahre. Goeze, der Vertreter orthodoxen Luthertums, hatte von jeher unermüdlich gegen Andersgläubige, gegen Juden, Katholiken, gegen Reformierte und Freidenker gewettert. Die der Aufklärung verbundenen Männer und Frauen, zu deren Idealen die Verbindung über diese alten, trennenden Grenzen hinweg gehörte, waren ihm höchst suspekt. Umso mehr, als die Stimmung in der Stadt freier und auch die Haltung des Rats liberaler wurde. Der Handel mit ganz Europa, mit der Welt vertrug sich nun mal nicht mit zu viel Engstirnigkeit. Jetzt war der Streit noch nicht entschieden. Das Lachen war Alberti trotzdem nicht vergangen, er lachte gerne, laut und ausgiebig. Mit seinem Talent, ›dem keins gleich kömmt‹, verschiedene Dialekte und Charaktere (gern auch seinen Vetter, den Gifhorner Superintendenten) zu imitieren, brachte er andere zum Lachen. Sicher auch Eva König. Sie mochte ›unsern guten‹ Alberti. Nur ein ›Hauptfehler‹ muss sie gestört haben. Der so unabhängig denkende Theologe dachte nach einem Urteil Klopstocks ›über Frauensleute, wie er sie nennt, so närrisch streng, dass in dieser Sache gar nicht mit ihm auszukommen ist‹. Aber anderswo wurde über Frauen, die nicht mehr die gebotene Willfährigkeit zeigten und sich frech in die Gesellschaft der Männer drängten, weitaus lauter geklagt.

Von Joachim Barthold Borgeest ist nichts bekannt als sein einträgliches Amt, er war der holsteinische Postdirektor. Dr. Johann Friedrich Grund kam gewöhnlich in Begleitung seiner Gattin Katharina Cäcilia und seiner Schwester. Er war auch der Hausarzt der Königs und über seine Frau mit den Büschs und den Schwalbs verwandt. Der Ratssekretär und spätere Syndicus Nikolaus Matsen war auch dabei. Der Jurist mit sozialreformerischen Ideen würde später mit dem unermüdlichen Professor Büsch die Hamburger Armenanstalt gründen, das Vorbild für viele ähnliche Einrichtungen in anderen Städten. Johann Karl May, bankrotter Kaufmann, nun Besitzer des Wirtshauses *Sanssouci* an der Altonaer Palmaille und fleißiger Publizist, war als Lottoexperte und zukünftiger Herausgeber der Zeitschrift *Lottologie* in dieser spielfreudigen Zeit ein gern gesehener Gast. Ralph Baronet Woodford, der britische Gesandte in Hamburg, war einer der wenigen Gäste ›von Adel‹ und Anfang der 1770er Jahre der Geliebte Sophia Maria Zinks. Die Schwester des König'-schen Hausarztes Dr. Grund gehörte zu Eva Königs vertrau-testen Freundinnen und betätigte sich als Übersetzerin, zum Beispiel des tragikomischen Lustspiels *Eugenie* von Beaumar-chais. Ihr um gut zwanzig Jahre älterer Ehemann, der hannö-versche Legationsrat und Schriftsteller Barthold Joachim Zink war zugleich Redakteur der *Stats- und Gelehrte Zeitung des hamburgischen unpartheyischen Correspondenten,* kurz der *Hamburgische Correspondent* genannt.

Viele Zeitungen und Zeitschriften erschienen in diesen Jahrzehnten, zur politischen und wirtschaftlichen Informa-tion, zu speziellen oder allgemeinen Wissenschaften, zur Er-bauung oder Erziehung, zur moralischen Belehrung. Viele verschwanden nach wenigen Nummern, andere bestanden Jahrzehnte. Zumindest die bedeutenderen unter den Ham-burger Publikationen verstanden sich (auch) als Organe der Aufklärung. Zwischen Alster und Elbe konnten sie ›blühen‹. Zum Ärger der konservativen Kräfte war der Zensor des Rats, der kluge, selbst der Aufklärung verbundene, betagte Syndikus Johann Klefeker stets, nun ja, mit anderen Aufgaben überlastet. Eine Zensur der Presse fand praktisch nicht statt, wenn doch, gewöhnlich nur bei religionskritischen Publikationen oder bei politischen Artikeln, deren Inhalte andere Staatsoberhäupter zu sehr verärgern mochten.

Der *Hamburgische Correspondent*, diese wichtigste Hamburger Zeitung, wurde unter Zinks Leitung bedeutend und noch bis weit ins 19. Jahrhundert in ganz Europa als unverzichtbare Informationsquelle gelesen, selbst Friedrich II. gehörte zu den Abonnenten. Sie erschien viermal wöchentlich mit politischen Berichten eigener Korrespondenten aus (tatsächlich) aller Welt, mit Nachrichten über Handel und Schifffahrt, auch von Reisen oder Befindlichkeiten gekrönter Häupter, Forschungsreisender und anderer Personen von ernster oder kurioser Bedeutung. Neuigkeiten aus der Stadt bestanden zumeist nur aus Angeboten und Gesuchen für Arbeitsstellen oder Immobilien und Wohnungen, Ankündigungen von Versteigerungen, Terminen für die nächsten Ziehungen der Lotterien oder ›Inseraten‹ für *Waren* von der Ladung Weizen über französische *Confituren* und Parfums bis zu Wundermitteln für weiße Haut oder gegen Warzen. Was sonst in der Stadt geschah, Alltägliches und Klatsch, erfuhr man ohnedies und am schnellsten beim Gang über den Markt oder zur Kirche, in der Börsenhalle, auf den Promenaden oder im Kaffeehaus. Dafür nahmen über mehrere Ausgaben hin und her gehende geisteswissenschaftliche, theologische oder kulturelle Diskussionen von renommierten Autoren breiten Raum ein.

Menschen der unteren Schichten, die sich keine Zeitungen leisten und oft nicht lesen konnten, trafen in Gasthäusern Lesekundige, hörten zu und debattierten die Neuigkeiten.

In Eva Königs Salon begegnete Zink seinem neuen Konkurrenten. Polycarp August Leisching, kursächsischer Legationsrat in Altona und ein Vetter Klopstocks, hatte im

Januar dieses Jahres, 1767, gleich zwei neue Zeitungen herausgebracht, die *Hamburgische Neue Zeitung* und die *Hamburgischen Addreß-Comtoir-Nachrichten*. Letztere kann als die erste deutsche Handelszeitung gelten, ihre Beiträge informierten über aktuelle wirtschaftliche und soziale Fragen, die regelmäßigen Artikel zur Geschichte betrafen vornehmlich Hamburg. Der Aufmacher der Erstausgabe *Anmerkungen zur Geschichte des Englischen Kornhandels betreffend* steht dem nicht entgegen. Die Hamburger Handelsbeziehungen mit dem Inselreich waren eng. Im nächsten Jahr würde Leisching einen jungen Poeten namens Matthias Claudius als Redakteur einstellen, dem gefiel zwar, dass die Redaktion im Vorderzimmer des Dresser'schen Kaffeehauses eingerichtet war, dem Treffpunkt der Literaten, doch er hatte wenig Sinn für Handel und Schifffahrt, nach kaum zwei Jahren wurde er entlassen.

Welche Zeitungen mögen die Königs gelesen haben? Engelbert konnte im Kaffeehaus die europäischen Blätter studieren. Und Eva? Wer es sich wie die Königs erlauben konnte, abonnierte das eine oder andere Blatt und tauschte mit Freunden und Nachbarn. Vielleicht haben sie auch eines der langlebigen wissenschaftlichen Periodika gelesen oder bei ihren gelehrten Freunden ausgeliehen.

In dem von 1747 bis 1763 erscheinenden *Hamburgischen Magazin, oder gesammelte Schriften, zum Unterricht und Vergnügen* veröffentlichte auch Eva Königs Onkel, der berühmte Professor in Leiden, Mitglied der Russischen Akademie der Wissenschaften, Hieronymus David Gaub. 1756 zum Beispiel, im Jahr von Evas Heirat und Umzug nach Hamburg, hatte er die geneigte Leserschaft über ein Mittel aufgeklärt, *wodurch man die schädliche Vermischung der Weine mit bleyischen Sachen gewiß genug entdecken kann.* Oder später, im Jahr von Engelbert Königs Tod, auf 41 Seiten: *Die Einpfropfung der Pocken, verrichtet und bis zur völligen Wiederherstellung behandelt.*

Die Pocken waren auch am Tisch der Königs Thema. Wie überall, ob in den Gängevierteln und Hafenspelunken oder in den noblen Häusern am Jungfernstieg und am Neuen Wall. Allein in Westeuropa starben jährlich etwa 400 000 Menschen an der gefürchteten Volkskrankheit. Wer sie überlebte, blieb von tiefen Narben gezeichnet, was besonders von jungen Frauen und ihren Eltern gefürchtet wurde, denn es minderte die Chancen auf dem Heiratsmarkt erheblich. Auf Steckbriefen galt in der zweiten Hälfte des 18. Jahrhunderts der Passus ›nicht pockennarbig‹ als wichtiges Erkennungszeichen. Vermeintliche Wundermittel zur Vermeidung der Ansteckung und Rettung vor der Krankheit oder zur Beseitigung der Narben wurden gut verkauft.

Eva König hatte Glück. Weder sie, ihr Mann noch ihre Kinder bekamen ›die Blattern‹, wurden pockenkrank – jedenfalls ist davon nichts bekannt. Nur einmal erwähnte sie in ihren späteren Briefen, dass die Schönheit der Tochter von Freunden unter den Pocken gelitten haben, und hoffte auf Besserung, *wenn die Geschwulst erst völlig weg ist.*

Schließlich zählten auch der sachsen-weimarische Kommissionsrat Johann Friedrich Schmidt und seine Ehefrau Johanna Christina zu den engen Freunden Eva und Engelbert Königs. Sie waren erst seit wenigen Jahren verheiratet, Johanna Christina, vier Jahre älter als Eva König, hatte als junge Witwe zwei Töchter mit in die Ehe gebracht. Madam Schmidts Liebenswürdigkeit und ihr unerschütterlicher Frohsinn waren in jeder Gesellschaft willkommen. Wie die Königs führten die Schmidts ein gastfreies Haus. Sie wohnten auf dem Brook, einer von alten Fachwerkhäusern gesäumten Straße am südlichen Rand der Stadt nahe dem Hafen. Wie vor einigen Jahren die Königs, würden auch sie bald in eine bessere Wohnung und Wohngegend umziehen, in die Neustadt im Umfeld der Michaeliskirche und nur wenige Schritte vom Neuen Wall entfernt.

Als Theaterenthusiast übersetzte Schmidt für die neu eröffnete Bühne am Gänsemarkt Werke des zeitgenössischen französischen Dramatikers Pierre de Belloy, und im April dieses Jahres 1767 hatten er und seine Frau einen Untermieter aufgenommen. Der Dichter, Kritiker und Publizist war als Dramaturg des neuen Theaterunternehmens engagiert. Man verstand sich über die Maßen gut, wusste sich in vielem, was die Kunst, die Welt und vielleicht auch Gott betraf, einig, und Gotthold Ephraim Lessing, dieser Untermieter im Kaufmannshaushalt, wurde umgehend in den Freundeskreis der Schmidts und damit der Königs eingeführt.

Es bleibt der Fantasie überlassen, ob Lessing und Eva König sich im Salon der Schmidts oder dem der Königs zuerst trafen. Es ist nicht von Belang. Dass sie einander gleich, wenigstens sehr bald mochten, steht außer Frage. Lessing war nun oft zu Gast am Neuen Wall. Über die Bekanntschaft mit Engelbert König, dem Seidenhändler und Aufklärer, dem warmherzigen Mann und klugen Gesprächspartner, ist kaum Konkretes bekannt. Sie muss schnell gewachsen sein und sich vertieft haben, das lässt sich aus dem späteren Briefwechsel mit Eva König schließen, und im September 1768 bezeichnete Lessing ihn in einem Brief an Johann Wilhelm Ludwig Gleim als seinen ›speciellen Freund‹. Sollte ihn beim Anblick Evas gleich der Blitz getroffen haben, musste er das tunlichst für sich behalten und verbergen. Aber sein Herz, so ging die Fama, war in dieser Zeit sowieso noch besetzt.

Wenig ist bekannt von Liebschaften oder Lieben in dem jetzt schon 38-jährigen Leben des Gotthold Ephraim Lessing. Christiane Lorenz? Es war lange her, dass der die Welt erobernde Student die junge Komödiantin in Leipzig heiß liebte und sie ihn nur ein wenig. Und was war mit der hoch begabten, anmutigen Charlotte Esther Brandes? Vor wenigen Jahren in Breslau, als er ihren Verlobten und weitaus weniger begabten Schauspieler Johann Christian Brandes zum Komödienschreiben ermunterte, hatte es Gerüchte gegeben. Zumindest – auch das eine Fama – war sie die Inspiration zur Heldin seiner berühmtesten Komödie. Jetzt jedenfalls waren sie und ihr Mann am Hamburger Theater engagiert, und Lessing war nicht mehr als beider Freund und der Pate ihrer Tochter Minna.

Für das neue Hamburger Theater waren zahlreiche Schauspielerinnen engagiert worden, ob Heroine, jugendliche Liebhaberin, freches Mädchen, komische oder böse Alte – theoretisch waren sie die besten des Landes, praktisch wurden nur einige diesem Anspruch gerecht. Es war ungewöhnlich genug und auch bedauerlich, dass der charmante Herr Lessing in seinen Jahren noch nicht verheiratet war. So wurde ihm ein ganzer Strauß von Liebschaften angedichtet. Am beharrlichsten mit der herben Schönheit Susanne Mecour, einer so selbstbewussten wie klugen und geistreichen Dame und, wie Lessing urteilte, sehr guten Schauspielerin. Dass sie ihm bald untersagte, in seinen Theaterkritiken beurteilt, überhaupt erwähnt zu werden, gab dem Geraune von Liaison, Streit und enttäuschter Liebe erst Flügel. Und war da nicht auch etwas mit Demoiselle Felbrich? Oder mit der reizenden Wirtin vom Gasthof *Schwarzer Adler* in der Steinstraße, die schon drei Ehemänner überlebt hatte? Alles nur Gerüchte.

Wenn das Theater, überhaupt die dramatische Kunst in den Zirkeln der Aufklärer wie im Rest der hanseatischen Gesellschaft auch wenig interessierte, Klatsch war wie überall auf der Welt hochwillkommen. Erst recht pikanter. Bei Eva auch. Sie wird sich amüsiert haben. Allerdings hatte sie Schwerwiegenderes im Kopf.

4

Der Mann vom Theater oder 100000 Florin Kredit

HAMBURG

Nun war die Zeit neuer Pläne. Es waren wagemutige Pläne, die bei allem Optimismus große Risken bargen. Engelbert König war jetzt seit mehr als einem Jahrzehnt selbständiger Seidenhändler, wahrscheinlich betrieb er dort auch schon eine kleine Seidenmanufaktur. Er handelte mit Luxuswaren, die längst nicht mehr dem Adel vorbehalten waren, auch das Bürgertum liebte die edlen Stoffe für seine Kleidung, Möbelbezüge, samtenen Vorhänge, als Tapeten. Und etliche, die sich all das nicht leisen konnten, kauften wenigstens seidene Bänder oder Tücher, fanden eine ›kurze Elle‹, einen Rest für ein Täschchen oder als Aufputz für das Mieder aus Leinen oder Baumwolle. Selbst in schlechten Zeiten gab es reiche Kundschaft, doch ihre geringere Zahl musste voraus denkende Kaufleute nach Wegen suchen lassen, die sicherer und lukrativer waren. Oder so erschienen.

Auch größere Hamburger Handelshäuser mit weit reichenden Verbindungen kauften und verkauften neben anderen Waren Seide. Einige importierten schon fertige Kleidung, genau genommen halbfertige, die von den Schneidern oder Kundinnen passend gemacht und fertig genäht wurden. Ob Engelbert und Eva König etwas Neues wagen wollten, ob die Gewinne kleiner wurden – für Seide und andere Luxusgüter herrschten jetzt weit mehr Handelsbeschränkungen als bei der Gründung der König'schen Handlung – oder ob sie ihre Geschäfte auf eine breitere Basis stellen wollten, warum auch immer, sie beschlossen selbst eine große Seidenmanufaktur zu betreiben. Ein eigene Weberei schloss den Zwischenhandel aus, vergrößerte und sicherte unter geschickter Leitung und mit dem immer nötigen Glück die Gewinne bis zum Reichtum. Und das Risiko der großen Investitionen, der nötigen Kredite – was ging schon ohne Risiko. Aber wo war der beste, der günstigste Standort?

In dieser vom Merkantilismus, d. h. von starken dirigistischen Eingriffen der Regierungen in Handel und Produktion bestimmten Zeit, wussten auch die deutschen Fürsten, dass mit Luxuswaren viel Geld zu verdienen war. Die besten Seidenqualitäten mussten aus Frankreich und Italien, auch aus Ostindien importiert werden, das war teuer und schaffte viel Geld ins Ausland. Also versuchten die Landesherren mancher deutscher Staaten eigene Manufakturen aufzubauen. Sie richteten monopolisierte Spinnereien und Webereien ein, erließen Einfuhrverbote für ›fremdländische‹ Seidenprodukte zur Förderung der landeseigenen. Die Vergünstigungen und Kredite, mit denen Manufakteure gelockt wurden, waren oft enorm, fachkundiges Personal wie Weber oder Musterzeichnerinnen wurden aus dem Ausland, zumeist aus den italienischen und französischen Zentren geholt, die Arbeiter vom Kriegsdienst befreit. Bauern und Förster mussten, wo immer sich ein Plätzchen in der Sonne fand, Maulbeerbäume pflanzen, Futterlieferanten für die Seidenraupen.

Vielleicht – wahrscheinlich – hatte die Wittib Hahnin von den Erfolgen der Heidelberger Manufaktur geschrieben und Tochter und Schwiegersohn zu ihren neuen Plänen angeregt oder sie darin bestärkt. Schon in den mittleren 1750er Jahren hatte der pfälzische Kurfürst in Heidelberg eine Seidenweberei etabliert, ein subventioniertes Privatunternehmen mit mehreren Teilhabern, für dessen Leitung er dem württembergischen Herzog den erfahrenen Seidenmanufakteur Jean Pierre Rigal abspenstig gemacht hatte. Der hatte inzwischen das Monopol erhalten, und die pfälzischen Hof- und Theaterschneider durften nur noch Seide aus Heidelberg verwenden, selbst die Opernauszüge wurden in Rigal'scher Seide gebunden.

Der Kurfürst ließ sich die landeseigene Produktion mit großen Zuschüssen viel kosten. Nach anfänglichen Schwierigkeiten florierte der Betrieb und produzierte Seidenstoffe, Samte und Strümpfe; zur Weberei gehörten jetzt auch eine Spinnerei und eine Färberei. Überall im Land wuchsen Maulbeerbäume, allein in Heidelberg 1 600, selbst im alten Schlossgarten. Die Rigals, so hörte man, lebten in Saus und Braus. Und ihr wichtigster Teilhaber war der unternehmende Johann Christoph Bassermann, Drei-König-Wirt und Nachbar der Hahns.

Das klang doch verlockend. Andererseits hörte man auch von bitteren Pleiten. Zum Beispiel aus Berlin, wo in diesen Jahren die Seidenmanufaktur Gotzkowsky trotz der Intervention des preußischen Königs Konkurs anmelden musste. Endgültig hatte sich der zunächst ungemein erfolgreiche Spekulant und Manufakteur übernommen, als er auch noch die *Berliner Porzellanmanufaktur* eröffnete – jedenfalls gehörte die nun dem König und wurde als *Königliche Porzellanmanufaktur* ein erfolgreiches Unternehmen. Aber Johann Ernst Gotzkowsky war arm wie eine Kirchenmaus.

Eine große Seidenmanufaktur also, trotz der Risiken. Blieb die Frage nach dem besten Standort. Die beste Zeit der Hamburger Seidenweberei war vorbei. Sie war im späten 16. und im 17. Jahrhundert mit den reformierten holländischen Einwanderern in die Stadt gekommen, die vor allem Samt und

Taft nach Antwerpener Art produziert hatten. Im eng begrenzten Gebiet der Freien Reichsstadt ohne ausreichenden eigenen Markt waren die Hamburger Manufakturen auf den Export angewiesen. Der lief gut für die zahlreichen Kattundruckereien, für Seidenprodukte war er endgültig unbedeutend geworden, seit in den bisherigen Abnehmerländern eigene Manufakturen gegründet und sie schützende Einfuhrbestimmungen erlassen worden waren.

Wer das Luxusgut Seide herstellen wollte, tat das jetzt tunlichst dort, wo reiche Kundschaft vor der Tür, also innerhalb der Landesgrenzen, lebte, wo Einfuhrverbote oder hohe Zölle nicht zum Nachteil, sondern zum Vorteil gereichten.

Die Pfalz, besonders Eva Königs Heimat Heidelberg, stand nicht mehr zur Wahl. Es ist auch unwahrscheinlich, dass sie eingewilligt hätte, zurückzukehren. Sie hat ihre Mutter und auch ihre Brüder geliebt, aber, so wird sie Lessing später schreiben, gegen ihre Vaterstadt immer eine Abneigung gehabt. In Engelbert Königs Heimatregion, wo das Textilgewerbe eine lange Tradition hatte, gab es in vielen Orten zumeist kleine Seidenwebereien. Aber dort nahm schon seit Jahrzehnten die Krefelder Familie Von der Leyen mit großer Produktion eine führende Stellung ein, die sie vehement gegen jede auftauchende Konkurrenz verteidigte. Mit dem Transport ihrer Produkte über die nahe Grenze konkurrierte sie erfolgreich mit ihren von keiner Einfuhrbeschränkung geschützten holländischen Nachbarn; der schwunghafte Schleichhandel von deren Häfen nach den amerikanischen Kolonien Spaniens und Englands brachte satte Gewinne.

Und in Preußen? Das war nah und Berlin alles andere als eine schläfrige Kleinstadt – aber trotz Gotzkowskys Bankrott auch längst besetzt. Die ersten Seidenwebereien waren im 17. Jahrhundert von eingewanderten Hugenotten eingerichtet worden. Nach dem Siebenjährigen Krieg hatte der

König Rettung für die marode Wirtschaft des Landes gewittert und die Seidenproduktion zu seinem besonders geförderten wirtschaftlichen Lieblingsprojekt gemacht. Allein in Berlin wurde nun in 150 Fabriken an 1 335 Stühlen Seide gewebt, Friedrich II. selbst zählte zu den besten Kunden. Allerdings erlaubte er bei der Ausstattung seiner Schlösser mit Vorhängen, Tapeten, Kissen- oder Möbelbezügen nur der königlichen Familie reine Seide, Höflinge mussten sich mit Halbseidenem zufrieden geben. *Gemeinen Weibesleuten* hatte er das Tragen von Seide sowieso schon verboten, *es seien Christen oder Juden, sowohl in den Städten als auch auf dem platten Lande*[28]. Wer's trotzdem tat, musste sich auf öffentlicher Straße die Kleider bis aufs Hemd abnehmen lassen.

Die preußische Produktion rief manchen Spötter auf den Plan, denn sosehr die Preußen sich bemühten, die Qualität und kunstvollen Muster der südeuropäischen und auch der englischen Seiden erreichten sie nicht. Trotz der importierten italienischen Arbeiterinnen und der vom König finanzierten Spionagereise zu englischen Webereien.

Engelbert König kannte sich durch seine Reisen in die Seidenzentren gut aus, und auch in der großen Stadt an der Elbe saßen Eva und er an der Quelle für alle nötigen Informationen zur Vorbereitung eines solchen Projektes, zum Abwägen von Für und Wider. Hamburg war ein Pressezentrum, die zahlreichen Diplomaten und Handelsagenten, die Reisenden und die mit der Welt in Verbindung stehenden Großkaufleute waren stets gut über neue Entwicklungen unterrichtet.

Dass sich die Königs schließlich für Wien entschieden, für den Standort ihrer Manufaktur am anderen Ende des Reiches, lag womöglich auch an ihrer Nachbarschaft zu einem besonderes auffallenden Gebäude am Neuen Wall. Es wurde nach seinem Bauherrn ›Görtz-Palais‹ genannt und fiel in seiner Pracht aus der Reihe der Bürgerhäuser heraus. Baron

Görtz war als einem Mann von Adel der Grunderwerb in der Stadt verboten gewesen, er hatte seinen neuen Besitz über Strohmänner gekauft, sich beim Bau allerdings keinerlei hanseatische Zurückhaltung auferlegt. Das Palais war auf vier nebeneinander liegenden Bauplätzen in massivem Backstein errichtet, es maß etwa vierzig Meter in der Breite und gut fünfzig Meter in der Tiefe und umschloss einen ansehnlichen Garten. Das Dach war teilweise mit blauen, an einigen exponierten Stellen auch mit glasierten Ziegeln gedeckt, zwei Säulen links und rechts des Portals trugen einen Balkon, eine Novität in der Kaufmannsstadt, und der große Saal im ersten Stock maß zehn Meter in der Höhe.

Der ursprüngliche Besitzer dieses für die Stadt einmalig prächtigen Palais war längst tot. Baron Görtz hatte in schwedischen Diensten gestanden und war vier Jahrzehnte zuvor in Stockholm mit dem Schwert geköpft worden. Das blutige Ende einer Karriere, wie sie damals bei einer Änderung der Machtverhältnisse schon mal vorkam. Nun residierte der kaiserliche Gesandte aus Wien im Palais. Es liegt nahe, dass der Kontakt zu dem österreichischen Diplomaten den Ausschlag für den Standort Wien gab.

Sicher hat Engelbert König sich dort informiert und beraten lassen, womöglich gab es ein verlockendes Angebot bei einem österreichischen Menü: zwischen Hecht in Sardellensauce, Lammschlögeln mit Kapern und nach Zimt duftendem Tiroler Pistazienstrudel.

Die Seidenweberei in der Donaumonarchie hatte sich aus kleinen Anfängen zu Beginn des Jahrhunderts unter staatlicher Förderung zu bescheidener Blüte entwickelt, in der Wirtschaftskrise nach dem Siebenjährigen Krieg ordnete Kaiserin Maria Theresia die verstärkte Förderung der Manufakturen an. Sie erließ Einfuhrverbote für ausländische Seidenerzeugnisse, stellte ihren Kauf unter Strafe und ließ insbesondere ausländische Unternehmer zur Gründung neuer Webereien anwerben, die zwangsläufig auch die dringend benötigten Fachkräfte ins Land brachten. Unter denen, die dem Ruf folgten, war Engelbert König neben Bewerbern aus Italien, Frankreich und dem süddeutschen Raum in dieser Zeit der Einzige aus dem Norden.

Auch mit dem angesehenen Großkaufmann und zukünftigen Präses der Commerzdeputation und Generalkonsul Portugals Johannes Schuback wird Engelbert König sich beraten und dessen Verbindungen genutzt haben, denn Schuback war wie er Mitglied der *Patriotischen Gesellschaft* und ein hilfsbereiter Mann. Er hatte schon seit einigen Jahren enge Verbindungen nach Österreich, auch zum Hof und zu den Regierungsbehörden, zeitweilig als ihr Kreditgeber. Er bezog Glaswaren und Leinen aus Böhmen und dem österreichischen Teil Schlesiens; als dort nach dem Krieg Hunger und Typhus ausgebrochen waren, hatte er zwei mit Hirse beladene Elbkähne in die Region der von ihm beschäftigten Weber geschickt und das Getreide verteilen lassen. Eine ungewöhnliche Aktion nach echtem hanseatisch-patriotischen Prinzip, die in der Donaumonarchie große Beachtung gefunden hatte.

Vor der Entscheidung und dem Unterzeichnen von Verträgen stand das Rechnen und Planen, die Suche nach den in den Süden mitzubringenden Facharbeitern, das Beschaffen der Kredite. Es waren erhebliche Kredite nötig, von anderen Kaufleuten, von Banken wie zum Beispiel der Nockher'schen in München und von Verwandten. Evas Bruder Johann Georg Hahn beteiligte sich mit der größten Summe.

Es war für Eva König eine aufregende, auch eine sorgenvolle Zeit. Ein Handelsgeschäft wie das König'sche lebte immer mit Krediten, bei diesem Unternehmen jedoch mussten größere Summen als bisher investiert werden, Anleihen, die nur langfristig getilgt werden konnten. Doch sie hatten Reputation und Erfahrung, und bisher waren ihre Geschäfte erfolgreich gewesen. Die Entscheidung für Wien mit den dort in diesen Jahren gewährten Subventionen und Vergünstigungen zeugte von klugem und vorausschauendem Geschäftssinn. Und sie waren ja noch jung genug, noch keine vierzig – gerade das richtige Alter für ein so großes Unternehmen. Wer dachte da an den Tod?

Und wie erging es inzwischen dem Herrn Dramaturgen Gotthold Ephraim Lessing? Er ärgerte sich, er arbeitete fleißig, und er vergnügte sich.

Er war von Berlin nach Hamburg gekommen, um endlich Erfolg zu haben. Erfolg? Er war doch schon ein berühmter Mann, er stand im Zenit seines Ruhms, werden spätere Experten urteilen. Stimmt, aber vom Ruhm wird keiner satt, auch kein Lessing. Hier wollte er ein viel versprechendes Theaterprojekt begleiten und dauerhaft satt werden, er wollte in anregender Gesellschaft Ruhe finden. Das vergangene Jahrzehnt war unruhig genug gewesen.

Nach der verunglückten Europareise mit Winkler hatte er wieder in Berlin sein Glück versucht. Zur Leipziger Messe hat er *Das Theater des Herrn Diderot* veröffentlicht, zwei von ihm übersetzte Lustspiele des verehrten Zeitgenossen und Vertreters der französischen Aufklärung, er hatte fast die Hälfte der Beiträge der kritischen Wochenschrift *Briefe, die neueste Literatur betreffend* geschrieben, dieses und jenes gemacht. Sein jüngster Bruder, der aus der Enge des Elternhauses als Offiziersbursche nach Polen durchgebrannte Erdmann Salomo Traugott, war gerade neunzehnjährig in einem Warschauer Lazarett gestorben. Und dann, als habe er es diesem kaum gekannten kleinen Bruder auf seine Art nachtun wollen, verschwand Lessing in den ersten Novembertagen 1760 aus der Stadt, zwei Wochen nach der ehrenvollen Wahl zum auswärtigen Mitglied der *Berliner Akademie der Wissenschaften*. Er ging plötzlich und ohne Abschied und blieb verschollen, bis er sich im Dezember bei seinem Freund, dem Philosophen Moses Mendelssohn, aus Breslau meldete und für seine fluchtartige Abreise entschuldigte:

Bester Freund! Ich reiste mit allem Bedacht aus Berlin, ohne von Ihnen Abschied zu nehmen, weil ich mich nicht der Gefahr aussetzen wollte, die Torheit meines Entschlusses auf einmal in ihrem völligen Lichte zu sehn. Die Reue wird ohnedem nicht außenbleiben, eine so gänzliche Veränderung meiner Lebensart in der bloßen Absicht, mein so genanntes Glück zu machen, vorgenommen zu haben. Wie nahe ich dieser Reue bereits bin, weiß ich eigentlich selbst nicht. Denn noch bin ich in Breslau nicht zu mir selbst gekommen.[29]

Was tat einer wie Lessing in Breslau? In der tiefsten Provinz, und vor allem: mitten im Krieg in dieser umkämpften Festung? Er war Berlins müde gewesen, hatte gefürchtet, seine Freunde wiederum könnten seiner müde sein, und gefunden, es sei an der Zeit, mehr unter Menschen als unter Büchern zu leben. Und: Er hatte einen ordentlichen Verdienst gesucht. Einen gefüllten Beutel. So war er für stolze 2 000 Taler jährliches Gehalt Sekretär des preußischen Generalleutnants und Festungskommandanten Friedrich Bogislaw von Tauentzien geworden. Lessing, der jede Kriegsbegeisterung verspottet hatte, bei den Soldaten. Das verstand keiner seiner Freunde, er verstand es ja selbst nicht.

Trotzdem blieb er, auch noch als der Krieg zu Ende war, der in weiten Landstrichen nichts als verbrannte Erde hinterlassen und hunderttausende das Leben gekostet hatte. Viereinhalb Jahre erfüllte er seine Pflichten als Sekretär mit tadelloser Korrespondenz und verbrachte ansonsten nach kurzen, selten das Ende abwartenden Theaterbesuchen die meisten seiner Abende beim Pharo oder Pharao, diesem Kartenspiel, das für besonders hohe Einsätze und grandiose Möglichkeiten zum Betrug berüchtigt war. Man sah ihn oft mit Offizieren und Herren von wenig Ehre im *Goldenen Horn* an der Schuhbrücke spielen, laut war's und lustig, auch der Wein floss reichlich. Schon bald erschien ihm dieses Leben schal: *Ich hätte mir es vorstellen sollen und können, dass unbedeutende Beschäftigungen mehr ermüden müssten, als das anstrengendste Studium; dass in dem Zirkel, in welchen ich mich hineinzaubern lassen, erlogene Vergnügungen und Zerstreuungen über Zerstreuungen die stumpfgewordene Seele zerrütten würden.*[30]

Die Leidenschaft für das Glücksspiel, von Sucht zu sprechen wäre wohl zu stark, ließ ihn nie mehr los. In diesen Jahren spielte er nie kalt, sondern immer leidenschaftlich, ein probates Mittel, so fand er, gegen die Unruhe und Angst, die ihn bisweilen bedrängten. Vielleicht war das nur eine Entschuldigung vor sich selbst, eine Ausrede für etwas, das er bis dahin verspottet hatte und nun betrieb, als sei es seine eigentliche Berufung.

Er kann nicht nur verloren haben. Oder war er auch ein Kriegsgewinnler? Jedenfalls bezahlte er alte Schulden, und es waren die einzigen Jahre, in denen er seine Eltern unterstützen konnte. Und als er nach Berlin zurückkehrte, brachte er eine in diesen Jahren zusammengekaufte und -ersteigerte Bibliothek von einigen Tausend Bänden mit.

Diese Phase in Lessings Leben hat etwas Rätselhaftes. Um es einfach zu sagen: Sie passt nicht recht ins Bild. Oder gerade doch? Diese Jahre glichen einem Tanz auf dem Vulkan, immer auf schmalem Grat kurz vor dem Absturz, immer nah am Feuer. Das Leben in Breslau ohne echten intellektuellen Austausch und Disput, ohne Anregung für seinen raschen, unruhigen Geist, dafür zwischen steinreichen Kriegsgewinnlern und Menschen am Rande des Hungers, zwischen betrügerischen Finanztransaktionen nach Kriegsende (in die er womöglich verwickelt war) und der steten Suche nach Büchern für seine wachsende Bibliothek – das klingt nach innerer Zerrissenheit, nach trotziger Entschlossenheit zum Rausch, zum leichten, zum leichtfertigen Leben. Koste es, was es wolle. Das klingt nach Flucht und Experiment, nach einem verspäteten Bemühen, doch nicht erwachsen zu werden.

Im Frühjahr 1765 kehrte er nach Berlin zurück und hatte außer Erinnerungen und seiner Bibliothek von etwa 6 000 Bänden nur einige Aufsätze für ein noch zu verfassendes theoretisches Werk und einige Skizzen für ein Theaterstück mitgebracht. Andere Köpfe mochten von Krieg und Soldatenleben zu Tragödien angeregt werden, in Lessings Kopf war eine Komödie entstanden. Und wieder, wie gute zehn Jahre zuvor in seinem Trauerspiel *Miß Sara Sampson*, war die Hauptperson eine Frau, charaktervoll und stark.

Gute zehn Jahre zuvor – es war Zeit für einen großen Wurf.

Er hatte zwar durch seine Tätigkeiten im Dienste Tauentziens eine gewisse materielle Sicherheit erreicht, schreibt Willi Jasper in seiner Lessing-Biographie, *doch als Dichter, Philosoph und Theologe musste er mit fortschreitenden Identitätsverlusten kämpfen. Das Erscheinen seines ›einzigen Trauerspiels‹, der* Miß Sara Sampson, *lag 1764 immerhin schon zehn Jahre zurück. Danach hatte er kein großes Stück mehr veröffentlicht. Zwar war Lessing als Publizist in Berlin nicht untätig gewesen, doch er hatte sich verzettelt. Neben seiner Arbeit als Journalist und Kritiker war er mit Übersetzungen beschäftigt, hatte Vorarbeiten für ein ›deutsches Wörterbuch‹ begonnen, Logaus* Sinngedichte *kommentiert und vor seinem Aufbruch nach Breslau einige Fabeln und das tragische Epigramm* Philotas *herausgebracht.*

Die anspruchsvollen Projekte, wie sein Faust *oder die Sophokles-Biographie, blieben liegen.*[31]

Die Rückkehr in die vertraute Welt war wie ein Stolpern. Nun war es wirklich höchste Zeit fürs Erwachsenwerden. In Berlin schrieb er den in den Breslauer Jahren skizzierten *Laokoon oder Über die Grenzen der Malerei und Poesie*, einen komplexen kunsttheoretischen Essay über die Unterschiede der Künste und ihre Bedeutung, auch über sein altes Thema, das Mitleiden, der mit neuen Ansichten in eine aktuelle Diskussion eingriff. Die Stellung als preußisch-königlicher Bibliothekar bekam trotzdem jemand anderes. Nein, Friedrich II. mochte diesen Lessing wirklich nicht. So wenig, dass er nach dessen Berufung in die *Akademie der Wissenschaften* die Aufnahme deutscher Schriftsteller grundsätzlich verboten hatte.

Lessing ging es nicht mehr gut in Berlin. Die Hauptstadt des preußischen Königs, dieses absoluten Herrschers, war ihm stickig geworden. Aber wohin? Eine Professur in Königsberg schlug er aus, auch weil sie mit der Verpflichtung verbunden war, jährlich eine Lobrede auf den König zu halten. Befohlene Elogen erschienen ihm unwürdig. Er ließ sich lieber – notgedrungen – im Sommer 1766 als Reisebegleiter engagieren, diesmal für einen längeren Aufenthalt im vornehmen Pyrmont zum ›Brunnentrinken‹. Das schwefelhaltige Wasser tat ihm ebenso gut wie die Bekanntschaft kluger Leute und die Spaziergänge in den schönen Pyrmonter Alleen.

Der Ruf an das Hamburger Theater einige Wochen nach seiner Rückkehr nach Berlin kam gerade recht. *Ich stand eben am Markte und war müßig;* wird er rückblickend im 101. Stück der *Hamburgischen Dramaturgie* erklären, *niemand wollte mich dingen: ohne Zweifel, weil mich niemand zu brauchen wusste; bis auf gerade diese Freunde!*[32]

In Hamburg sollte das erste deutsche Nationaltheater eröffnet werden. Nationaltheater meinte im Ideal eine Bühne mit festem Haus und Ensemble, vom Staat anstatt von einem Fürsten oder Prinzipal finanziert und dominiert, von einem gelehrten Mann geleitet, offen für alle Stände, im Spielplan nur ›gute‹ Stücke, die auch die Nation repräsentierten.

In diesem Fall also eine Bühne, auf der vor allem deutsche Stücke aufgeführt werden sollten. Auch eine Schauspieler-Akademie war geplant und dem Ensemble eine Altersversorgung in Aussicht gestellt. Allerdings gab es keinerlei Finanzierung durch die Obrigkeit, das deutsche Stadt- und Staatstheater sollte noch lange auf sich warten lassen. Die Gründer und Finanziers waren zwölf Hamburger Kaufleute, nicht alle von der ersten Garnitur: Abel Seyler und Martin Tillemann waren gerade bankrott und hofften vor allem auf deftigen Gewinn, der Hamburger Bürgersohn Adolph Siegmund Bubbers war selbst für einige Zeit Schauspieler gewesen, *hatte jugendliche Liebhaber und später Chevaliers (…) sehr gut gespielt,*[33] nun war er Tapetenfabrikant, allerdings auch mit wenig Fortune. Immerhin zählten Francois Pierre His und Albrecht Ochs zu den wohlhabenden Hamburgern, hatten als Reformierte aber keinen Anspruch auf das Bürgerrecht. Die Namen der übrigen ›Entrepreneure‹ sind nicht überliefert. Adolph Siegmund Bubbers reiste durchs Land und versuchte (mit mehr oder weniger Erfolg), zur schon vorhandenen Ackermann'schen Gesellschaft die besten Schauspielerinnen und Schauspieler zu engagieren, Abel Seyler übernahm die Direktion, als künstlerischer Leiter war der der Aufklärung nahe stehende Schauspieler und Lustspieldichter Johann Friedrich Löwen engagiert worden.

Dem war es gelungen, den renommierten Gotthold Ephraim Lessing aus Berlin nach Hamburg zu locken. Es war, wie schon erwähnt, leicht gewesen. Hamburg bot Lessing mehr als einen vorübergehenden Ausweg aus der bleiernen

Berliner Atmosphäre. Er sah das neue Theaterunternehmen als Chance, sich in einer lebendigen, wohlhabenden Stadt ohne fürstliche Einschränkungen und höfische Intrigen niederzulassen. Ein ganz neuer Anfang – diese Aussicht ließ ihn sogar wieder Lust zum Stückeschreiben spüren, er wollte seine *theatralischen Werke, welche längst auf die letzte Hand gewartet haben, daselbst vollenden und aufführen lassen.*[34] Das zeugt von Elan und frischem Mut, den Enthusiasmus Löwens, die Überzeugung des Gelingens, teilte Lessing trotzdem nur bedingt. Aber er fing ja gerne neu an, immer wieder, stets mit der Hoffnung, endlich dort anzukommen, wo es sich frei und doch behaglich, in anregender, intellektuell fordernder Gesellschaft und ohne finanzielle Not leben ließ.

Ja, er war wegen des Theaters nach Hamburg gekommen, sogar mit der Vorstellung, sich für immer an der Elbe niederzulassen. Seine größten Hoffnungen setzte er jedoch in ein anderes Unternehmen und in einen anderen Mann, in den Verlag und die Druckerei, die er mit Johann Joachim Christoph Bode betreiben wollte.

Dieser Bode war ein erstaunlicher Mensch. Als Sohn eines armen Stadtsoldaten und Ziegeleiarbeiters hatte er es vom Hütejungen über den Militärmusiker bis zum Übersetzer aus dem Englischen, Französischen und Italienischen und zum Redakteur beim *Hamburgischen Correspondenten* gebracht. 1767, mit Mitte dreißig, war er schon zweimal verwitwet. Seine zweite Frau war eine Senatorentochter gewesen und hinterließ ihm bei ihrem Tod schon ein Jahr nach der Hochzeit 1765 beachtliche 16 000 Reichstaler. Er hatte eine Druckerei gekauft, druckte Textbücher und Ankündigungen für das neue Theater und wollte mit Lessing als Kompagnon einen Verlag gründen. Eine von Lessing geschriebene unterhaltsame theaterkritische Wochenschrift sollte die Aufführungen des neuen Theaters begleiten. Eine *Buchhandlung der Gelehrten* sollte folgen, eine elegant ausgestattete Buchreihe für große Namen bei angemessener statt der üblichen kargen Honorierung der Autoren, eine Monatsschrift *Deutsches Museum* war geplant. Trotz aller Warnungen von erfahrenen Verlegern klang das nach einem viel versprechenden Unternehmen. Für seinen Anteil am Grundkapital hatte Lessing den größeren Teil seines einzigen Schatzes, der umfangreichen Bibliothek, versteigern lassen und weiteres Geld geliehen. Nun sah er ruhigen, einträglichen Jahren mit anregender Gesellschaft entgegen, einem schönen Leben. Besser gesagt: Er hoffte darauf.

Die Anstellung als Dramaturg und hauseigener Kritiker, auch das eine Novität, brachte ihm 800 Reichstaler im Jahr. Das musste als ordentliches Gehalt gelten (obwohl es ihm nie reichte), umso mehr, als er abgelehnt hatte, auch als Theaterdichter zu fungieren, der ein Stück nach dem anderen abzuliefern hatte. Wie der arme Carlo Goldoni, der als Theaterdichter etwa eines pro Monat schreiben musste. Die Entrepreneure hatten sich darauf eingelassen. Lessing war nicht nur wegen seiner dramatischen und publizistischen Talente engagiert worden, sein Name sollte dem Unternehmen auch Glanz und Prestige geben.

Auch das Theatergebäude war neu. Konrad Ackermann, der Prinzipal einer der besten Komödianten-Gesellschaften dieser Zeit, hatte es 1765 auf dem Platz des alten, abgetragenen Opernhauses beim Gänsemarkt erbauen lassen. Er hatte enorme Summen in Bau und Ausstattung investiert, das Publikum war trotz der besonders prächtigen Ballette bald ausgeblieben, das Ensemble stritt und revoltierte, die Schulden stiegen ins Gigantische, Ackermann musste aufgeben. Er hatte Haus und Kostüme an die Entrepreneure verpachtet und gehörte nun mit dem größten Teil seiner Gesellschaft zum Ensemble des Nationaltheaters.

Von außen erinnerte das hastig und nicht sehr stabil erbaute Haus trotz der Säulen am Eingang eher an eine überdimensionierte Scheune als an einen Musentempel, das Innere aber konnte sich sehen lassen. Die Bühne war gut fünfzehn Meter breit und sieben hoch, von korinthischen Säulen mit vergoldeten Gesimsen und Kapitälen flankiert, der Vorhang zeigte eine Allegorie der Komödie und Tragödie Schutz verheißenden Freiheit, die Theatermaschinerie erlaubte überraschende Effekte, der Orchesterraum vor der Bühne bot Platz für viele Musiker, das Stehparterre und die beiden Ränge für etwa 1000 Besucher.

Anfang April 1767 übersiedelte Lessing nach Hamburg, in das Haus der Schmidts am Brook, und betrat damit auch bald den Salon der Königs. Über deren und ihrer Freunde Art von Geselligkeit ist hier schon berichtet worden. Im vorigen Kapitel waren wir beim Klatsch stehen geblieben. War Lessing ein diskreter Mann? In privaten Angelegenheiten gewiss. Und in Theaterangelegenheiten? Egal, was da am Theater vor sich ging – die Uneinigkeiten in der Leitung, die Eifersüchteleien unter den Akteuren, besonders den Akteurinnen, die schlecht besuchten Vorstellungen, der ewige Ärger mit der Bauaufsicht –, pfiffen die Spatzen sowieso von den Dächern.

Es wird Eva König auch über die allgemeine Lust am Ärger anderer hinaus interessiert haben. Die Briefe, die sie später aus Wien schrieb, ihre Berichte von dortigen Aufführungen, zeigen sie vertraut und erfahren mit der Theaterliteratur und der Schauspielerei. Sie kannte sich aus, wusste Urteile über Stücke und die Kunst der Darstellung zu fällen. Zweifellos hat sie zu den wenigen Hamburger Bürgern und erst recht Bürgerinnen gehört, die häufig das Theater am Gänsemarkt besuchten. In bürgerlichen, auch den literarisch interessierten aufklärerischen Kreisen war es nicht an der Tagesordnung, dass Frauen die Theater besuchten. Überhaupt war

Hamburg, Ackermann'sches Theater
beim Gänsemarkt, 19. Jh.

das Theater erst bei wenigen als Ort der Aufklärung, der Erkenntnis, der Beförderung von Bildung und Identität und als seriöse Kunstform anerkannt. Theater galten noch weitgehend als anrüchige Etablissements, gegen die die Pfarrer von der Kanzel wetterten. Selbst gegen dieses, das sich so hehre Ziele gesetzt hatte.

Am 22. April war das Nationaltheater mit dem Trauerspiel *Olint und Sophronia* von Johann Friedrich Freiherr von Cronegk eröffnet worden. Es war kein überragendes Werk. Der Autor hatte noch geübt, er war schon mit 26 Jahren gestorben. *Die Wahl wäre zu tadeln*, schrieb der Kritiker im ersten Stück der *Hamburgischen Dramaturgie, wenn sich zeigen ließe, dass man eine viel bessere hätte treffen können.*[35] Auch das war ein Dilemma dieses Unternehmens: Es gab einfach zu wenige deutsche Stücke, die dem pädagogisch-moralischen und künstlerischen Anspruch genügten und zugleich unterhaltsam waren. Da half auch das Preisausschreiben für das beste deutsche Originaldrama nichts. Kein Wunder, wenn schon nach kurzer Zeit die bewährten Werke französischer Dichter und anderes aus Ackermanns altem Repertoire wieder auf dem Spielplan standen. Und wenn wie anderswo auch Tanzmeister, Lustigmacher und ›Luftspringer‹, Akrobaten engagiert wurden, um den Unterhaltungswert der edleren Kunst zu erhöhen.

Am 30. September 1767, etwa fünf Monate nach der Eröffnung, erlebte ein Stück seine Uraufführung, das als eines der wenigen seiner Zeit noch heute die Theater füllt, Lessings von seinen Breslauer Erfahrungen inspiriertes und im vergangenen Winter vollendetes Lustspiel *Minna von Barnhelm oder Das Soldatenglück.*

Zwar hatte der preußische Gesandte in der Hansestadt wegen der wenig heldenhaften, allzu menschlichen Darstellung eines preußischen Offiziers (dazu in einer Komödie!) ein Verbot des Stückes gefordert, doch das erwies sich letztlich als heiße Luft. Der Senat hatte die Aufführung erlaubt und der Herr Gesandte ›für sich und einige seiner Herrn Officiers‹ eine Loge bestellen lassen. Die Geschichte des so durchsetzungsfähigen wie trickreichen sächsischen Fräuleins von Barnhelm, das nach dem Ende des Siebenjährigen Krieges ihren schrecklich ehrbaren preußischen Verlobten Major von Tellheim zur Ehe rettet, interessierte die Hanseaten wenig. Umso größer war der Erfolg wenige Monate später im sächsischen Leipzig und im preußischen Berlin.

Madam König wird die Premiere sicher nicht versäumt haben. Wer mag sie ins Komödienhaus begleitet haben? Engelbert König war als Kaufmann mit Geschäftspartnern in Süddeutschland, Italien und Frankreich oft auf Reisen, was für Eva wochen- oder monatelanges Alleinsein mit ihren Kindern bedeutete. Sicher begleiteten sie Johann und Johanna Schmidt gern, die liebten das Theater, vielleicht sogar Rektor Müller und seine freundliche Gattin, die Gefahr, den strengen Herrn von der Schulaufsicht, den Scholarchen, dort zu begegnen, bestand ja kaum. Der streitbare Prediger Alberti sicher nicht, Geistlichen war der Theaterbesuch untersagt. Wie den Juden, nur aus anderen Gründen. Barthold und Sophia Maria Zink boten sich auch an. Eine Übersetzerin und Klopstock-Verehrerin und ein schriftstellernder Legationsrat und Journalist – wer außer ein paar enthusiastischen Lateinschülern aus gutem Haus sollte in dieser Stadt das neue Theater besuchen, wenn nicht solche Leute?

Und natürlich der Herr Dramaturg Lessing, der gute Freund der Familie. Er war bekannt dafür, Vorstellungen vor der Zeit zu verlassen, nun waren seine Kritiken gefordert, und in so angenehmer Gesellschaft wie der der Madam König ließ es sich aushalten, besonders in den Pausen, wenn der Kutscher oder eine Dienstbotin den Korb mit Gesotte-

Minna von Barnhelm,

oder

das Soldatenglück.

Ein Lustspiel in fünf Aufzügen,

von

Gotthold Ephraim Lessing.

Berlin,

bey Christian Friederich Voß.

1767.

Titelblatt der Erstausgabe 1767

nem und Wein für eine kleine Zwischenmahlzeit in die Loge brachte.

Schon am 4. Dezember wurde das Theater geschlossen. Vermeintlich wegen der beginnenden Adventszeit, in der Theaterspiel verboten war. Tatsächlich wegen mangelnden Erfolgs und wachsender Schulden. Lessing blieb in Hamburg, wo er sich so gut ›eingenistet‹ hatte, das Ensemble spielte während des Winters in Hannover. Es kehrte im Mai des nächsten Jahres, 1768, zurück, die Gläubiger warteten schon – das Scheitern der *Entreprise* war nicht aufzuhalten. Am 25. November war der Versuch nach 270 Spielabenden zu Ende, das Theater wurde geschlossen, das Ensemble aufgelöst, im März 1769 übernahm wieder Prinzipal Konrad Ackermann die Regie seines Hauses. Nicht für lange. Im Herbst 1771 verletzte er sich schwer am Knöchel und behandelte die Wunde so lange selbst, bis eine Amputation nötig wurde. Die verweigerte er und starb am 13. November. Sein genialer Stiefsohn Friedrich Ludwig Schröder würde das Theater und die Schauspielkunst endlich zu dem Erfolg und Ansehen führen, von dem die Mitglieder des Hamburger Nationaltheater-Unternehmens geträumt hatten.

Das Projekt war an vielem gescheitert, letztlich an der Unfähigkeit der Initiatoren und der Direktion. Aber auch am Publikum. Hatte es widersprochen, sich empört, gestritten? Schlimmer, es war einfach nur gleichgültig gewesen.

Lessings Arbeit an der kritischen Theaterzeitschrift war jedoch noch nicht beendet. Den Plan, sie zweimal wöchentlich erscheinen zu lassen, hatte er nur vier Monate einhalten können. Schon nach den ersten Blättern waren Raubdrucke in Berlin aufgetaucht, bald in anderen Städten, selbst in Hamburg. Den Gewinn machten also andere, das Recht auf die eigene geistige Arbeit wurde von Autoren wie Lessing und Klopstock gefordert, aber das galt noch allgemein als müßiges Ansinnen. So beschlossen Lessing und Bode, die Kritiken, die der Autor anstatt zu einer unterhaltsamen Zeitschrift zu Abhandlungen zur Dramentheorie entwickelt hatte, zu sammeln und als Bücher herauszugeben – was erst im Frühjahr 1769 geschah.

Trotz allen Theaterärgers und der zunehmend drückenden Geldsorgen fühlte Lessing sich in Hamburg wohl. Die Freundeskreise der Schmidts, seiner Wirtsleute, und der Königs hatten ihn aufgenommen und boten geistigen Austausch wie Unterhaltung und vergnügte Unternehmungen. Er hatte eigene Bekanntschaften gemacht und Freundschaften geschlossen wie mit den Geschwistern Elise und Dr. Johann Reimarus, den Kindern des Initiators der *Patriotischen Gesellschaft*, oder mit dem jungen Altonaer Stadtphysikus Dr. Johann Friedrich Struensee, dem engagierten fortschrittlichen Arzt und radikalen Reformer, und alte aus Berliner Zeiten erneuert wie mit Carl Philipp Emanuel Bach, dem Patensohn und Nachfolger des 1767 gestorbenen Georg Philipp Telemann als Städtischer Musikdirektor. Die Kaffee- und Gasthäuser oder der *Ratsweinkeller* im *Eimbeck'schen Haus* mit den trink-, spiel- und schwatzfreudigen Gästen, der Altan auf dem *Baumhaus* direkt am Hafen mit dem schönen Blick über die Masten, die Stadt und das Flusstal hatten bald zu seinen Lieblingstreffpunkten gehört.

Er mochte ein Gelehrter sein, oft grüblerisch, streitbar, aber er war auch ein Genießer, ein ›froher Geselle‹, und er war neugierig auf alles, was die große Stadt einem stets hungrigen Geist bot. Er ließ sich die Sammlung portugiesischer Bücher eines wohlhabenden Kaufmanns zeigen, die Münzen, Medaillen und Gemmen des Geldwechslers Balemann, die Gemäldesammlung des Bürgermeisters Peter Greve, er beschäftigte sich mit der Kunst in den Hamburger Kirchen, den regionalen Trachten oder, unterstützt vom Johanneum-Rektor Müller, mit der Geschichte der alten Hamburger Oper. Und schließlich folgte er, zum Erstaunen seiner aufgeklärten Hamburger Freunde, der wiederholten Einladung des streitbaren konservativen Hauptpastors Goeze, der eine ›vortreffliche Sammlung von Bibeln‹ besaß, zu der auch erste Ausgaben von Luthers Übersetzung gehörten.

Und am 19. Oktober 1768 stand er in der Nikolaikirche Pate. Drei Tage zuvor hatte Eva König ihr siebtes Kind geboren, einen Sohn. Er wurde auf den Namen Friedrich Wilhelm getauft und später stets Fritz oder Fritze genannt. Die anderen beiden Paten waren Johann Friedrich Motte aus Amsterdam, vielleicht ein Freund oder ein entfernter Verwandter, der durch den Freund der Königs und Lessings Vermieter Johann Friedrich Schmidt vertreten wurde, und Anton Gottfried Stoltenhoff, ein Schwager Engelbert Königs aus Eschweiler, den wiederum der inzwischen nach Hamburg übergesiedelte jüngere Bruder Engelbert Königs vertrat. Dass Lessing Friedrichs erster Pate wurde, hatte ganz gewiss nichts mit Wohlstand oder guter Position zu tun, die dem Kind später nützlich sein könnten. Nein, Lessing hatte bei den Königs Familienanschluss, nun auch per Eintrag ins Kirchenbuch.

Er fühlte sich aufgehoben in Hamburg, so wohl wie schon lange nicht mehr. Jedenfalls meistens. Leider bestand das Leben auch hier nicht nur aus Geselligkeit und Entdeckung kultureller Schätze. Das Misslingen des Theaterprojektes war bitter, bitterer, geradezu desaströs war das Scheitern der Firma ›J. J. C. Bode & Compagnie‹. Raubdrucke, mangelnde Erfahrung der beiden Unternehmer, Fehleinschätzungen des Buchmarktes – von Anfang an nur Verluste und wachsende Schulden. Im Sommer 1769 beendete Lessing seine Partnerschaft mit Bode. Schon im Februar hatte er wieder große Teile seiner neu angewachsenen Bibliothek versteigern lassen müssen, es hatte wenig genützt. Die Schulden aus diesem Unternehmen würden ihn jahrelang belasten.

Seine Situation war kaum anders als verzweifelt zu nennen. Schon seit dem Winter grübelte er über seinen alten Traum, nach Italien auszuwandern, nach Rom. Wegen der Antiken, wegen der geplanten Fortsetzung des *Laokoon*, überhaupt wegen der Kunst. Und wegen der Freiheit. Und jetzt auch, weil er glaubte, dort für 300 Taler im Jahr gut leben zu können, während ihm in Hamburg seine 800 nicht reichten. Und weil er wieder unruhig war. Viele Gründe sprachen für Italien. Die letzten schönen Pläne und Projekte waren gescheitert, die Aussichten, auf Dauer in Hamburg bleiben zu können, denkbar schlecht, reisen also – das war das beste Mittel gegen Verdruss und Stagnation. Auch der gebotene Ausweg, wenn sich nichts Besseres bot. Sich bewegen, anderes sehen, anderes riechen, anderes hören. Anderes denken. Und fühlen. Manche Reise mag nur Flucht sein, selbst dann ist sie Bewegung, wo Verharren wie ein Ersticken erscheint. Neue, selbst einsame Ufer weiten den eng gewordenen Blick und zeigen neue Ziele. Zeitungen in Berlin, Frankfurt und Kassel meldeten schon voreilig und falsch seine Abreise und dass er zum päpstlichen Bibliothekar berufen worden sei.

Vielleicht wünschte er sich auch so weit weg und ins ganz Fremde, weil er sich in eine Frau verliebt hatte, die für ihn unerreichbar war. Keine Schauspielerin diesmal, keine strahlende Schönheit. Auch keine gelehrte Frau, von denen es ja schon einige gab, schwärmerische Seelen wie Meta Klopstock oder tatsächlich intellektuelle Geister wie Margaretha Elisabeth Reimarus, die Schwester des Doktors, der sich um Lessings kränkelnde Augen kümmerte und ihm die grandiose Bibliothek seines Vaters geöffnet hatte. Diese Elise, zuweilen eine etwas kantige Person, war eine ungemein bemerkenswerte Frau, noch eine von ›männlichem Verstand‹ und Mittelpunkt des Reimarus'schen Zirkels. Ihre Freundschaft mit Lessing entstand erst später, in seiner Hamburger Zeit waren sie nur miteinander bekannt. Es ist kein Geheimnis, wie sehr sie sein Genie verehrt hat. Und zumindest später zweifellos auch den Mann.

Nein, diesmal ging es um eine warmherzige, lebenskluge, praktische – kurz gesagt: um eine handfeste Frau. Eva König, seine liebste Madam, wie er sie später in seinen ersten Briefen nennen wird, bevor er zum vertraulicheren *Meine Liebe!* übergehen wird, ganz ohne Madam, und ihr tausend Umarmungen und Küsse schicken.

Sie war und bedeutete mehr als die gebildete liebenswürdige Madam König, als die charmante Gastgeberin oder begehrenswerte Frau. Sie war das Zentrum einer Familie, in der er sich so ungemein wohl fühlte. Eines Familienlebens. Eines Lebens. Mit heiterer Geselligkeit und ernster Arbeit, mit Freude und Sorgen, Glück und Leid. Mit Mann und Kindern fest verankert in einem großen Kreis verlässlicher Freunde. Eine solche Familie war für einen unsteten, in der Tiefe menschlich unsicheren Junggesellen in mittleren Jahren bei aller Furcht vor Bindung, Enge und persönlicher Verantwortung auch ein Sehnsuchtsort. Was lag da näher als eilige Flucht?

1768 waren Eva und Engelbert Königs Wiener Pläne konkret geworden. Also auf nach Wien. Noch galt das nur für Engelbert. Dem Antrag an die österreichische Regierung, in Wien eine Samtfabrik ›auf Hamburger Art‹[36] zu eröffnen, wurde gerne stattgegeben. Den üblichen Regierungskredit nahm er nicht in Anspruch, wohl aber einen Zinsbeitrag und das Reisegeld für die Gesellen, die er aus Hamburg mitbrachte. Im Juli des nächsten Jahres, 1769, verzeichnen die Wiener Akten, die Fabrik arbeite nun mit fünfzehn Webstühlen, acht weitere würden gerade eingerichtet. Die Hamburger Samte erwiesen sich als Erfolg. Sie fanden so reißenden Absatz, dass Engelbert König entschied, die Manufaktur innerhalb der nächsten achtzehn Monate auf hundert Stühle zu vergrößern. Etwa die Hälfte sollte weiter Hamburger Samt produzieren, ein spezielles Gewebe zur Herstellung von Bändern, die übrigen Futteratlasse, Tafte und Bänder, Seidenprodukte, die in Wien noch gar nicht oder nur in mangelhafter Qualität erzeugt wurden und auch für den Export nach Bayern und Polen vorgesehen waren.

Die erforderlichen 100 000 Florin, wie der Silbergulden in Österreich noch genannt wurde, waren eine Summe, die schwindelig machte. Durch für acht Jahre gewährte Subventionen von je 2 000 Florin wurde sie nicht viel geringer. Außerdem wurde für fünfzig ›aus der Fremde nach Wien‹ zu bringende Facharbeiter ein Reisegeld von je 60 Florin und für einen Werkmeister, eine Art Vorarbeiter, ein fünfjähriges Gehalt von je 300, für den Inspektor oder Faktor, einen Geschäftsführer, 3 000 Florin und für zwei Jahre die Erstattung der Wohnungsmiete bewilligt. Die übliche regelmäßige Beschau, die Kontrolle der Stoffballen, wurde erlassen, dafür mussten sie zur Identifikation mit einem Fabrikstempel versehen werden. Dem Wunsch der Regierung, in der Manufaktur künftig auch Landeskinder als Lehrlinge einzustellen, wollte Engelbert König entsprechen.

Es ist nicht bekannt, wo in Wien die König'sche Manufaktur ihren bescheidenen Anfang nahm, der Standort der erweiterten Fabrik befand sich in der südlichen Vorstadt Wieden, in einem ehemaligen Tanzsaal im zweiten Stock ›des Bencoischen Hauses‹, Auf der Wieden 54 im Tempelgrund bei der Ziegelofengasse. Der Hausbesitzer, ein Kaffeesieder namens Josef Benko, erhielt für die Etage jährlich 300 Florin Miete. Auf dem in diesen Jahren aus der Vogelperspektive angefertigten Stadtplan von Daniel von Huber ist das Gebäude gut zu erkennen; es stand in beinahe noch ländlicher Lage nicht weit von der Wiedener Hauptstraße, war in der Mitte mit einem Turm versehen und hatte einen lang gestreckten Seitenflügel. Ob die auch auf der Karte eingetragene Bezeichnung ›Tempel‹ tatsächlich auf eine ursprüngliche Nutzung als Synagoge hinweist, ist fraglich.

In diesen Jahren, 1768 und 1769, war Eva König viel allein, womöglich sogar zur Zeit der Geburt ihres jüngsten Kindes Friedrich, und kümmerte sich, das ist wieder anzunehmen, um die Hamburger Seidenhandlung, wohl noch das Hauptgeschäft. Engelbert König hatte mit dem Hamburger Pastorensohn Cornelius Christian Gottlieb Hornbostel einen fähigen Faktor (er wird in den Akten auch Inspektor und später Direktor genannt), doch der war bei der Gründung erst 26 Jahre alt, und dieses große, mit hohen Krediten belastete Unternehmen in einem fremden Land ließ sich nicht ohne Königs Leitung oder nur aus der Ferne einrichten und führen. Die nötigen Verhandlungen mit den österreichischen Ämtern und den Kreditgebern führte er selbst. Alles ließ sich so gut an, dass er im Sommer 1769 auch eine ebenso viel versprechende ›englische Papiertapetenfabrik‹ gründete.

Geht das überhaupt auf die Dauer: eine florierende Handlung in Hamburg, die Fabriken im zwei und mehr Reisewochen entfernten Wien? Wollten die Königs Hamburg verlassen und nach Wien übersiedeln? Das klingt wahrscheinlich, doch die Pläne, Überlegungen, Diskussionen zwischen den Eheleuten König bleiben in Ermangelung von Überliefertem der Fantasie überlassen.

Sollten sie mit dieser Entscheidung gerungen haben, so wurde sie ihnen vom Schicksal abgenommen. Schicksal ist ein schweres Wort. Hier trifft es einmal zu.

Im Spätsommer 1769, als in der Wiener Manufaktur schon

an 36 Stühlen gewebt wurde, machte sich Engelbert König wieder auf die lange Reise nach Süden. Diesmal sollte es über Wien zum Einkauf von Rohmaterialien, von Kokons und Seidengarnen, vielleicht zum Anwerben weiterer Facharbeiter wieder nach Italien gehen. Bis zu seiner Rückkehr würden mindestens fünf Monate verstreichen.

Dass Lessing Engelbert König ein erstes Stück des Weges begleitet hat, ist eine dieser Erinnerungen, wie sie in allen Familien tradiert werden. Wer weiß schon, was daran Wahrheit und was sentimentaler Mythos ist? Wie die meisten solcher Geschichten ist auch diese schön, also geben wir der Überlieferung der Familie von Lessings späterer Stieftochter Malchen hier Raum: Danach begleitete Lessing Engelbert König ein erstes Stück des Weges. Vielleicht bis zur Fähre bei Zollenspieker, vielleicht weiter oder kürzer, das ist nicht von Belang. Als sie sich trennten, bat König den Freund, falls ihm unterwegs etwas zustoße, möge Lessing sich um Eva und die Kinder kümmern. Was Lessing gerne versprach.

Ja, es ist eine rührende Geschichte von Männerfreundschaft. Und wenn beider Freunde und Freundinnen davon gehört hätten, als Engelberts Kutsche weiter nach Süden rollte und Lessing sich auf den staubigen Weg zurück in die Stadt machte, hätten sie die Stirn gerunzelt. Oder gelacht. Da sollte sich ein Dichter ohne Zukunftsaussichten, aber mit einem ordentlichen Päckchen neuer Schulden um eine wohlhabende Kauffrau mit vier Kindern kümmern? Wenn die Geschichte stimmt, kann Engelbert König in jenem Moment des Abschieds und der bevorstehenden Gefahren einer weiten Reise nicht an Versorgung und Regelung der Geschäfte gedacht haben, sondern einzig an Trost und Stärkung der Seelen.

Lessing war nun wieder ohne Amt und Einkommen. Aus dem gescheiterten Unternehmen waren ihm nichts als erhebliche Schulden geblieben, die der Ertrag aus der Versteigerung weiterer Bücher wenig gemindert hatte. Er hatte wieder nichts, als was er mit Tinte und Feder hier und dort verdienen konnte. Zeit für einen neuen Anfang. Ob Rom da die richtige Wahl war? Der Plan war alt, und schon im vergangenen Winter hatten die Zeitungen gemeldet, Herr Lessing reise nun nach Italien. Aber er war immer noch an der Elbe, und in diesem Herbst 1769 erhielt er ein Angebot, das wenig südliche Sonne und antike Spuren, dafür ein ruhiges Leben, ungezählte Bücher zur freien Verfügung und ein festes Gehalt versprach.

Im September, nicht lange nach Engelbert Königs Abreise, bot ihm der Braunschweiger Erbprinz Karl Wilhelm Ferdinand die Stelle des Bibliothekars der *Bibliotheca Augusta an*, der Herzog-August-Bibliothek in Wolfenbüttel. Als Fürsprecher und Vermittler fungierte Johann Arnold Ebert, Professor für Geschichte und englische und griechische Sprachen am *Collegium Carolinum* in Braunschweig, einem renommierten Institut zur Ausbildung geeigneter Landeskinder zu Beamten. Lessing hatte den um vier Jahre Jüngeren in Hamburg kennen gelernt und auch in ihm einen Freund gefunden.

Vom Theater hatte er ein für alle Mal genug, und die Aussicht, sich in Ruhe und ohne finanzielle Sorgen wieder Literatur und Wissenschaften widmen zu können, erschien ihm reizvoll. Die Bibliothek war eine exzellente Adresse, sie war in ganz Europa berühmt. Auch der große Leibniz war dort Bibliothekar gewesen, und im Gästebuch, in das Lessing sich 1756 bei seinem Besuch mit Winkler selbst eingetragen hatte, fanden sich die Unterschriften von namhaften Gelehrten und anderen illustren Gästen. Christian Thomasius zum Beispiel, Emanuel Swedenborg, Johann Christoph Gottsched, Voltaire. Giacomo Casanova, der ja viel mehr war als ein Weiberheld, Spieler und Hochstapler, hatte die acht Tage seines Aufenthalts anno 1764 zu den glücklichsten seines Lebens gezählt.

Die Bibliothek – schön und gut. Aber Wolfenbüttel! Lessing, der anregende und vergnügte Gesellschaft so liebte, sie gar nicht entbehren konnte, in diesem Dorf? Wolfenbüttel war einmal eine glanzvolle Residenz gewesen, seit dem Umzug des Hofs 1753 nach Braunschweig war es wieder zu einem Ackerbaustädtchen hinter alten Festungswällen zurückgeschrumpft. Mittendurch und drum herum schlängelten sich die Arme der Oker und schmale Kanäle, die Häuser in bunt bemaltem Fachwerk – eine Idylle für einen geruhsamen Besuch. Aber ein Platz zum Leben für einen Mann, den es stets dahin zog, wo die Welt pulsierte, nicht dorthin, wo im Ratskeller und in den guten Stuben mit dem Sonnenuntergang die Gläser abgeräumt und die Fensterläden zugeklappt wurden? Das konnte auch eine Art von Abenteuer sein.

Wenn ihr Mann auf Reisen war, wusste Eva König sich im Kreis ihrer Freunde gut aufgehoben, trotzdem kann ihr nicht gefallen haben, dass Lessing, der gute Freund und Pate ihres jüngsten Sohnes, die Stadt verlassen wollte. Doch wahrscheinlich hat sie, die Vernünftige, ihn ermuntert, dieses ruhige und ehrenvolle Amt inmitten Tausender Bücherschätze anzunehmen. Er war nun vierzig Jahre alt, es war an der Zeit. Und Wolfenbüttel, das bedeutete im Vergleich mit Rom nur einen Katzensprung.

Um den 20. November bestieg Lessing die Kutsche und reiste nach Braunschweig. Er war ein berühmter Mann, er hatte sich nicht beworben, sondern war gebeten worden. Dennoch war er auch ein unsicherer Mann, und gerade Fürsten gehörten nicht zu seinem liebsten Verkehr. Er wusste sehr gut, dass er die höfische Etikette beherrschte, aber schnell vergaß, sich nach ihr zu richten. Die Sorge drückte ihn noch nach der Rückkehr nach Hamburg:

Es kann sein, schrieb er an Ebert, *und ich habe Ursache es zu besorgen, dass ich auf ihn* [den Erbprinzen] *nicht die vorteilhaftesten Eindrücke gemacht habe. Ich pflege so wenig auf meiner Hut zu sein; ich bin so unbesorgt, immer nur meine gute Seite zu zeigen, und meine gute Seite selbst ist so schielend, dass ich sehr zufrieden sein muss, wenn man mich die erste Zeit nur nicht ganz verachtet. Vielleicht wenn er es länger mit mir versucht – denn auf die Länge, habe ich wohl erfahren, gewinnt man bei einem guten Manne gewiss, wenn man aufrichtig bei ihm gewinnen will.*[37]

Offenbar hatte das Gespräch mit dem Erbprinz und dem alten Herzog Karl I. lange genug gedauert und keine fürstliche Bedenkzeit erfordert. Als Lessing nach Hamburg zurückkehrte, war er schon zum herzoglichen Bibliothekar ernannt worden, bei 600 Talern jährlichem Gehalt und freier Wohnung im alten Schloss samt Feuerholz. Selbst seine Italienpläne musste er nicht ganz aufgeben. Die Reise, so hatte der Erbprinz versichert, solle nicht nur erlaubt, sondern gefördert werden, *sobald ich nur vors erste ihren eigenen Vorrat an Büchern, Manuskripten, Gemälden und Altertümern kennen gelernt, um zu wissen, was ich ihnen zur Vermehrung desselben mitbringen könne.*[38]

So war es entschieden, fast so rasch wie damals, als er nach Breslau verschwand. Mit der Abreise allerdings hatte er es längst nicht so eilig. Es fiel ihm schwer, sich aus der Gesellschaft der Hamburger Freunde in die Einsamkeit des Gelehrten zu verabschieden. Der Dezember ging vorbei, das Christfest, der Jahreswechsel. Lessing war immer noch in der Stadt, als Eva in den ersten Januartagen Post aus Italien erreichte. Nicht von Engelbert, nicht die erhoffte Ankündigung seiner Rückkehr. Im Dezember, so die Nachricht, sei Engelbert König an einem schweren Fieber gestorben. Sein Grab befinde sich auf dem Friedhof der Kirche San Cristoforo della Pace.

5

» Und setzen Sie Ihren Weg recht glücklich fort. «

Aufbruch nach Wien und Wolfenbüttel

Am 12. Januar 1770, einem Freitag, stand es im *Hamburgischen Correspondenten*:

Wir können nicht umhin, zugleich den Tod eines hiesigen Kaufmanns, Herrn Engelbert Königs, der am 20sten December in Venedig verstorben, bekannt zu machen. Ganz Hamburg verehrte in ihm den rechtschaffensten Mann. Er nahm bey dem ersten Anblicke aller Herzen ein, und je näher man ihn kennen lernte, desto höher schätzte man ihn. Seiner vortrefflichen Ehegattin, und unserer Stadt ist er in einem Alter von einigen und dreißig Jahren viel zu früh entrissen worden; aber er war des Glückes werth, dessen sein seliger Geist jetzt ohne Zweifel vor dem Throne des Allerhöchsten findet.

Auch die Hamburgischen *Addreß-Comtoir-Nachrichten* meldeten den Tod des ›sehr würdigen Mitbürgers‹. Tatsächlich war Engelbert König 41 Jahre alt, als er in Venedig starb. Das galt nicht mehr als jung, aber längst noch nicht als alt. Von Krankheiten ist nichts bekannt, und die Strapazen des Reisens war er gewöhnt gewesen. Falls er Lessing wirklich einige Monate zuvor gebeten hatte, sich seiner Familie anzunehmen, hatte er da tatsächlich ans Sterben gedacht?

Wer im 18. Jahrhundert eine Reisekutsche bestieg, wusste, dass ihm ein lebensgefährliches Abenteuer bevorstehen konnte. Da scheuten Pferde, brachen Räder, kippte eine Kutsche im Morast oder rutschte im Gebirge vom Grat, im Winter drohte eisige Kälte, im Sommer Staub und Hitze, im Frühling und Herbst Sturm, Nässe und Nebel. Immer zermürbendes Gerüttel bei schlechter Federung. Wer besonderes Pech hatte, begegnete Straßenräubern oder landete in einer Stadt, einer Region, in der Typhus, Diphtherie, Masern, Pocken oder die Influenza grassierten. Der Tod kam schnell in jener Zeit und oft überraschend.

Aber was für ein Fieber hatte Engelbert Königs Leben so abrupt beendet? Stimmte diese Geschichte überhaupt, die Eva aus Venedig berichtet wurde?

Etwa zur gleichen Zeit, als Lessing weit im Norden im Braunschweiger Schloss um seinen guten Eindruck fürchtete, hatte Engelbert König in Venedig ein Boot genommen, um sich vor der Stadt von der untergehenden Sonne zu verabschieden. Es war ein frischer, schöner Abend gewesen, die Färbung des Himmels und des Meeres so vielfältig und glühend wie die schönsten Seiden. Es heißt, er habe sich von der Stimmung nicht losreißen können und zu lange in der kalten Abendluft gestanden; das sei die Ursache für das schwere Fieber gewesen, dem er einige Tage später erlegen war.

So verklärt es die Geschichte, die später in der Familie erzählt wurde. Es ist bei aller Tragik eine romantische Geschichte, vielleicht hat Eva König sie ihren Kindern erzählt, weil eine Geschichte immer noch besser ist als die Ungewissheit, die sie quälte.

Einfach ein Fieber? Viele, wohl der größere Teil der Menschen starben an Infektionskrankheiten unterschiedlichster Art, nicht nur die Schwächsten, die Kleinkinder, auch Erwachsene. Die Wissenschaft wusste noch wenig über die Ursachen. Zwar hatte der niederländische Naturforscher und Mikroskopbauer Antony van Leeuwenhoek schon hundert Jahre zuvor die winzigen Krankheitserreger entdeckt, doch das hielten die meisten Ärzte noch für Unsinn, und das Mikroskop benutzten sowieso erst sehr wenige. So stand der allgemeine Begriff Fieber als die Bezeichnung des augenscheinlichsten Symptoms für zahlreiche Erkrankungen.

Eva konnte nicht an eine so einfache Erklärung für den unfassbaren plötzlichen Tod ihres Mannes glauben. Er hatte große Einkäufe geplant und entsprechende Summen Geldes bei sich gehabt. Hatte er seine Einkäufe schon bezahlt? Oder hatte ihn ein tückischer Diener ermordet und beraubt und im Verein mit dem Besitzer des Gasthauses die Geschichte vom Fieber erfunden? Ähnlich war es doch erst ein Jahr zuvor Johann Joachim Winckelmann in Triest ergangen, dem allseits verehrten Kunsthistoriker und Archäologen, der Europas Gebildete für die Welt der Antike entzündet hatte.

Venedig war weit, sie musste sich mit der Erklärung begnügen. Doch der Gedanke, ihr Mann sei einem Raubmord zum Opfer gefallen, ließ sie jahrelang nicht los. Die Eintragung im Totenregister des Friedhofs San Cristoforo der evangelischen deutschen Gemeinde in Venedig hat sie nie gesehen. Danach war Engelbert König am 20. Dezember 1769 nach einer zwölf Tage dauernden *Verstopfung und Entzündung der Gedärme*[39] gestorben, an einem Darmverschluss, und am nächsten Tag beerdigt worden.

Eva König hatte ihren Mann geliebt, ihre Ehe war glücklich gewesen, sogar *Glückseligkeit*[40]. Nun konnte sie nicht einmal sein Grab besuchen. Es musste ihr als ein unwirklicher Tod erscheinen. Kein Abschied, kein letzter Atemzug, nur eine Meldung auf einem Stück Papier. Vielleicht stimmte sie nicht, vielleicht war es ein Irrtum, eine Verwechslung, vielleicht stand er morgen plötzlich in der Tür. Froh und glücklich, wieder bei ihr zu sein. Es war kein Irrtum. Engelbert König war tot und kam nicht zurück.

Was sollte sie, eine 33-jährige Witwe mit vier Kindern, nun tun? Theodor war erst zwölf, Amalia acht, Johann Engelbert vier und Friedrich, das Fritzchen, Lessings Patenkind, ein Jahr alt. Es schien, als wiederhole sie das Leben ihrer Mutter. Eva Katharina Hahn war fast im gleichen Alter Witwe geworden, auch sie hatte sich plötzlich allein mit ihren Kindern gefunden, mit drei Söhnen und zwei Töchtern, von denen der älteste elf, die jüngste zwei Jahre zählte. Nur eines unterschied Mutter und Tochter hierin maßgeblich. Die Wittib Hahnin hatte als Erbe ein eingeführtes und gut gehendes Handelsgeschäft übernommen, das sie im vertrauten Umfeld weiterführen konnte. Das Erbe der Witwe Eva König war mit dem Seidenhandel in Hamburg und den beiden Manufakturen im fremden Wien sehr viel größer, und alles, was die Königs besaßen und geliehen hatten, steckte in der weit entfernten Seidenweberei und Tapetenfabrik und in der Ware des Hamburger Lagers. Keine Frage, dass die meisten Gläubiger, die all das finanziert hatten, vor der Tür stehen würden, sobald sich Engelbert Königs Tod herumsprach.

Eva König war nun eine wohlhabende Witwe und besaß doch fast nichts.

Und Lessing? Er hatte einen besonderen Freund verloren und ein Versprechen einzulösen. Doch sein neuer Arbeitsplatz wartete. Der Erbprinz und der Herzog warteten. Ebert, der Vermittler, wartete. Nach der Vorstellung im Braunschweiger Schloss war Lessing nur nach Hamburg zurückgekehrt, um Abschied zu nehmen, seinen Reisekorb zu packen und die letzten Bücher in die Auktion zu geben, um wenigstens noch einen Teil seiner Schulden zu begleichen. So einfach war es nun nicht mehr.

Er verehrte Madam König, vielleicht liebte er sie schon. Beim Ordnen ihrer Geschäfte, beim Grübeln über Bilanzen, Bestandslisten und offenen Wechseln konnte er ihr nicht helfen, Lessing war vieles, doch gewiss kein Kaufmann. Aber er konnte da sein, zuhören, aufmuntern, er konnte sich der Kinder annehmen, deren Gesellschaft er doch immer genoss, selbst beim gemeinsamen Murmelspiel. Das war nicht viel, sicher nicht genug, aber besser als nichts. Offenbar hat er sich darauf verstanden, auf das Da-Sein und Trösten.

Ebert, der sich für Lessing bei seinen Fürsten stark gemacht hatte, saß inzwischen in Braunschweig, trommelte mit den Fingerspitzen auf die Schreibplatte und schwitzte. Lessing, der ewig Umstrittene, hatte dort nicht nur Freunde, es war gar keine gute Taktik, gleich am Anfang für Missstimmung zu sorgen.

Ebert drängte, aber behutsam. Er wusste, wie sehr Lessing alle Fesseln scheute, erst recht alles, was nach einem Amt aussah. Oder gab es einen anderen Grund für diese Saumseligkeit? Nachdem das Theaterunternehmen gescheitert war, hatte Ebert sich gewundert, dass *der unzufriedene, unbeständige Lessing, welchen selbst Berlin mit allen seinen Reizungen nicht hat halten können*[41], noch in Hamburg bleiben wollte, und vermutet, ein *allerliebstes Mädchen*[42] sei der Grund, womöglich die zukünftige Madam Lessing. Nun wusste er, dass er sich geirrt hatte. Und irrte schon wieder. Vielleicht. Lessing, der es als Einziger wissen musste, hat ihm darüber keine Auskunft gegeben.

Mein hiesiges Verweilen war und ist noch höchst nötig, wie ich Ihnen einmal umständlich erklären will, vertröstete er Ebert. *Zum Teil bezieht es sich auf meine verlobte Braut selbst* (Aha!? Nein, er meinte damit nur die Wolfenbütteler Bibliothek). *Ich möchte nicht gern, wenn mir sie der Herr Geh. Rath von Praun überliefert, sie weniger zu kennen scheinen, als sie nur ein Gelehrter der Welt kennen kann, der ihres Umgangs nicht selbst genossen.*[43]

Eigenartige, höchst umständliche Ausflüchte. Wie sollte er

in Hamburg die Wolfenbütteler Bibliothek kennen lernen? Nein, er mochte sich trotz aller beruflichen Fehlschläge nicht verabschieden. Er fühlte sich *tief eingenistet* und konnte sich nur langsam trennen, gemächlich, *damit nicht hier und da ein Stück Haut mit sitzen*[44] bleibt beim Losreißen von den Zirkeln seiner so unterschiedlichen Freunde, von den langen Abenden in den an vergnügter Gesellschaft reichen Salons und Gasthäusern, von der ganzen anregenden, turbulenten Stadt. Und von Eva. Aber das wusste niemand. Nicht einmal sie selbst. Eva trauerte.

Immer neue Ausreden für den armen Ebert. Lessing ließ ihn den Erbprinz (der ihm schon das erste Gehalt gezahlt hatte) um Entschuldigung bitten, er meldete noch zu erledigende Wege, dann zu viel Schnee für eine Reise, schließlich ein Flussfieber, das ihn zwei Wochen geplagt und leider wieder aufgehalten habe. Dabei hatte er durchaus auch *vergnügte Tage gehabt und* [war] *wacker herumgeschwärmt*.[45] So erinnerte es jedenfalls ein junger Besucher, der Schriftsteller, Theologe und Philosoph Johann Gottfried Herder, der den verehrten Lessing auf der Reise nach Frankreich Ende Februar und noch einmal auf der Rückfahrt Anfang April besuchte. Matthias Claudius, der Dichter aus Wandsbek, war bei der Herumschwärmerei mit von der Partie gewesen, und zumindest von Herders Bericht über seinen Besuch bei Denis Diderot in Paris hatte der Übersetzer Lessing mehr als nur Vergnügen gehabt.

Dann gab es noch eine Verpflichtung, die er keineswegs versäumen durfte. Johanna Christina Schmidt hatte eine Tochter geboren, bei der Taufe Charlotte Henriettas am 25. März standen Eva König und Gotthold Ephraim Lessing Pate.

Endlich gab es keine Ausflüchte mehr. Lessing verließ Hamburg. Am 21. April kam er in Braunschweig an, am 7. Mai

G. E. Lessing (Mitte) mit J. G. Herder und M. Claudius
auf der Galerie des Baumhauses in Hamburg, 19. Jh.

fand die feierliche Amtseinführung und Vereidigung durch den Geheimen Rat Georg Septimus Andreas von Praun statt, die Eidesformel war fast zwei Seiten lang. Der neue Bibliothekar bezog seine Wolfenbütteler Dienstwohnung, fünf oder sechs Zimmer im zweiten Stock über den haushohen Wohn- und Präsentierräumen der herzoglichen Familie im verlassenen Wolfenbütteler Schloss. Es waren helle Räume von wohnlicher Größe und Höhe, renoviert, möbliert und alle beheizbar. Für bürgerliche Verhältnisse des 18. Jahrhunderts mussten sie als ungemein großzügiges Domizil gelten. Prof. Büsch fand die Wohnung bei einem Besuch wegen der für ihn ungewohnten Größe und Höhe der Räume als ungemütlich, was aber mehr über die Wohnverhältnisse der Büschs aussagt. Von den zahlreichen Fenstern ging der Blick über den Schlossplatz und auf das trutzige alte Zeughaus mit den eleganten Ziergiebeln, nach links zumindest vom vorderen Eckzimmer auch auf die Bibliothek. Wenn er sich vorbeugte und auf den das Schloss umfließenden Wassergraben hinunterblickte, konnte er unter niedrigen Arkaden die Anlegestelle sehen, an der in glanzvolleren Zeiten die Prunkgondeln der Herzöge festgemacht hatten. Nun waren dort nur Enten.

Trotzdem kein schlechter Anfang. Die Entfernung zum Hof und besonders zum höfischen Treiben behagte ihm. Hier wollte er sich wohl fühlen, sich den Büchern, überhaupt den Wissenschaften widmen und Ruhe finden. Und wenn gar zu viel Ruhe drohte – bis nach Braunschweig, wo die gelehrten Freunde lebten und arbeiteten, wo auch die besseren Gasthäuser standen, war es nicht weit. Nur zwei Stunden zu Fuß, mit einem Wagen ging es schneller. Im Sommer war das ein Klacks, und im Winter – wer mochte im Mai schon an den Winter denken?

Eva König musste in diesem traurigen Mai nicht nur an den Winter, sondern überhaupt und mehr denn je an die Zukunft denken, zuerst an die ihrer Kinder. Wenn sie Theodor, Amalia, Engelbert und Fritz weiter ernähren und ihnen eine gute Bildung ermöglichen wollte, konnte sie sich nicht in ihrer Trauer verkriechen. Dann musste sie handeln. Wie ein Mann. Oder wie eine starke, entschlossene Frau. Was tun mit den Wiener Fabriken? Einfach verkaufen? Verkaufen vielleicht, aber nicht einfach. Ein sofortiger Verkauf hätte einen zu großen Verlust bedeutet und der Ertrag keinesfalls gereicht, auch die Kredite zurückzuzahlen. Diese verdammten Kredite.

Spätestens jetzt taucht aus dem Nebel der bruchstückhaften Überlieferung eine weitere Person auf, von der hier noch kaum die Rede war: Friedrich Wilhelm König, Engelberts jüngster Bruder. Er wird in der Literatur gewöhnlich als braunschweigisch-lüneburgischer Postmeister bezeichnet. Nach den Todesdaten seiner Vorgänger kann er das Amt frühestens in den 1780er Jahren bekommen haben, es ist anzunehmen, dass er es dem Mann seiner Nichte Amalia verdankte. Wahrscheinlich war er jetzt Teilhaber oder Mitarbeiter der König'schen Handlung, vielleicht neben einer anderen Tätigkeit, jedenfalls bemühte er sich mehrfach um Posten bei Lotterie-Unternehmen in Frankfurt und Ulm, schließlich versuchte er ein eigenes ›Lotto-Comtoir‹ zu eröffnen. Seine Schwägerin, die nun dringend tatkräftige Unterstützung brauchte, brachte er durch seine Unentschlossenheit und Nachlässigkeit in der Regelung der gemeinsamen Finanzen fast *um ihre Contenance*[46]. Auch der Fortlauf der Geschichte lässt vermuten, dass seine Position, wenn er in der Königschen Handlung tatsächlich eine hatte, eher Folge eines Aktes brüderlicher Liebe gewesen war. Er war ein Jahr jünger als Eva, unverheiratet (was er lebenslang blieb) und lebte erst seit einigen Jahren in Hamburg. Er mag ein guter Schreiber gewesen sein, der im Kontor Anordnungen ausführte, später sicher ein braver Beamter, als selbständig agierender Kaufmann und Unterhändler war er eher eine Last.

Eva hat das gewusst, was wäre sonst selbstverständlicher gewesen, als dass sich der Bruder und Teilhaber des verstorbenen Händlers und Manufakteurs auf die weite Reise machte, um die Geschäfte in Wien zu regeln? Davon war, jedenfalls zu diesem Zeitpunkt, keine Rede. Ob es seine Entscheidung war oder Evas, ob es überhaupt in Erwägung gezogen wurde – egal, es war die Witwe, die Madam König, die ihre Kinder zurücklassen musste und nach Wien reiste.

In keinem der erhaltenen Briefe wird erwähnt, wie ungewöhnlich es war, wenn eine Frau diese Aufgabe übernahm. Und diese Rolle. Als ihr Vater starb, war Eva erst zwei Jahre alt, zu jung, um sich jetzt daran zu erinnern, wie ihre Mutter die ersten Jahre als Handelsfrau bewältigt hatte. Aber sie hatte bis zu ihrer Heirat erlebt, dass eine Frau diese Rolle einnehmen und bewältigen kann. Es ist ungewiss, ob die Wittib Hahnin im fernen Heidelberg ihrer Tochter geraten hat, es ihr nachzutun, aber es ist vorstellbar und wahrscheinlich. Sie kannte ja ihre Tochter. Besucht hat sie sie in diesem Sommer sicher nicht, die 68-Jährige konnte sich einer solchen Strapaze nicht mehr aussetzen.

Und Evas ältester Bruder? Ob Johann Georg Hahn seine Schwester viel oder wenig liebte, ob ihr Kummer ihn berührte oder nicht – am guten Fortgang ihrer Geschäfte musste er heftigstes Interesse haben: Er war ihr größter Gläubiger. Von seinem Besuch ist nichts bekannt. Aber Unterstützung tat jetzt Not. Also stellen wir uns einfach vor, er sei in die Kutsche nach Hamburg gestiegen, um seiner Schwester bei ihren Entscheidungen zu helfen. Spätestens im Frühjahr, als die Wege zwar nass und morastig waren, das Wetter aber nicht mehr zum Erfrieren kalt. Ziemlich sicher hat er aber nur Briefe geschrieben, so wie sie später, wenn Eva Rat brauchte, Briefe gewechselt haben. In Wien konnte er ihr sowieso nicht helfen, er war Kaufmann, von Seidenmanufakturen und der Tapetenfabrikation auf englische Art verstand er wenig oder nichts.

Eva musste die Sache selbst in die Hand nehmen, also musste sie auch nach Wien fahren. Der Entschluss war schon gefasst gewesen, als Lessing Hamburg verließ.

Reisen Sie noch diesen Sommer? Ich käme Ihnen fünfzig Meilen nach, wenn Sie hier durchreiseten, und ich unglücklicherweise nicht hier wäre,[47] fragte und erklärte er in seinem ersten Brief, den er Eva im Juni schrieb, sechs Wochen nach seiner Ankunft in Wolfenbüttel. Sechs Wochen. Da zeigte sich der Mann, der sich mit dem Gefühl für Zeit schwer tat. Er wusste schon, dass sie eine ›fertige Briefschreiberin‹ war (was sie als leere, für ihn ungewöhnliche Komplimentiererei verstand und entschieden auch für die Zukunft zurückwies), also hatte er zuvor Post von ihr bekommen, die nicht erhalten ist. Er wusste eine fabelhafte Entschuldigung für seine Säumigkeit. Wenn er nach Hamburg schreibe, erklärte er, sei er den ganzen Tag unruhig, und es müssten drei Tage vergehen, bis ihm alles wieder gefalle, wie es ihm gefallen solle. Er sei vergnügt in Wolfenbüttel, *nur wenn man sich erinnert, dass man anderswo oft sehr vergnügt gewesen, kann man sich kaum überreden, dass man es noch ist. – Sie mit Ihrer Familie befinden sich doch wohl? Und recht wohl?*[48]

Nein, sie befand sich nicht wohl. Der Kummer hatte sie krank gemacht und ihre Abfahrt um Wochen verzögert, ihren Entschluss allerdings nicht geändert. Bevor es auf die ganz große Reise ging, erlaubte sie sich eine kleinere, um wieder zu Kräften zu kommen. Fast sechs Wochen verbrachte sie in Bad Pyrmont mit ihrem Lieblingsbruder David Hahn, dem Professor aus Holland, auf der Rückreise war noch Zeit für einen kurzen Besuch bei Lessing.

Doch schließlich, wenige Tage nach ihrer Rückkehr, nahm sie Abschied von ihren Kindern und begann in der zweiten Augustwoche 1770 das Abenteuer Wien. Es war eine Reise mit vielen Stationen, vielen Aufenthalten – der erste schon in Braunschweig. Im Gasthaus *Zur goldenen Rose* am Kohlmarkt traf sie Lessing, für einen Tag nur oder zwei. Ob er sich an ihre Bitte gehalten hat, niemanden wissen zu lassen, dass sie komme, ist nicht bekannt.

Die Reise nach Wien dauerte fast sieben Wochen, in ihrem Notizbuch hat sie akkurat Daten, Route, Ankunfts- und Abfahrtszeiten und die Entfernungen zwischen den Orten und Stationen notiert, bis München auch einige Gasthöfe, Launen der Wirte und Postmeister, die Beschaffenheit der Straßen. Ihre längeren Aufenthalte für Besuche und Verhandlungen zeigen, wie weit verzweigt die Kontakte und Handelsbeziehungen des Hauses König waren, die Freundlichkeit und Fürsorge, die seine Witwe erfuhr, machte deutlich, wie sehr Engelbert König geschätzt worden war. Vor ihrer Ankunft in Nürnberg reisten Eva gar zwei Herren und eine Dame bis Erlangen entgegen und warteten dort zwei Tage in Sorge auf die nur mit ihrem Mädchen reisende Madam König. Wo immer sie Station machte, wurde sie zu Gartenfesten oder Diners gebeten, zu Sehenswürdigkeiten ›gezwungen‹. Oft hätte sie nach anstrengenden Stunden in der Kutsche und Nächten mit viel zu wenig Schlaf lieber mehr Ruhe und Zeit für sich gehabt, ein paar einsame Stunden, aber sie genoss die unerwartete Beachtung und Fürsorge auch: *Ich stehe nicht dafür, dass ich nicht sehr aufgeblasen und stolz zurückkomme, wenn ich überall so aufgenommen werde wie bisher*[49], schrieb sie Lessing von Augsburg, ihrer nächsten Station.

Von dort ging es weiter nach München, wo sie sich einige Wochen aufhalten und auch entscheiden wollte, ob die Reise besser zu Wasser oder zu Land fortzusetzen sei. Der Wasserweg nach Wien über die Isar und die Donau wurde zumeist auf riesigen Flößen zurückgelegt. Er schien der ungefährlichere. Lessing, um seine Meinung gebeten, empfahl nach eingehender Erkundigung den Landweg als den gesünderen, auch sei das Leben auf dem Fluss bei schlechtem Wetter recht kläglich. Ihre Frage war wohl mehr ein schriftliches Nachdenken gewesen, denn wann und ob seine Antwortbriefe sie erreichten, blieb stets ungewiss. Umso mehr, als er nicht immer genau wusste, an welche Kontaktperson er sie schicken sollte. Mal machte sich auch der Empfänger nicht die Mühe, in ihrem Gasthof nach ihr zu fragen, mal waren ihm ihre stets eiligen, oft tief in der Nacht geschriebenen Zeilen so unleserlich, dass ihm nur blieb, die Buchstaben abzumalen. Er machte es gut – der so an die Gebrüder Nockher, Reichsgrafen und Besitzer des größten Münchener Bankhauses, adressierte Brief kam an.

In München hatte sie *zwei Tage nichts als Exzellenzen aufgewartet*[50], man begegnete ihr auch hier so entgegenkommend, dass sie ihren Aufenthalt verkürzen konnte. Trotzdem blieb Zeit für ein paar freie Stunden, in denen sie sich malen ließ. Es ist das einzige authentische Porträt. Der Maler, Georges Desmareés[51], war ein Schwede französisch-hugenottischer Abstammung, er war vor vierzig Jahren nach München gekommen und hatte es dort und in anderen Residenzen zu Ruhm gebracht. Nun war er ein alter Herr von 73 Jahren und ließ sich als schlecht bezahlter kurfürstlicher Bildnismaler wenig Gelegenheiten entgehen, auch Bürgerliche in seinem ›Malzimmer‹ im Residenzgarten zu porträtieren, sieben Jahre zuvor, 1763, auch Engelbert König.

Ob Evas Zeit zu kurz für lange Sitzungen war oder ihr Kleid ihm nicht gefallen hatte – echt an diesem Porträt ist einzig ihr Kopf: das nach der Mode der Zeit hoch über dem Scheitel zusammengefasste, grau gepuderte Haar, das schmale Gesicht mit der hohen Stirn über freundlich, doch abwartend blickenden großen, graubraunen Augen, die entschlossene Oberlippe, das ein wenig spitze Kinn. Ihre Nase scheint zu kräftig geraten, doch ein Porträt ihres Onkels Hieronymus Gaub zeigt, dass sie die als Erbe der mütterlichen Familie zweifellos hatte. Das weiße, reich mit Spitze und blauen Seidenschleifen und -blüten garnierte Kleid stammte nicht aus ihrem Reisekoffer, der enthielt nur schwarze Trauergarderobe. Ein anderes Porträt Desmarées' bildet eine Dame im nahezu gleichen Kleid ab – auch Hofmaler arbeiteten pragmatisch und rational und beschränkten die Authentizität auf den Kopf. Was es für die Kundschaft sicher auch preiswerter machte. Das Bild ist kein großes Meisterwerk, trotzdem, so schrieb Eva an Lessing, sagte alle Welt, es sehe ihr vollkommen ähnlich. Das hörte sie gern, denn sie glaubte darin ihre Tochter Amalia zu sehen. Auch diese Zeilen schrieb sie wieder in Eile, zudem auf schlechtem Papier mit mangelhafter Tinte und Feder – eine angemessene Entschuldigung für eine unleserliche Schrift.

Sie war immer wieder krank auf dieser Reise, und oft holte sie die tiefe Trauer über ihren Verlust wieder ein und manchmal die Furcht, ihrer Aufgabe nicht gewachsen zu sein: *Ich bin schon zufrieden, dass ich nicht weine; was das Ärgste ist, so scheint mir alles, was ich tue, nicht recht zu sein, in dem Augenblicke bereue ich, was ich den vorhergehenden getan habe. Mit einem Worte, ich bin nicht mehr dieselbe. Wie kommt es (…), dass man so sehr zurückfallen kann?* [52]

Vor den wichtigen Herren in den Röcken und Kniehosen aus Samt und Seide, denen sie die selbstbewusste, erfolgsgewisse Kauffrau zeigen musste, verbarg sie diese Gefühle der Schwäche. Wenn es darauf ankam, war sie hellwach und handelte entschieden. Nicht nur, wenn es um ihre Geschäfte ging, auch bei alltäglichem Unheil verhielt sie sich nicht schwächlich und hilfsbedürftig, wie es von einer Dame erwartet wurde, sondern schritt – zweifellos zornig und mit Ungeduld – zur Tat. Zum Beispiel im Thüringer Wald. Dort waren die Wege so schlecht, dass selbst bei Tag Lebensgefahr drohte. Aber es war Nacht gewesen, die Kutsche hatte erst um Mitternacht abfahren können, der Postillion war völlig betrunken, und der Mann mit der Laterne hatte schon nach einer Viertelstunde kein Licht mehr. *Nun glauben Sie, dass mir der Mut gefallen sei? Wahrhaftig nicht. Ich stieg aus, und suchte Tannenzapfen, die steckten wir an, und so behalfen wir uns fort.*[53] Der Postillion hatte inzwischen hinter dem Wagen geschlafen.

Oder hinter Bamberg, als sie auf einem steinigen, steil ansteigenden Weg gemerkt hatte, wie ›die Chaise‹ aus der Spur lief, und sie den Postillion erst hatte überzeugen müssen zu halten, um die Räder zu prüfen. Eines hatte *noch eben einen Strohhalm breit auf der Vorderaxe*[54] gelegen.

Oder in Salzburg. Von dort berichtete sie Lessing, die Salzburger seien besonders gute Leute und bewiesen zudem guten Geschmack, denn man habe in der Komödie seine *Minna* sechsmal hintereinander gegeben, *allemal gepfropft voll*[55]. Aber dann, am Abend vor der Weiterreise, war ihr Mädchen dem Charme eines gräflichen Kammerdieners erlegen und schließlich *so entsetzlich besoffen, dass sie schon die ganze Nacht nichts tut, als sich erbrechen. Ich bin ihre Wärterin.*[56]

Kein Wunder, dass sie das Heimweh schon lange vor ihrer Ankunft in Wien quälte. Sie hat das Mädchen trotzdem nicht entlassen, auch die Rückreise trat sie allein mit ihrem Mädchen an, dieser *besoffenen Urschel. Ich hätte einen Bedienten genommen, allein ich mag da Kreatürchen nicht sitzen lassen, sonst ist sie völlig verloren.*[57]

Sie hatte sich in München für den Landweg entschieden

und gut daran getan. Der englische Violinist und Musikgelehrte Dr. Charles Burney, ein Chronist des europäischen Musiklebens, wählte auf seiner Europareise in diesen Jahren den Weg über die Flüsse. Sein so informatives wie amüsantes *Tagebuch einer musikalischen Reise* erschien bald darauf auch in der Übersetzung Christoph Daniel Ebelings in Bodes Hamburger Verlag; Eva König wird davon gehört, es vielleicht gelesen und sich nachträglich beglückwünscht haben. Burney verbrachte sieben Tage in einem feuchten Verschlag auf dem Floß, bevor er für das kurze letzte Stück des Weges in eine Kutsche flüchtete. Sein launiger Ton täuscht mit keinem Satz über die Schrecken hinweg: das grässliche Wetter und die tückischen Sandbänke, Felsen und Stromschnellen, das schimmelige und bald von Maden wimmelnde Essen, schließlich gar kein Essen mehr, die feindlichen bitterarmen Bauern am Ufer, die höchst unangenehme fünfzigköpfige Reisegesellschaft mit ihrer Leidenschaft für ›rohe Gesänge‹.

Eva Königs Tage und Nächte in der Kutsche mochten beschwerlich sein, gegen eine solche Floßfahrt waren sie die reinste Vergnügungsreise.

Endlich, am 28. September rollte ihre Chaise über die Brücken der verzweigten Donauarme, und sie war am Ziel. Der Ärger über das stundenlange Warten an der Mautstation, wo alle ihre Bücher für die Prüfung durch die strenge Wiener Zensur zurückgehalten wurden, verflog, als sie in ihrem Gasthof fünf Briefe vorfand, vier mit Nachrichten von ihren Kindern, einen von Lessing.

Die dünne Schale von Optimismus und Heiterkeit brach schnell. Jeder Weg in Wien, jede Besprechung und Einladung erinnerte sie an ihren Mann und an ihre *vergangene Glückseligkeit* [58]. Wenn jemand von ihm sprach, stiegen ihr Tränen in die Augen. Erst recht in der Seidenmanufaktur. Der erste Besuch am Tag nach ihrer Ankunft stürzte sie zurück in tiefe Traurigkeit. Was sie sich übel nahm, denn alles, was sie dort vorfand, war doch *völlig gut und aufs beste eingerichtet*[59].

Die Manufaktur in der Vorstadt Wieden lag eine halbe Stunde entfernt vom Kärntnertor im Befestigungswall um die Altstadt mit der Hofburg. Wenn sie die enge, lärmende Stadt verließ, passierte sie das Kärntnertortheater, gleich darauf die nach der Pestepidemie von 1713 in 21-jähriger Bauzeit errichtete und eher einem barocken Palast gleichende Karlskirche. In der Nähe lag der Neue Bürgerspitalsfriedhof, auf dem wurden auch die Hingerichteten verscharrt, die ›Malefizpersonen‹, von 1702 bis 1776 waren es 209, und arme Hungerleider, deren Begräbnis niemand bezahlte. Zu denen hatte genau dreißig Jahre zuvor ein rothaariger ehemaliger Priester gehört, der als Musiker einmal sehr berühmt und reich gewesen war, Antonio Vivaldi. Arm wie eine Kirchenmaus hatte er in Wien neues Glück gesucht, aber niemand hatte sich mehr für ihn und seine altmodische Musik interessiert. In diesen Jahren war der Compositeur Christoph Willibald Gluck der Star, ab 1774 auch als hoch bezahlter kaiserlich-königlicher Hofcompositeur. Vivaldis Schicksal hätte ihm auch sonst nicht gedroht, dazu war Madam Gluck zu wohlhabend.

Die Vorstädte reichten bis zum Linienwall, der erst vor wenigen Jahrzehnten aus Ziegeln errichteten zwölf Fuß hohen äußeren Stadtmauer. Sie waren zum Teil schon dicht bebaut, auch ›auf der Wieden‹ wurde in mehrstöckigen Mietshäusern und älteren kleinen Anwesen gewohnt, der größere Teil des Areals wirkte mit den Feldern, Obstwiesen und ausgedehnten Gärten ländlich, daran änderten auch vereinzelte Palais reicher Bürger und Adeliger in gepflegten, weitläufigen Anlagen nichts. Vom kleinen Turm des *Bencoischen Hauses*, in dem sich die König'schen Manufakturen befanden, ging der Blick im Osten bis zum Prater. Kaiser Joseph II. hatte das ehemalige Jagdrevier der Habsburger 1766 für die Bevölkerung geöffnet, der herrliche Wald mit seinen Spazier- und Fahrwegen lockte Arm und Reich mindestens so wie die Gastwirte, Kaffeesieder und Vergnügungsbuden, die es dort neuerdings gab, oder die Limonadenhütten, in denen im Sommer sogar Gefrorenes verkauft und Musik gemacht wurde. Großes Gedränge gab es stets bei den vielfarbigen nächtlichen Feuerwerken und noch mehr bei den blutigen ›Tierhatzen‹. Die fanden alle Sonn- und Feiertage nachmittags statt, das Gemetzel zwischen Stieren, Hunden und Wildschweinen, Wölfen und Lämmern, Bären und Ferkeln ergötzte Besucher und Besucherinnen aller Stände. Im *Wiener Diarium* fanden sich Suchanzeigen nach möglichst exotischen und gefährlichen Tieren für die Hatzen.

Zwischen dem König'schen Manufakturgebäude und der von der Altstadt zum südlichen Tor im Linienwall führenden Straße wies ein großer Teich auf eine der zahlreichen kleinen Ziegeleien hin, die auf dem lehmigen Boden direkt neben ihrem Rohmaterial für den Bau des Walls entstanden waren. Einige gab es noch, wie vor der König'schen Manufaktur gleich erkennbar an den Trockengestellen für die von Hand geformten Backsteine.

Wien war jetzt mit seinen 180 000 Einwohnern die sechstgrößte Stadt Europas. Noch mehr Menschen lebten nur in Moskau, Neapel, Paris, Konstantinopel und vor allem in London; in der englischen Hauptstadt näherte sich die Einwohnerzahl schon der Million. Wie in all diesen wild wuchernden Metropolen wurde auch in Wien viel gebaut, die Ziegelproduktion war ein mühsames, doch beständiges Geschäft.

Eva König wohnte während dieses ersten Wienaufenthaltes in der Innenstadt, wahrscheinlich im *Regensburger Hof* nahe dem Stephansdom. Die Stadt war eng und noch übervölkerter als Hamburg, und zwischen all den Menschen, Karren, Kaleschen, den Sänften und Reitern drängten sich in diesen Jahrzehnten rund 600 Mietkutschen, die Fiaker. Wien brodelte, und ausgegangen und gefeiert wurde noch mehr als in Hamburg. Dagegen erschienen die Vorstädte trotz ihrer besonders zahlreichen Gasthäuser als liebliche Idyllen.

Wenn Eva das *Bencoische Haus* betrat, wies ihr das monotone Konzert der dumpfen Geräusche von 36 Webstühlen den Weg zu ihrem Fabriksaal im ersten Stock. 27 Gesellen und acht Lehrlinge arbeiteten jetzt hier, auch Frauen, doch die wurden nur als Seidenwinderinnen und für die übrigen Hilfsarbeiten eingesetzt. In anderen Wiener Seidenmanufakturen arbeiteten sie auch an den Stühlen, es gab dort fast so viele Gesellinnen wie Gesellen, und es wurden dreimal so viele weibliche Lehrlinge ausgebildet wie männliche. Was weder mit Respekt noch mit Gleichberechtigung zu tun hatte, sondern einzig mit den erheblich niedrigeren Löhnen, die Frauen erhielten. Zwar war ihnen die Lehre erlaubt, aber nicht die mehrjährige Wanderschaft. Da die für den vollen Gesellenbrief nötig war, blieben – oder galten – sie ohne die auswärtige Erfahrung auch abgesehen von ihrem Geschlecht als minder befähigt.

Als billige Arbeitskräfte waren sie eine oft genutzte Waffe gegen die Konkurrenz der kleineren Handwerksbetriebe, die anders als die Manufakturen noch den strengen Zunftregeln unterworfen waren. Dort blieben Gesellinnen eine deutliche Minderheit. Tatsächlich war die qualifizierte Arbeit für ›Weibspersonen‹ mit Genehmigung der Kaiserin zur ›Mässigung‹ der Löhne 1770 erlaubt worden; die Gesellen hatten schon zuvor ihre Arbeitsplätze bedroht gesehen und durch *Zusammenrottung und Entweichung aus der Arbeit* protestiert; 146 von ihnen waren bei Wasser und Brot inhaftiert worden und hatten sich verpflichten müssen, künftig den

Anordnungen der Kaiserin *willig und gehorsam zu gehorchen*[60].

In der König'schen Manufaktur arbeiteten zumindest in diesem und im nächsten Jahr weder Gesellinnen noch Lehrmädchen. Sie war von den acht Fabriken, die in den Wiener Vorstädten Seidenerzeugnisse produzierten, die drittgrößte, und vor allem die Samte verkauften sich wegen ihrer besonderen Qualität und Machart gut und schnell. Es wäre unklug gewesen, gerade in dieser Anfangsphase und als Fremdländer einen Gesellenstreik zu riskieren.

Was Eva König vorfand, konnte sie nur beruhigen. Faktor Hornbostel, der Pastorensohn aus Hamburg, verstand offenbar sein Geschäft und erwies ihr die Ehrerbietung, die einer Prinzipalin zukam. Es wäre interessant, zu wissen, wie der Alltag in der Manufaktur aussah, doch über das Leben und Arbeiten in den Seidenmanufakturen ist wenig bekannt. Die Weber und Weberinnen waren hoch qualifiziert, allein die Einrichtung der Webstühle mit den verschiedenen Seiden für die komplizierten vielfältigen Muster und Texturen erforderte Erfahrung und großes Können. Und vier Hände. Gewöhnlich wurde der Weber dabei von einem Kind unterstützt, das leichter auf dem großen Gerüst des Stuhls herumklettern konnte. Für Bänder und Posamenten, die Besätze, Borten, Kordeln, Quasten oder Fransen für Kleidung und Dekorationen, gab es spezielle Webstühle, auf denen mehrere Werkstücke gleichzeitig hergestellt wurden. Die Muster für seine Hamburger Samte wird Engelbert König wie den Faktor und die Gesellen nach Wien mitgebracht haben, für neue Designs von Seidenstoffen hätte er schon ausgebildete Wiener Zeichner beschäftigen können; die erste ›Manufakturzeichenschule‹ war 1758 nach französischem Vorbild eröffnet worden, allerdings nur für Knaben. (1786 wurde sie der Akademie der bildenden Künste angegliedert.)

In den Briefen, die Eva König von diesem ersten Aufenthalt an Lessing schrieb, ist über die Manufakturarbeit nichts zu erfahren, über ihre eigene kaum mehr. Warum nicht? Es muss sie doch bewegt haben, und was konnte sie mehr beschäftigen als ihre Gespräche und Verhandlungen mit den Beamten oder Treffen mit anderen Fabrikanten (zu denen noch eine weitere Witwe gehörte). Alle Wege, die Engelbert König in den vergangenen beiden Jahren gemacht hatte, musste sie nun noch einmal gehen: Sie musste sich vorstellen und als Fachfrau einführen, musste deutlich machen, dass sie entschlossen war, die Fabriken weiterzuführen, und in der Lage, die staatlichen Subventionen und Vergünstigungen genauso sinnvoll und vernünftig einzusetzen wie ihr verstorbener Mann. Und zugleich war sie mit einem Ohr, mit einem Auge immer auf der Suche nach einem potenziellen Käufer ihres Besitzes.

Von ihrem Leben als Unternehmerin las Lessing (und damit die neugierige Nachwelt) in diesen ersten Briefen so gut wie nichts. Dass sie ihm diese Seite ihrer Persönlichkeit vorenthalten wollte, die männliche, die geschäftüchtige, ist unwahrscheinlich. Sie kannte ihn gut genug, um zu wissen, dass er ihre Stärke schätzte und ihr dafür Respekt zollte. Vielleicht fürchtete sie, ihn zu langweilen, er verstand von diesen Dingen ja nichts. Oder sie wollte die Zeit, die sie mit Feder und Tinte in Gedanken an den fernen Freund verbrachte, mit ihm sprach und spazieren ging, von allem Geschäftlichen freihalten. Womöglich fürchtete sie nur die Zensur. Die war streng in Wien, viel strenger als im liberalen Hamburg, sie konnte nie sicher sein, ob jemand ihre Briefe aus den Postkörben fischte und Geschäftsgeheimnisse bei einer Behörde landeten, die davon besser nichts erfuhr. Wer diskrete Post befördern wollte, mietete tunlichst einen eigenen berittenen Boten mit tiefen Taschen.

Trotz allen Heimwehs und der steten Sorge um ihre Kinder verging der erste Winter in Wien rasch. Sie war fremd in der Donaustadt, doch wer ihren Mann gekannt hatte, nahm auch sie freundschaftlich auf. Es waren viele, um alle zu besuchen, hätte sie *ein halbes Jahr nichts als Visiten* machen müssen. *Sie glauben nicht, welch einen guten Namen er hier hinterlassen hat. Doch, warum sollten Sie es nicht glauben? Sie haben ihn ja gekannt.*[61]

Die Wiener Gesellschaft zeigte sich mindestens so gesellig und unternehmungslustig wie die Hamburger. Das Theater besuchte sie häufig und mit kritischem Blick, die Abendeinladungen dauerten auch hier bis tief in die Nacht, oft amüsierte sie sich, manchmal wurden ihr die vielen ›Visiten‹ zu viel. Es gab auch Landpartien, zum Beispiel zur Weinlese, der Kaiser hatte den Winzern neuerdings erlaubt, Wein auszuschenken. Es war ein amüsantes Unternehmen für die wohlhabenden Städter, die Arbeiter allerdings fand Eva lange nicht so vergnügt wie die in der Pfalz. Es sei ein herrschaftlicher Weinberg, erklärte man ihr, keiner, der dem Winzer gehöre, so brauchte sie *nicht weiter nach der Ursache zu fragen*, ließ sie Lessing wissen. *Ich hatte die Satisfaktion, dass meine Anmerkung das Mitleid eines Herrn aus unserer Gesellschaft rege machte, dass er sie alle beschenkte. Nun hätten Sie die heiteren Gesichter sehen sollen. Ich hätte den Mann, ob er gleich sechzig Jahr alt ist, umarmen mögen ...*[62]

Zum Neujahrstag, dem ›Galatag im ganzen Jahr‹, sandten Freunde ihr farbige Kleider und Juwelen, weil es sich nicht schickte, an diesem großen Feiertag in Trauerkleidung auszugehen. Sie blieb dennoch zu Hause, Silvester war fast der Jahrestag von Engelbert Königs Tod – kein Zeitpunkt für ein Freudenfest oder auch nur zum Ausgehen, wenn sich auf den Straßen auch noch so viele Wagen und herausgeputzte fröhliche Menschen drängten.

Lessing hätte sie allzu gern aufgeheitert, wenn sie niedergeschlagen war. Doch Wien war weit, Briefe mussten genügen. Bei kleinen Kümmernissen wie mit ihrem Mädchen, das leider auch in Wien seine Neigung zum Trunk nicht vergaß, schickte er ihr seinen Witz, wenn die Melancholie sie wieder einholte oder die Hypochondrie, sosehr sie sich auch dagegen wehrte, schickte er Aufmunterung und Trost. Er brachte sie mit Klatsch über gemeinsame Hamburger und Braunschweiger Freunde und Feinde zum Lachen, und einmal, als die Wintertage in Wien besonders harsch waren und graue Stimmung machten, als nur der alte Pelz, den Lessing ihr auf die Reise mitgegeben hatte, sie noch wärmte, rief er sie auch zur Ordnung: *Ich kann nicht schließen, ohne mich noch ein wenig wegen Ihrer fortdauernden Schwermut zu zanken. Ich muss Ihnen nur sagen, dass ich die Schwermut für eine sehr mutwillige Krankheit halte, die man nicht los wird, weil man sie nicht los werden will. (…) Leben Sie wenigstens nur sonst recht wohl.*

Dero ergebenster Freund …[63]

Wie hatte er einige Briefe zuvor geschrieben? *Ho!Ho! Ich fange an zu moralisieren: ich bitte Sie recht herzlich um Verzeihung.*[64]

Später, nachdem *er* wochenlang zu krank, zu deprimiert und zornig ist, ihr zu schreiben, wird sie ihn an diese seine Definition von Schwermut und das empfohlene Gegenmittel erinnern.

Er nahm ihre Kränkeleien und Krankheiten gleichwohl ernst (jetzt noch) und sorgte sich. Wusste er doch selbst nur zu gut, wie sich Melancholie, Hypochondrie und ähnlich unangenehme Befindlichkeiten anfühlten. Er lebte allein mit einem Diener in dem zugigen Schloss, das sonst bis auf den Kastellan verlassen war; in der nicht heizbaren Bibliothek war es eiskalt, im Winter fror die Tinte ein, sein Gehilfe war ein fleißiger, doch zumeist schlecht gelaunter und ihm nicht gewogener Mann. Er war Gesellschaft gewöhnt, ernste und vergnügte, den geistigen Austausch brauchte er wie andere Brot. Der Trubel großer Städte hatte ihm geholfen, sich lebendig zu fühlen, der familiäre Hamburger Kreis ihn ahnen lassen, was Geborgenheit ist. Und Eva war im quirligen Wien, berichtete (leider meistens kurz) von Theaterbesuchen, Landpartien, Abendeinladungen – und von melancholischem Jammer. Dabei schien sie doch bei all ihren zweifellos großen Problemen beneidenswert. Spätestens als er in Braunschweig zwei kaiserlichen Kammerherrn aus Wien begegnete, überraschend vortrefflichen Leute voller Kenntnis und Geschmack, wie er fand, wäre er auch gerne in Wien gewesen. Nicht nur wegen Eva.

Kein Zweifel: Lessing war wieder unruhig. Wenn er behauptete, die Schwermut lasse sich bekämpfen, indem man sie einfach nicht wolle, wiederholte er nur, was er sich selbst immer wieder sagen musste. Er bekam wohl Besuch, aus Hamburg zum Beispiel von Professor Büsch auf der Durchreise ins Modebad Pyrmont, aus Berlin war sein seelenverwandter Freund, der jüdische Philosoph Moses Mendelssohn gekommen; er traf Freunde in Braunschweig und hatte beim Weinhändler Johann Herrmann Angott am Aegidienmarkt gleich neben der Braunschweigischen Lotterie ein bescheidenes Absteigequartier gemietet, weil er sich gerne länger in der Stadt aufhielt als für einen kurzen Besuch; er korrespondierte mit der gelehrten Welt und dem Hamburger Kreis, doch das waren nur kurze Unterbrechungen der bedrängenden Stille im Schloss. Es wird lange dauern, bis er auch in Wolfenbüttel einige Männer und ihre Familien entdeckt, in deren Gesellschaft er sich aufgehoben fühlt. Weil es niemanden wie ihn gegeben habe, wird später einer seiner Freunde erkennen, sei er ein einsamer Mensch gewesen.

Er arbeitete viel in dieser ersten Wolfenbütteler Zeit, und bei allem wachsenden Gefühl, von seiner eigentlichen Welt abgeschnitten zu sein, mit Neugier und Freude. Er war entschlossen, die Bibliothek nicht nur zu nutzen, sondern ihr auch tatsächlich zu dienen.

Eva hatte ihre Heimreise für den November geplant. Die Arbeit in ihren Fabriken schien geregelt und ein günstiger Verkauf in Aussicht, der Faktor engagiert und vertrauenswürdig, die Geschäftspartner und Gläubiger zufrieden, zumindest geduldig. Doch der Aufbruch verzögerte sich immer wieder. Zuerst wegen der Abwesenheit eines wichtigen Geschäftspartners, dann war das Wetter schuld, das die Wege im Dezember so elend machte. Schließlich – wieder einmal – eine Krankheit. Sie war gestürzt und fieberte. Der Aderlass, mit dem einer der Hofchirurgen sie mit dem Allheilmittel der Zeit behandelte, führte zur ersten Ohnmacht ihres Lebens.

Erst Mitte Februar 1771 konnte sie Wien verlassen. *Ich denke ja, dass ohnerachtet des großen Schnees man doch wird durchkommen können. Es wäre sonst spaßhaft, wenn ich wieder zurückkehren müsste. Zwar ehe ich das täte, eher wagte ich alles. Mein Verlangen nach Hause ist viel zu groß. Wie werde ich, wie werden meine Kinder sich freuen! wenn wir uns wieder sehen. (...) Es wird ja wohl alles gut gehen. So vieler Freunde Gebet begleitet mich, worunter vermutlich auch das Ihrige ist.*[65]

Wieder reiste sie wegen nötiger Visiten über München, Augsburg und Nürnberg, wurde wieder überall aufs Freundlichste empfangen und war froh, als sie Bayern verlassen konnte. Denn durch das sonst so reiche Land zogen ganze Horden von Hungernden. Einmal umschlossen wohl achtzig Bettler ihre Kutsche und gaben sie erst frei, als der Postillion zur Peitsche gr

Auch in Wien hatte man das Elend stärker als früher ge-

spürt. Nach regenreichen Jahren mit verheerenden Über-
schwemmungen, die Ernten und Saatgut vernichtet hatten,
herrschte von 1770 bis 1772 in weiten Regionen eine Hun-
gersnot, die später als die schwerste des 18. Jahrhunderts bezeichnet werden sollte. Schon jetzt hatte sich der Preis für
Weizen seit 1769 verdoppelt, für Korn verdreifacht. Eva
mochte Sorgen haben, doch sie wusste sehr wohl, wo echtes
Elend herrschte.

In den letzten Apriltagen 1771, ein Dreivierteljahr nach
ihrer Abreise, war sie zurück in Hamburg und sah endlich
ihre Kinder wieder, augenscheinlich wohl und gesund. Amalia zitterte vor Freude und brachte kein Wort heraus, Engelbert juchzte vor Vergnügen, und auch Fritzchen, der erst
zweieinhalbjährige Kleinste und nun vollends das Ebenbild
seines Vaters, erkannte sie gleich. Und Theodor? Er wurde
nicht erwähnt, wahrscheinlich war er für die Dauer ihrer
Reise bei ihrem Bruder David oder anderen Verwandten untergebracht.

Sie war wieder daheim, bei ihren Kindern im Haus am
Neuen Wall und ihrem vertrauten Kreis. Der hatte sich allerdings verändert. Der alte Postdirektor Borgeest war gestorben, Pastor Alberti, der streitbare Prediger, der sonst so laut
gelacht und mit satirischen Scharaden amüsiert hatte, war
todkrank und ging kaum noch aus. Basedow packte seine
Sachen, um für den Fürst von Dessau das *Philantropinium*
zu eröffnen, und Knorre, der stets schwatzhaft Vergnügte,
hatte sich mit Lessings ehemaligem Hauswirt Schmidt über
einen lukrativen Posten beim Lotto zerstritten und war auch
sonst still und sorgenvoll. Zudem gehörten neuerdings Damen und Herren von Adel und vom Magistrat dazu, die Eva
so wenig behagten wie Lessing. Bis auf den sozial engagierten und auch das Theater liebenden Ratsherrn Vogt, obwohl
er wegen seiner nicht immer ganz feinen Sitten gern verspot-

Wolfenbüttel, Herzog-August-Bibliothek, 19. Jh.

tet wurde. Überhaupt, so teilte sie ihm mit, rede man fast nur noch vom Lotto und von den neuen Lesegesellschaften. Was nicht zuletzt an Klopstock lag. Der war endgültig von Kopenhagen nach Hamburg übergesiedelt, versammelte empfindsame Damen um sich und machte den anderen Zirkeln heftig Konkurrenz. Auch ging er in der Alster schwimmen, was allgemein erstaunte.

Egal, was sich verändert hatte, es war eine überaus glückliche Heimkehr mit der Gewissheit einer ebenso glücklichen Zukunft. Auf ihrer Heimreise hatte Eva Freunde und Verwandte in Frankfurt besucht, in Heidelberg ihre Mutter und den ältesten Bruder. Dass sie ihre Mutter das letzte Mal lebend sah, ahnte sie nicht. Die Wittib Hahnin starb ein halbes Jahr später, ihr Tod stürzte Eva wieder in tiefe Melancholie.

Doch jetzt war sie voller Freude. Zuletzt hatte sie in Braunschweig im Gasthof *Zum goldenen Stern* am Kohlmarkt Station gemacht. Lessing wartete schon. Es war ein Wiedersehen nach fast einem Jahr. 29 Briefe waren in dieser Zeit hin- und hergegangen, vertrauliche, vertrauensvolle Briefe, die sie einander näher gebracht hatten. Aus ›Mein lieber Herr Lessing‹ war ›Mein lieber Freund‹ geworden, ›Meine liebste Madam‹ zu ›Meine liebste Freundin!‹ und ›Meine Beste‹. Doch bei aller hier und da aufblitzenden Koketterie und Neckerei und der wachsenden Vertrautheit war der Ton der Briefe freundschaftlich verhalten geblieben, von Sehnsucht oder gar Liebe war nie die Rede gewesen. Kaum zwischen den Zeilen. Die Begegnung in Braunschweig änderte das. Dort trafen sich zwei, die schon mehr waren als Freunde, ein Wort, das damals so leicht gebraucht wurde. Da trafen sich ein Mann und eine Frau, die Sehnsucht nacheinander und nach tiefer Liebe hatten. Und nun, sechzehn Monate nach Engelbert Königs Tod, konnten sie es auch zeigen.

Trotzdem fürchteten beide, als aufdringlich, gar als lästig empfunden zu werden. Ob er denn überhaupt weitere Briefe von ihr erwarte?, fragte Eva nach ihrer Rückkehr aus Hamburg. Das klang ein bisschen kokett, als werde da nur Widerspruch eingefordert. Der kam prompt: *Das müssten Sie ja wohl von Ihrem Aufenthalt in Braunschweig wissen, wenn Sie auch sonst nichts wissen könnten. Wie sehr habe ich Sie da belagert gehalten? Und immer ist es mir zu spät eingefallen, dass ich Ihnen überlästig sein müsse.*[66]

Die Einladung, bei seinem für den Sommer verabredeten Besuch in Hamburg bei ihr zu wohnen, nahm er nicht an, auch als sie sie mehrfach wiederholte. Trotzdem? Oder gerade deshalb? Er logiere lieber im *Schwarzen Adler*, so seine Antwort, die gleiche, die er zuvor schon Professor Büsch gegeben hatte, wo er niemanden belästige und Herr seiner Zeit bleibe. Das wiederum klang verbindlich, aber knapp. Ihre Frage, wie man den Kitt mache, das Porzellan zu leimen, beantwortete er ausführlicher, Haushaltsangelegenheiten waren neutrales Terrain: *Der Kitt zum Porzellan besteht aus geronnener Milch und gelöschtem Kalk; nur muss jene ganz ohne Rahm sein, und durch ein Tuch rein ausgedrückt werden. Sodann nehmen Sie drei Teile dieser geronnenen Milch und ein Teil von dem gelöschten Kalke, streichen es mit der Messerspitze gut durcheinander, und leimen damit, was sie leimen wollen. – Wenn es so lange hält, als unsre Freundschaft halten soll, so ist es ein Kitt, den wir loben wollen.*

Leben Sie recht wohl, meine Beste; und Gott sei Dank, dass unsere Briefe nicht mehr vierzehn Tage laufen dürfen![67]

Später kann er auch mit einem Mittel gegen Malchens Frostbeulen helfen. Auch ihre Frage, ob er mit ihr ›den Brunnen trinken wolle‹, mochte er nicht mit Ja beantworten. Obwohl die Reise nach Pyrmont dazu nicht nötig war, das Gesundheitselixier wurde längst exportiert, nach Hamburg ebenso wie nach Wolfenbüttel. (Wobei man über die Qualität nach dem langen Transport auf den Fuhrwerken besser keine Überlegungen anstellt.) Er schlage es ungern aus, aber da komme Besuch aus Leipzig, zudem erwarte man die Herzogin von Weimar, die Schwester des Erbprinzen, da müsse er in Braunschweig die ›Cour‹ machen, sie wolle auch die Bibliothek besichtigen …

So machten beide die Kur mit dem Wunderwasser allein. Herr Lessing hatte Pflichten und viel zu tun. Aber Herr Lessing, das stand nun schon fest, war verliebt, mehr noch, er liebte. Doch ganz anders als Eva König hatte er auch Sorge, ins Gerede zu kommen, oder die Frau, die er liebte, ins Gerede zu bringen. Vielleicht hatte er, der alte Hagestolz, einfach Angst vor dieser Liebe. Und Angst vor dieser Frau, von der er nach ihrem Besuch in Braunschweig schon wissen musste, dass sie seine Gefühle erwiderte. Bei aller Neigung Eva Königs zur Depression hatte sie es immer wieder geschafft, sich gleichsam am eigenen Zopf aus dem Sumpf der Niedergeschlagenheit zu ziehen, sie hatte sich als starke Frau von klarem, unbestechlichem Urteil und Empfinden bewiesen, hatte als Prinzipalin in einer fremden Stadt, einem fremden Land ›ihren Mann‹ gestanden und überall, wohin sie auch gekommen war, Freundschaft, Entgegenkommen und Respekt gefunden. Nicht zuletzt: Bei allen finanziellen Sorgen war sie letztendlich eine wohlhabende Frau.

Und er? Bekannt, sogar berühmt, verehrt wie angefeindet, doch letztlich nur ein Bibliothekar in einem entlegenen Ort, ein Mann, den immer noch Schulden drückten, der nicht in der Lage war, eine Frau wie Madam König und ihre Kinder gut zu ernähren. Wie hatte er seinen Major von Tellheim in der ernsthaften Komödie *Minna von Barnhelm* sagen lassen? *Gleichheit ist immer das beste Band der Liebe.*[68] Was blieb da bei aller Sehnsucht als der Versuch, Abstand zu wahren?

Lessing hatte Angst. Ob vor der eigenen Courage oder vor der Liebe überhaupt – als der Termin seines Besuchs in Hamburg näher kam, wurde er so krank, dass er wochenlang nicht einmal ein kurzes Billett schreiben konnte. Sechs Wochen sei es ihm unmöglich gewesen, selbst das Geringste zu schreiben, klagte er Eva. Bei jeder Zeile, die er begann, trat ihm *der Angstschweiß vor die Stirn und ich verlor alle Gedanken.* Nun gehe es ihm wieder besser. *Aber doch nur ein wenig, und Sie sehen es diesem Anfange eines Briefes wohl nicht an, dass ich schon länger als eine halbe Stunde darauf zubringe. Nach jeder halben Zeile fast muss ich einmal aufspringen, um – frisch Atem zu holen.*[69]

Angstschweiß. Atem holen. Wenn das keine deutlichen Symptome sind. Es fiel ihm schließlich selbst ein, ob seine ›jetzigen Umstände‹ ihn nun auch zum Hypochonder machten, obwohl er so etwas nie gekannt hatte und auch jetzt nicht wusste, wie er dazu kam. Mit diesen ›Umständen‹ meinte er allerdings nicht seine Sehnsucht nach Eva, gar die mögliche Ambivalenz, sondern den Wechsel von seinem bis dahin so geselligen Leben zur Einsiedelei in Wolfenbüttel. Da hatten Angstschweiß und Atemnot aber lange gebraucht, bis sie sich einstellten. Und seltsam, dass er Briefe an andere Freunde sehr wohl hatte schreiben können.

Die Reise nach Hamburg wurde trotzdem nicht abgesagt, sie schien ihm das Einzige, auf das er sich freuen und das ihn vollends gesund machen konnte.

6.

»Kein Glück mehr in der Welt für mich ist, wenn ich es nicht mit Ihnen teilen soll.«

In den ersten Septembertagen 1771 war Lessing wieder in Hamburg. Er logierte im *Schwarzen Adler*, blieb Herr seiner Zeit und fiel niemandem lästig. Der Herzog hatte ihm zwei Monate Urlaub gewährt, er wollte sie gut nutzen und drei Vorhaben in die Tat umsetzen. Das bedeutendste und folgenreichste zuerst.

Ob er es auf einer ihrer Promenaden auf dem Jungfernstieg entlang der Alster wagte, ob in Eva Königs Salon oder auf dem Heimweg von einem Besuch – in diesen Septembertagen trug er ihr die Ehe an, und sie sagte Ja. Eva König liebte Lessing, schon längst, und hatte das nicht zeigen wollen. Sie war sich seiner Freundschaft und Anteilnahme sicher gewesen und wollte ihre komplizierte Lebenssituation nicht auch zu seiner machen. Nun war sie *schwach genug, eine Neigung zu gestehen, die ich zu verbergen so fest beschlossen hatte: wenigstens so lange, bis meine Umstände eine glückliche Wendung nähmen.*[70] Es war ein heimliches Versprechen, das sollte es nach Evas Willen bleiben, bis sie die Wiener Fabriken in einen guten Stand gebracht oder vorteilhaft verkauft und so den Unterhalt ihrer Kinder gesichert hatte. Wenn ihr das nicht gelänge und ihr Bemühen in Armut und Schulden endete, wollte sie allein bleiben. Trotz ihrer großen Liebe.

Lessing wird gelächelt haben, als sie diese überaus ehrbare, um nicht zu sagen, edelmütige Verzichtserklärung auf zukünftiges Glück abgab. Vielleicht war er auch – ein wenig – erleichtert. Bei aller Sehnsucht nach dieser Liebe und dem gemeinsamen Leben, er hatte Schulden, es sah nicht danach aus, als könne er sie bald loswerden – wie sollte er eine solche Familie unterhalten? Eine Ausflucht hat er ihren Beschluss gleichwohl wenige Wochen später in launigem Ton genannt und sie damit gekränkt. Er verstand sich nicht auf ihr Geschäft, er konnte sich kaum vorstellen, wie groß und belastend die Aufgabe, die vor ihr lag, wirklich war. Erst recht nicht, wie viel Zeit sie in Anspruch nehmen würde. Ihr zäher Kampf um die Manufakturen, um den ganzen auf überwiegend fremdem Geld basierenden Besitz, war nun auch zum Ringen um ein gemeinsames Leben geworden. Die Fortsetzung, tatsächlich der eigentliche Anfang dieses Kampfes stand bevor. Doch jetzt waren Tage der Hoffnung und des Glücks.

Lessing tauchte wieder ein in den alten Kreis, konnte wieder Schach mit Büsch und Klopstock spielen, der nun der unbestrittene Dichterfürst der Stadt war, sich von Knorre im *Ratsweinkeller* im *Eimbeck'schen Haus* den Klatsch des letzten Jahres erzählen lassen, Carl Philipp Emanuel Bach treffen und auch den Verleger Bode, der gerade die Herausgabe von Klopstocks Oden vorbereitete. Er verdankte ihm Schulden und Enttäuschung, aber wie Eva König war er ihm freundschaftlich verbunden geblieben.

Er besuchte auch wieder Dr. Reimarus, wegen seiner schwachen Augen und wegen des guten Gespräches. Er kaufte wieder Bücher, eine ganze Kiste würde Eva ihm nachschicken müssen, und sicher traf er auch Matthias Claudius. Der lebte nun in Wandsbek, dem zum dänischen Territorium gehörenden Dorf vor den Toren der Stadt, und redigierte die gerade von Bode gegründete viermal wöchentlich erscheinende kleine

Zeitung *Wandsbeker Bote*. Sie war noch unbekannt, ein mageres Blättchen auf vier Seiten aus schlechtem Papier, drei für Nachrichten, eine für Literatur. Die Beiträge erschienen anonym, sie sollten mit launiger Literatur, Rezensionen und deutlichen Kommentaren mit deutlicher Meinung gefüllt werden, ihr Prinzip folgte einer Mischung von Weisheit, Vernunft und Toleranz. Wenn man die Bedeutung des *Wandsbeker Boten* an der Auflage misst, wurde er nie groß, gleichwohl gehörte er zu den angesehensten Blättern des späten 18. Jahrhunderts, bis zu seinem Ende nach nur knapp fünf Jahren sollten dort nahezu alle veröffentlichen, die in der aufklärerischen Literatur und Publizistik dieser Zeit einen Namen hatten. Im Übrigen war auch Claudius heftig verliebt und wurde wieder geliebt. Leider war Anna Rebecca Behn, die Tochter eines Wandsbeker Gastwirts und Zimmermanns, erst sechzehn, die Ehe musste noch ein Jahr warten. Was gut war, er hätte sie jetzt sowieso nicht ernähren können. Was wiederum einerlei war, die Sorge ums tägliche Brot blieb auch in Zukunft ihr steter Gast. Das Glück ihrer 43 Jahre währenden kinderreichen Ehe hat das nicht geschmälert.

Nach zwei Wochen brach Lessing zu seinem zweiten Vorhaben in diesem Urlaub auf. Er fuhr, begleitet von dem Ehepaar Knorre, nach Berlin, um mit dem Verleger Christian Friedrich Voß die Herausgabe seiner *Vermischten Schrifften* vorzubereiten. Und um die Freunde aus den früheren Jahren und seinen jüngeren Bruder Karl zu treffen – dem er von der ansonsten geheimen Verlobung berichten wollte –, um wieder einmal in den gelehrten und so munter ›herumschwärmenden‹ Berliner Kreis einzutauchen. Er wurde freudig empfangen, war ›belagert‹ und jeden Abend lange in Gesellschaft, er hatte das Eheversprechen der einzigen Frau, von der er es je hatte haben wollen: Es waren ungemein vergnügte und stolze Tage. Nun schien alles möglich. Er dachte stündlich

Friedrich Gottlieb Klopstock, 1798

an Eva – und schrieb erst kurz vor seiner Rückreise. Wenigstens war es ein echter Liebesbrief – passagenweise. Er schloss mit den Worten: *Ich umarme und küsse Sie tausendmal, meine liebste, beste, einzige Freundin!*[71]

Sicher hat er auch an sie gedacht, als er sich von Anton Graff malen ließ, denn für Eva war das Porträt gedacht. Der Hofmaler und spätere Lehrer an der Kunstakademie in Dresden war alle Jahre auf Reisen, porträtierte, auch in den damals so beliebten Miniaturen, Damen und Herren des Adels, des wohlhabenden Bürgertums und zahlreiche Vertreter des deutschen Geisteslebens. Er fühlte sich wohl in den Kreisen der gelehrten Aufklärer. Von den Lessingporträts ist seines das bekannteste, es verkaufte sich auch in Kopien und als Kupferstich gut. Das Brustbild zeigt ihn im roten Samtrock, das Haar nach der Mode gepudert und leicht toupiert, an den Seiten eingerollt und im Nacken gebunden, der Blick verrät im gelassenen Ernst einen zufrieden wirkenden Mann. Lessing fand es gelungen, seine überlieferte Frage, ob er denn so verteufelt freundlich aussehe, spricht nicht vom Gegenteil.

Eva musste inzwischen den Tod ihrer Mutter betrauern, der sie tief traf, und wartete umso verzagter auf Post. Die kam, aber wieder war es die falsche. Der Brief war nicht aus Berlin, sondern aus Österreich und enthielt deprimierende Nachrichten. Vom günstigen Verkauf der Fabriken, mit dem sie schon sicher gerechnet hatte, wurde ihr von einem Geschäftsfreund, der sie wie zuvor Engelbert beraten hatte, abgeraten. Ein neues österreichisches Mandant über die Zulassung ›Fremder‹ im Handel senkte den Wert der Manufakturen so sehr, dass sie bei einem Verkauf Gefahr lief, anstatt Gewinn noch mehr Verlust zu machen und das Letzte zu verlieren, das sie besaß. Trotzdem waren die vier Wochen, die Lessing nach seiner Rückkehr aus Berlin noch in Hamburg bleiben konnte, bei allen Sorgen glückliche Tage.

Ihm gelang nun auch sein drittes Vorhaben. Während seiner Hamburg-Jahre hatte Lessing sich um die Aufnahme in die Freimaurerloge *Absalom* bemüht. Deren ›Meister vom Stuhl‹ war sein damaliger Kompagnon Bode, doch der hatte – bei aller Freundschaft – abgelehnt: Für einen Mann von so feurigem Charakter wie Lessing gehe die Arbeit in den Logen noch zu langsam voran. Das war eine großzügige Auslegung der Realität. Tatsächlich hatte die Loge ihre Arbeit eingestellt und konnte keine neuen Brüder annehmen. Die Freimaurerei führt ihre Wurzeln auf die mittelalterlichen Bauhütten der Kathedralen zurück. Die moderne Form war in England aus der Aufklärung entstanden, in den Logen wollten sich Männer über ständische, politische und christlich-religiöse Grenzen hinweg zu praktizierter Humanität und Toleranz verbinden, durch Rituale und Erkenntnis zu besseren Menschen werden und entsprechend in die Gesellschaft hineinwirken. Doch zumindest in den deutschen Logen fanden fast ausschließlich Männer der oberen Gesellschaftsschichten zusammen, wohlhabende Kaufleute, Beamte, Gelehrte, Offiziere und – das war der einzige Sprung über die Standesgrenzen – Adelige, sogar regierende Fürsten und Könige. Die erste deutsche Loge war 1737 in Hamburg gegründet worden, die *Loge d'Hambourg.* Inzwischen hatte sie sich in *Absalom* (später *Absalom zu den drei Nesseln*) umbenannt und der neuen Richtung der so genannten Strikten Observanz angeschlossen, die ihr von Mystizismus und Ritterritualen bestimmtes System auf die Templer zurückführte. Die Rituale waren zu ›Ritterspielen‹, die Mitgliedschaft auch zum Vehikel für Vetternwirtschaft verkommen. Schließlich war die Arbeit vorübergehend eingestellt worden. Kein Wunder, wenn Bode das dem für seine scharfen Analysen und beißenden Kritiken bekannten Lessing vorenthalten wollte. Der hatte in der Wolfenbütteler Bibliothek zahlreiche Werke über die

Freimaurerei gefunden und studiert und hielt schon einen Entwurf für eine Veröffentlichung über die Freimaurerei bereit. Ob aus Neugier, deren Geheimnisse zu erfahren, auch über ihre zwischen den Richtungen umstrittenen Ursprünge, oder aus dem Bedürfnis nach Zugehörigkeit zu einem Zirkel eingeschworener Männer – am 14. Oktober ließ er sich zum Freimaurer in der Loge *Zu den drei Rosen* annehmen.

Wahrscheinlich hatten zwei seiner Freunde, die schon Mitglieder waren, als Vermittler fungiert, der Münzrat Otto Heinrich Knorre und der Schauspieler Konrad Ekhof. Es war nicht die beste Loge, an die er da geraten war. Ihr Gründer und Meister vom Stuhl war der ehemalige preußische Hauptmann Georg Johann Freiherr von Rosenberg, ein Mann von undurchsichtigem Ruf. Er war gebildet, charmant, eitel, seine Gegner verbreiteten, er führe die hohen Aufnahmegebühren neuer Brüder nicht der Loge zu, sondern der eigenen Kasse, was nicht ganz unwahrscheinlich war. Die neue Zugehörigkeit des berühmten Lessing (dem sogar die Aufnahmegebühr erlassen worden war) rechnete er sich als großen persönlichen Erfolg an und betrachtete sie als beste Werbung für seine Sache. Mit der Aufnahme wurden Lessing gleich alle drei erreichbaren Grade, Stufen der Erkenntnis, zuerkannt: Lehrling, Geselle, Meister – ein Verfahren gegen die Regeln und eine seltene Ausnahme, die gewöhnlich nur fürstlichen Brüdern gewährt wurde.

Es heißt, Lessing habe schon bei der Aufnahmezeremonie enttäuschende Langeweile und Ernüchterung gefühlt. Die umgehend erfolgte mahnende Erinnerung, er habe Verschwiegenheit gelobt, was einem Verbot jeglicher Veröffentlichung seiner Erkenntnisse über die Freimaurerei entsprach, tat ein Übriges. Wie viele engagierte Aufklärer war Lessing nun Freimaurer – aber er war es nur auf dem Papier. Mag sein, dass er wirklich trotzdem oder gerade deshalb die Gründung einer eigenen Loge in Wolfenbüttel plante, wahrscheinlicher war diese Ankündigung Rosenbergs nur ein Versuch, seinem Karrierehimmel einen weiteren Glanzpunkt hinzuzufügen. Lessing wird nach seiner ersten Enttäuschung wenig Interesse an einer eigenen Gründung gehabt haben. Umso weniger, als es in Braunschweig schon Logen gab, die vom Fürstenhaus unterstützt wurden. Wahrscheinlich der Herzog selbst, zumindest drei seiner Söhne waren aktive Logenbrüder – im konkurrierenden System der Strikten Observanz. Lessing hat sich weiter intensiv mit der Freimaurerei beschäftigt, eine Logensitzung hat er nie wieder besucht. Seine Schriften *Ernst und Falk. Gespräche für Freymäuerer* wurden erst 1778 und 1780 anonym veröffentlicht.

Ob er nur mit Knorre und Ekhof und zuvor in Berlin mit dem länger vertrauten Freund, dem Verleger Christoph Friedrich Nicolai, über die Freimaurerei und seine Enttäuschung gesprochen hat? Obgleich in den Briefen davon nie die Rede war, ist anzunehmen, dass auch Eva von diesem für ihn so wichtigen Schritt gewusst hat. Andererseits war das Männersache, und er hatte ihr bei seinem Besuch auch nicht erzählt, dass er an einem neuen Trauerspiel arbeitete. Das erfuhr sie erst nebenbei, ohne Inhalt und Titel, als das Manuskript Wochen später schon in der Druckerei war.

Lessing kehrte froh nach Braunschweig und Wolfenbüttel zurück. Er nahm die Liebe und Wärme mit, die er bei Eva König gefunden hatte, und die Erholung von Geist und Seele, die das anregende städtische Leben einem in der Abgeschiedenheit lebenden unruhigen Geist gibt.

Selbst in seiner ›Burg in Wolfenbüttel‹ fühlte er sich wieder vergnügt und leichten Sinnes. *Freilich würde ich unendlich vergnügter sein, wenn meine Einsamkeit durch den Umgang der einzigen Person belebet würde, nach deren beständigem Umgang ich jemals geseufzet habe. Aber schon die Hoff-*

nung, dass mir dieses Glück noch aufgehoben, macht mich
vergnügt; und soll man darum missvergnügt sein, weil man
nicht so vergnügt ist, als man zu sein wünschet?[72]

Abgesehen von den Wochen vor der Hochzeit, gingen niemals in all der Zeit, in der sie einander nur vermittels Feder,
Tinte und Papier nah sein konnten, so oft Briefe hin und her
wie in dem nun folgenden Winterhalbjahr. Bis zu Evas zweiter Abreise nach Wien in den ersten Märztagen 1772 waren
es 38. Wenn beide auch das Sie stets beibehielten, wie es in
vielen nahen Beziehungen üblich war, klangen nun Vertrautheit, Zärtlichkeit und frohe Zuversicht aus den Zeilen; aus
Lessings noch mehr als aus ihren. Er baute froh auf ihr ›einziges Wort‹ und war überzeugt, dass es auf immer gelte‹ Kein
Anflug von Angstschweiß mehr, kein Wort von Atemnot.
Eva war nun 35, Lessing 42 Jahre alt, da war keine jugendliche Schwärmerei, da war eine tiefe, erwachsene Liebe.
Wenn sie auch gegen alle Vernunft sein mochte.

Nun betraf es ihn genauso wie sie, jetzt erfuhr er auch stets
vom Stand ihrer Geschäfte. Für Eva König, die Kauffrau, begann ein aufregender Winter, eine Zeit existenzieller Entscheidungen, eine Berg- und Talfahrt zwischen Zuversicht
und Sorge. Wahrhaftig eine neue Prüfung ihrer Stärke.

Aber da blitzte endlich so etwas wie Kampfgeist und Unternehmungslust auf. Besonders, nachdem Lessing auf dem
Umweg über den kaiserlichen Gesandten in Berlin, Gottfried
van Swieten, eine Anfrage erreicht hatte, ob er ›unter vorteil-
haften Bedingungen‹ bereit wäre, eine Stelle in Wien anzunehmen. Eine kryptische Anfrage. Genaues sollte erst mitgeteilt werden, wenn er sein Interesse bekundet hatte. Lessing
in Wien? Plötzlich taten sich ganz neue Möglichkeiten auf.
Falls er dort ein ihm angenehmes Amt fände (sehr gern, aber
keinesfalls am Theater! wusste er und schrieb das auch nach
Wien; nur als unmittelbare Anstellung beim Hof! riet sie)

und sie würde die Fabriken weiterführen, zumindest die kleinere für die Tapeten – das mochte ein gutes Leben sein.

Alsdann würden Sie finden, versicherte sie ihm froh und eifrig am 20. November 1771, als sei die Sache schon verabredet, *wie allgemein Sie dorten beliebt sein würden; denn bei persönlicher Bekanntschaft leiden Sie keine Gefahr. Und man ist jetzt schon so sehr für Sie eingenommen, was wird man dann nicht sein! Wenn es die Vorsehung so lenkte, dass ich mein W.* [Wiener] *Geschäft beibehalten könnte! – Doch ich will nichts wünschen; es wird ohne mein Wünschen alles so kommen, wie es kommen soll.*[73]

Es war eine nur vage Aussicht, aber doch eine Aussicht, die Evas Zuversicht ungemein stärkte. Die Akademie der Wissenschaften, die der Kaiser in Wien gründen wollte, schien Lessing schon lange ein verlockendes berufliches Ziel. Falls Eva wieder nach Wien reise, solle sie sich bis zum Frühjahr gedulden, schlug er erwartungsvoll vor, dann könnten sie vielleicht gemeinsam reisen.

Wenn sie ihr geschäftliches Ziel erreichen wollte, brauchte sie jetzt Hilfe. Auch ihr ältester Bruder Johann Georg Hahn, dem sie als Vertrautem und größtem Gläubiger ihre Bilanzen schickte, empfahl, sie möge sich einen in so großen Unternehmungen erfahrenen Ratgeber in Hamburg suchen. Seinem anderen Vorschlag, alles rasch zu verkaufen und mit den Kindern zu ihm nach Heidelberg zu ziehen, mochte sie keinesfalls folgen. Das wäre einfach gewesen. Niemand würde ihr verübeln, wenn sie, die schwache Frau, die Witwe und Mutter, einfach aufgegeben und sich in den Schoß der Familie geflüchtet hätte. Das war eine Lösung, die für sie nicht in Frage kam. Nicht für sich und ihre Kinder, und was sollte dann aus den Männern und Frauen werden, die ihr verstorbener Mann mit dem Versprechen auf eine gute Zukunft ins fremde Wien geholt hatte? Ihre Brüder sorgten sich und trauten ihr wenig zu. Auch David, der Professor, dem sie sich am nächsten fühlte. Seine Versicherung, er werde sie lebenslang unterstützen, wenn sie in Armut gerate, deprimierte sie, bevor sie sich über seine Fürsorge freuen konnte.

Was sie nun brauchte, war nicht die Vision von der armen Verwandten, die mit ihren Kindern den Brüdern auf der Tasche liegt, sondern Unterstützung eines versierten Großkaufmanns, der sich mit Krediten und umfangreichen Auslandsgeschäften auskannte. Und, das nicht zuletzt, verschwiegen war. Der junge Kaufmann August Gottfried Schwalb hatte sie bei der ersten Ordnung der Geschäfte und der Regelung des Nachlasses Engelbert Königs unterstützt und beraten, so engagiert, dass sie ihm später, als sie Hamburg für immer verließ, Lessings Porträt von Anton Graff für seine Gemäldesammlung schenkte. Doch Schwalbs Kenntnisse reichten nun nicht mehr. Johannes Schuback dagegen schien ihr genau der Richtige. Sie kannte ihn nicht persönlich, aber er war wie einst Engelbert König Mitglied der *Patriotischen Gesellschaft*, stand der einflussreichen Commerzdeputation vor und machte bedeutende Geschäfte mit Österreich und den zur österreichischen Krone gehörenden Ländern; er war auch dort als ehrenwerter Mann bekannt und verfügte über weit reichende Verbindungen.

Er erklärte sich sofort bereit, ihr zu helfen, und sie fand in ihm einen klugen unermüdlichen Ratgeber. Sein Engagement ging weit über ihre Erwartungen hinaus und rührte sie tief – wenn sie auch nicht immer seiner Meinung war und nicht immer nach seinem Rat handelte. Besonders, als Schuback die Situation der Fabriken in düsteren Farben malte, als ein dem Lotto vergleichbares Glücksspiel, das man am besten rasch loswurde. Solche Ängste hatte sie selbst, und mit den Chancen im Lotteriespiel kannte sie sich bestens aus, doch nun, da sie die gleichen Zweifel von dem als edel und rechtschaffen erlebten Mann hörte und obwohl sie ihm blind vertraute, wuchs ihr Mut zu eigenen Entschlüssen. Seinen weiteren Vorschlag, ›das Werk in Actien zu setzen‹, einige zu behalten und sich *für die Aufsicht über die Fabrik ein Ansehnliches auszubedingen*[74], kam ihren eigenen Vorstellungen schon näher. Die Aufsicht über ihre Fabriken – die Vorstellung, Prinzipalin zu bleiben, selbständige Unternehmerin, gefiel ihr immer besser.

Worin Lessing, ganz gegen seine Einsicht, von diesen Dingen nichts zu verstehen und wie der Blinde von der Farbe zu reden, sie bestärkte. Er stelle sich vor, schrieb er, sie könne erst in Wien endgültig entscheiden. Herr Schuback sei unstreitig ein sehr ehrlicher und mit diesen Angelegenheiten zutiefst vertrauter Mann, er möge sie jetzt aber mit solchen Bedenklichkeiten verschonen. Der Verkauf sei sicher das Klügste, aber zu viel aus Kleinmut zu opfern …

Der Druck auf Eva nahm zu. Zwar schrieb Hornbostel, ihr Wiener Faktor, der Absatz der Waren erhole sich, es gehe voran, doch nun meldeten sich die ersten Gläubiger, wenn auch zumeist in freundlichem Ton. Mit Rat und Hilfe ihres Mentors Schuback gelang es überraschend leicht, weiter Frist zu bekommen. Mehr noch, sie seien alle voller Freundschaftsversicherungen, Bereitwilligkeit und Vertrauen, ließ sie Lessing wissen. Auch von ihren Brüdern kam wieder Hilfe. Der wohlhabende Johann Georg bot ihr *einige tausend Mk.*[75] zur Deckung einer Finanzlücke an und erbot sich, Theodor, ihren ältesten Sohn, für einige Jahre zu sich zu nehmen. *Dieser Bruder*, gestand sie Lessing, *den ich nie so sehr geliebt habe, als die beiden anderen, wird mir nun der schätzbarste.*[76]

Bruder David nahm ebenso ernsthaften Anteil und zeigte nun doch Vertrauen in ihre Fähigkeiten: *Und hier wird die Hauptfrage sein: ob Du Mut hast, selbst nach Wien zu ziehen, und Deiner Fabrik vorzustehen? Ich rede von dem Fall,* *wenn sie sich nicht verkaufen ließe. Hast Du Mut und Lust dazu, so rate ich, Deine Amalia allein mit zu nehmen, und die zwei jungen Knaben einem Prediger in der Pfalz in die Kost zu geben. Um den nötigen Fond zu erhalten, möchten wohl eingerichtete Aktien am dienlichsten sein. Der Herr Schuback wird hierin viel besser raten. Hätte die Deklaration in Hamburg so keine Eile gehabt, so hätte ich Dir den Vorschlag getan, die Hälfte der Wiener Anstalt zu kaufen, unter der Bedingung, dass Du selbst dorthin ziehest. Ich habe mit bekümmertem Herzen hundert Grillen und Pläne gemacht.*[77]*

Die beiden drei und sechs Jahre alten Jungen zu fremden Leuten fern von allem und allen Vertrauten in Kost geben? Das war damals nicht ungewöhnlich, doch Eva konnte sich dazu nicht entschließen.

Im Januar stand es endgültig fest. Sie würde wieder nach Wien fahren, am liebsten mit ihrem versierten Mentor, dann konnte alles in wenigen Wochen geregelt sein, was ohne ihn vier bis acht Monate dauern musste. Das hätte Schuback sehr gerne getan, doch er war unabkömmlich. Ihr Schwager, Engelbert Königs jüngster Bruder Friedrich Wilhelm, sollte sie diesmal begleiten. Eva hätte ihn auch allein reisen lassen, doch das hielt Schuback für gar keine gute Idee. Sehr zu Recht misstraute er dessen kaufmännischen Fähigkeiten und Verlässlichkeit. Trotzdem empfahl er ihn aus der Sorge um Evas ›schwächliche Gesundheit‹ als Reisebegleiter. Das zeugt von Fürsorge, doch vielleicht unterschätzte er ihre Zähigkeit, sicher missfiel ihm die Vorstellung einer Frau allein auf einer weiten gefahrvollen Reise, allein in einer großen fremden Stadt (war das denn schicklich?) und bei so männlichen Geschäften.

Das große Hamburger Seidenlager war noch nicht aufgelöst, um ihre Hamburger Geschäfte versprach Johannes Schuback sich zu kümmern, solange sie fort war.

Der schöne Traum, gemeinsam mit Lessing auf die Reise zu gehen, zerschlug sich. Er hatte zwar von Freunden und aus den Zeitungen erfahren, dass dieser und jener nach Wien berufen worden sein solle, keineswegs Männer, mit denen er gerne zusammengearbeitet hätte, insbesondere mit Friedrich Just Riedel, dem Professor der Philosophie an der Universität Erfurt, einem erklärten Gegner Lessings (und umgekehrt). Von dem hieß es, er sei schon so gut wie unterwegs nach Wien, an Lessing erging nur wieder über Berlin die Aufforderung, *zum Besuche vors erste, nach Wien zu kommen, um mir selbst meine Bedingungen zu machen und Verschiedenes einrichten zu helfen.*[78]

Ein ärgerliches, ein unmögliches Ansinnen. Wie konnte er ohne Sicherheit von seinem herzoglichen Dienstherren Urlaub erbitten, um sich bei der Konkurrenz zu bewerben?

Eva teilte seine Meinung. Er könne keinesfalls ohne feste Zusagen und Bedingungen reisen. *Am Wiener Hof muss man seine Vorteile wahrnehmen, ehe sie einen haben; nachher hält es schwer, etwas zu erhalten, zumal da der Kaiser nichts weniger als genereux ist.*[79]

Im Übrigen schien ihnen der Mann, den beide hinter den Anfragen vermuteten, nicht gerade ein Garant für die Seriosität des geheimnisvollen Unternehmens. Joseph Alois von Sonnenfels war ein Verehrer Lessings, er hatte nach dem Vorbild von Lessings *Hamburgischer Dramaturgie* eine Theaterzeitschrift herausgegeben, die *Briefe über die Wienerische Schaubühne*, gleichwohl hatte er sich bei Gelegenheit auch auf die Seite von Lessings erklärtem Feind, dem Philologen und hallischen Professor für Beredsamkeit Christian Adolph Klotz geschlagen. Sonnenfels war Professor für Polizei- und Kameralwissenschaft an der Wiener Universität gewesen, Sekretär der Zeichnungs- und Kupferstecher-Akademie und im Sommer 1770, als Eva sich zum ersten Mal in Wien aufgehalten hatte, Theaterzensor. Sein Ideal waren geregelte deutsche Stücke, das derbe, vom Volk so geliebte Stegreiftheater war in der Wiener Innenstadt sowieso schon verboten. Er wollte das Publikum vor jeglichen schlechten Einflüssen schützen; alles, was den Staat, den Hof, die Religion angriff, verunglimpfte oder lächerlich machte, was Moral und guten Sitten widersprach, wurde gestrichen. Diese Form von Präventivzensur führte zu totaler Langeweile. Doch nicht deshalb war ihm schon nach einem halben Jahr das Amt entzogen und verboten worden, sich je wieder mit Theaterangelegenheiten zu befassen, sondern weil er eine der Kaiserin als anstößig erschienene Szene erlaubt hatte. Angeblich ging es um ein unsittliches Schnupftuch, wahrscheinlicher um eine vermeintlich taktlose Anspielung auf die Witwenschaft Maria Theresias im Lustspiel die *Matrone von Ephesus* – oder um Hofintrigen. Nun war er Mitglied der Bücherzensurkommission, ein Amt, das er mit gleicher Leidenschaft betrieb, doch nach wie vor ein Theaterenthusiast.

Eva hatte ihn kennen gelernt, er war nun Ende dreißig und von großem Ehrgeiz, er hatte ihr ›alle nur erdenklichen Höflichkeiten‹ gezeigt und sich als ›guter Freund und Gönner‹ präsentiert, sie mochte seine Frau und seine Schwägerinnen, seine Großsprechereien und Eitelkeit hingegen stießen sie ab. Später, wenn er sich noch mehr Feinde gemacht haben würde, würde sie ihn bedauern und gegen Lessings deutliches Urteil in Schutz nehmen und verteidigen. Lessing mochte ihn nicht, noch weniger, da der literarisch ambitionierte, leider wenig talentierte Sonnenfels ihm Werke aus eigener Feder geschickt hatte und Lob erwartete. Eva würde ihn und seine Familie in Wien wiedertreffen, doch das kümmerte sie nun nicht. Jetzt freute sie sich, Lessing bald wiederzusehen. Wenigstens kurz auf der Durchreise.

Am 17. Februar 1772 verabschiedete sie sich von ihren

Gustava Knorre, 1767

Kindern und verließ mit ihrem Schwager Hamburg. Sie hätte die Kinder gerne mitgenommen und nach Heidelberg in die sichere Obhut ihrer Familie gebracht, doch davon hatte Johannes Schuback abgeraten, weil es Aufsehen erregen würde. Als könnten die Hamburger Gläubiger, auch die übrigen, die eine solche Nachricht schnell erreichen würde, argwöhnen, sie sei mit Sack und Pack, mit Kind und Kegel (und Schwager) geflohen? Es wäre nicht der erste Schuldner, die erste Schuldnerin, die sich so aus dem Staub machte. Bei der ersten Reise hatte Friedrich Wilhelm König sich um seine Neffen und die Nichte gekümmert, zweifellos mit vertrautem Personal, nun musste sie ihre Kinder ohne einen Verwandten zurücklassen. Bis auf Theodor, der war in der Pfalz. Die Trennung quälte sie, doch sie sollte ja nur wenige Monate dauern, keinesfalls mehr als acht, spätestens im Herbst glaubte sie zurück zu sein.

Es erscheint heute befremdlich, dass Eva ihre Kinder nicht mitnahm oder später zu sich holte, als sie erkannte, dass ihr Fortbleiben länger dauern würde. Das hat sie mehrfach erwogen, doch die Reise war schon für Erwachsene weit und gefahrvoll, und sie nahm stets an, sie werde bald heimkehren können. Zumindest Johannes Schuback, der diese Trennung missbilligte, seine Frau sowie Evas Freundin Johanna Christina Schmidt besuchten die Kinder mehr oder weniger regelmäßig und erkundigten sich nach ihrem Wohlergehen.

Und warum hat niemand unter Evas Hamburger Freunden die Kinder bei sich aufgenommen? Das ist nur aus den Gegebenheiten der Zeit zu überlegen. Zum einen hatten die meisten selbst eine große Familie. Die Knorres zum Beispiel hatten zu diesem Zeitpunkt fünf Kinder, die Schmidts schon mindestens acht und waren zudem bald bankrott. Oder die Zinks? Sophia Zink hatte gerade ein Kind verloren und war schwer erkrankt. Zum anderen war es nicht ungewöhnlich,

Kinder Fremden anzuvertrauen. Besonders bei adeligen Familien war es sogar noch üblich, Neugeborene für die ersten Lebensjahre zu einer Amme in Pension zu geben. Manche Kinder überlebten das nur schwer oder gar nicht, wenn sie als reine Einkommensquelle behandelt wurden und die gute Milch dem Kind der Amme vorbehalten blieb. So mussten Amalia, Engelbert und Fritz für dreieinhalb endlose Jahre allein zurückbleiben, betreut lediglich vom Personal. Nur ein Name ist aus einem von Evas Briefen an ihre Tochter bekannt, Carolina. Wahrscheinlich war sie eine vertraute Dienstbotin, eine Gouvernante vielleicht. Wer auch immer die Kinder während Eva Königs Abwesenheit betreute, die Trennung und die stete Ungewissheit über das Wohlergehen von Malchen, Engelbert und Fritz müssen auch für ihre Mutter eine schwere seelische Belastung gewesen sein und der Trost, dass sie ihre Reise nach Wien auch für deren Zukunft unternahm, gering.

7

»*So geschehe denn, was geschehen soll.*«

WIEN UND WOLFENBÜTTEL

Nach drei kurzen frohen Tagen mit Lessing in Braunschweig rollte Eva und Friedrich Wilhelm Königs Kutsche durch den unwirtlichen Februar 1772 weiter nach Süden. Der erste Brief erreichte Lessing aus Rattelsdorf, einem Ort, von dem sie zu Recht annahm, dass er nie zuvor von ihm gehört hatte. Es war ein zorniger Brief, wer an Omen glaubt, könnte die darin geschilderten Erlebnisse als Vorzeichen für die nächsten Jahre erkennen.

Bis zu dem kleinen Ort eine halbe Tagesreise nördlich von Bamberg hatten Eva und ihr Schwager schon zwei Achsenbrüche überstanden, schließlich waren auch noch die Pferde durchgegangen und *über solche Graben und Hügel gesetzt, dass wir nichts anders, als den schrecklichsten Tod vor Augen sahen.*[80] Endlich waren Bauern zu Hilfe gekommen und hatten die panischen Tiere zum Stehen gebracht. Am nächsten Tag waren zwei Pferde gestürzt, eins war schwer verletzt, und der Postillion versuchte vier eiskalte Stunden es zum Aufstehen zu bewegen. Bis es gestorben war. Dann ließ er es vom Acker schleppen, besorgte kummervoll Stroh, um es zuzudecken, und Heu, falls es doch wieder erwache und hungrig sei.

Weiter ging es mit einem Pferd, das stolperte beim Durchqueren eines Flüsschens. Wieder halfen Bauern, doch der Wagen saß fest, Eva und ihr Schwager stapften eine Dreiviertel-stunde durch Februarregen und zähen Morast zum nächsten Dorf. Als es endlich weiterging, musste die Kutsche noch drei Gewässer durchqueren. Diesmal fiel kein Pferd, doch das Wasser stand so hoch, dass es jedes Mal in den Wagen drang und Insassen und Gepäck völlig durchnässte. Herr Lessing habe Recht, kommentierte Friedrich Wilhelm König das fortgesetzte Desaster, es sei wahrhaftig ein hundsföttisch Le-ben.

Fünf Tage saßen sie in einem Rattelsdorfer Gasthof fest und warteten auf frische Pferde. Sorgenvoll, denn es regnete be-ständig, und auch für die weitere Route war Hochwasser zu erwarten. Sie lasen alles, was sie in die Finger bekamen, so-gar der Herr Schwager, der sonst wenig las, und Eva vertrieb sich zusätzlich die Zeit, indem sie interessante Artikel aus der Zeitung abschrieb und den Briefen an Lessing beilegte.

Weiter ging es über Nürnberg nach Salzburg, zurück nach München und über Augsburg nach Regensburg, endlich ent-lang der Donau nach Wien. Es war eine frohe Ankunft, die Reise war nach vier Wochen überstanden, es blühte allenthal-ben und duftete schon nach Frühling. Sie wohnte nun nicht wie bei ihrem ersten Aufenthalt in der Stadt, sondern in einer Wohnung im Fabrikgebäude in der Vorstadt Wieden. Zwi-schen all den Gärten und Feldern war die Luft so frisch, kein städtisches Gedränge und Gehabe, kein Lärm übertönte den Gesang der Vögel. Trotzdem lebte es sich ›auf der Wieden‹ nicht in ländlicher Einsamkeit, es kamen viele Besucher, und bis in die Stadt war es nur ein Weg von einer halben Stunde.

Gleichzeitig mit Eva kam in diesen letzten Märztagen 1772 ein Brief aus Wolfenbüttel an. Eine doppelte Freude, denn Lessing hatte endlich sein neues Drama mitgeschickt, das bür-gerliche Trauerspiel *Emilia Galotti*, das er im vergangenen Winter geschrieben hatte. Wieder, wie zuvor in *Miß Sara*

Sampson und in *Minna von Barnhelm*, war die Titelfigur und Hauptperson eine Frau von starkem Charakter. Mit Lessings Ruf als Weiberfeind konnte da etwas nicht stimmen.

Eva las das Stück gleich in der ersten Nacht *(Ich kann Ihnen gar nicht sagen, mit wie viel Vergnügen ...*[81]*)*, aus Neugier und Interesse, aus Liebe und weil es tatsächlich für den Staatsrat Gebler bestimmt war. Sie sollte es persönlich überbringen, daran hatte Lessing sie noch einmal erinnert, möglichst bald, und sich diplomatisch erkundigen, was es mit diesen seltsamen Wiener Angeboten an ihn auf sich habe. Es sollte weder scheinen, als sei er *gar zu begierig darnach, noch auch, als ob ich gar zu abgeneigt davon wäre.*[82]

Lessing saß wie auf glühenden Kohlen. Er wollte aus seiner Wolfenbütteler Einsamkeit heraus, er wollte, er musste zurück in die Welt des geistigen Austausches und des städtischen Trubels, nicht zuletzt brauchte er endlich ein Gehalt, von dem er Frau und Kinder ohne Not ernähren konnte, und ja, das auch, er wollte gebeten werden, umworben, berufen. Keinesfalls wollte er sich selbst anbieten oder auch nur erscheinen, als bemühe er sich um einen Posten, als sei er bedürftig. Das würde er nur über sich bringen *aus Rücksicht auf eine Person, die ich mehr liebe, als mich selbst.*[83]

Aber so funktioniert die Welt nicht. Wer sich in gekränktem Stolz oder aus Furcht, sich zu zeigen und abgelehnt zu werden, unsichtbar macht, wird auch nicht gesehen.

So galt Evas erster Besuch dem einflussreichen Staatsrat. Umso lieber, als er genau der richtige Mann war, eine neue staatliche Förderung oder den Verkauf ihrer Fabriken an den Hof einzuleiten. Auch Gebler verehrte Lessing, es konnte nur förderlich für ihre eigenen Pläne sein, wenn er von der Bekanntschaft (keinesfalls mehr!) der Madam König mit ihm wusste. Gewiss noch förderlicher als die ›dreißig Empfehlungsschreiben‹, die sie aus Hamburg mitgebracht hatte.

Gebler empfing sie gern, erkundigte sich gleich und genau ›nach Lessings Umständen‹, sie übte sich in der gewünschten Diplomatie – und erfuhr nichts. Sie besuchte auch Sonnenfels und dessen Frau und Schwägerinnen, wurde freudig willkommen geheißen – und erfuhr nichts. Außer dass Riedel, der von Lessing verachtete Erfurter Professor, keine Scheu vor Unwägbarkeiten gehabt hatte und schon auf dem Weg nach Wien war. Überhaupt, ließ sie Lessing wissen, habe sie diese ersten Tage nichts als Visiten machen müssen, *verwünschte Zeremoniel-Besuche*[84], wobei die, fügte sie mit erster Ungeduld hinzu, nun ihre Geschäfte beträfen, nicht die Literatur.

Auch vom Hof hatte sie schon im Sommer 1772 ein Angebot erhalten, genau genommen war es mehr ein Vorschlag, eine Überlegung: Wenn sie bereit war, die Fabriken weiterzuführen, wollte man sie darin unterstützen, das übervolle Lager zu verkaufen und ein zinsloses Darlehn gewähren. Damit hätte sie ihre Produktion steigern und auf die begehrten Tafte und Atlasse erweitern können, wie Engelbert König es einst geplant und angekündigt hatte. Es erschien ihr, als öffne sich da die Tür, nach der sie gesucht hatte. Wenn die sich tatsächlich öffnete, wollte sie unbedingt in Wien bleiben, dann konnte sie ihr Leben selbst einrichten und bestreiten, ohne darauf zu warten, ob Lessing irgendwann in der Lage wäre, eine Familie zu ernähren. ... *ich tue es in der festen Hoffnung, einst in Ihrer Gesellschaft hier zu leben; weil ich befürchte, dass, wenn ich mich aus dem Gewerbe völlig herauszöge, ich diesem Glück für immer entsagen müsste.*[85] Sie hatte es bitterernst gemeint, als sie sagte, als arme Frau werde sie ihn nicht heiraten.

Die Mühlen der Verwaltungen und Entscheidungsträger mahlten auch damals langsam. Das Warten und Hoffen auf eine günstige Entscheidung des Hofs oder der niederösterreichischen Regierung sollte lange und vergeblich sein. Was wahrscheinlich nicht zuletzt daran lag, dass sie sofort erklärt hatte, einer Bedingung keinesfalls zu entsprechen: der Konversion zum Katholizismus. Im Reich der strenggläubigen Maria Theresia wurde niemand etwas, der sich dieser Bedingung verweigerte. Es sei denn, er (oder sie) war so märchenhaft reich wie der Bankier und Fabrikant, der finanzielle Tausendsassa Johann Fries, ohne dessen trickreiche millionenschwere Transaktionen in Österreich wenig ging. Der als bescheidener Kommis eingewanderte Elsässer wurde Ritter, Reichsfreiherr, schließlich Reichsgraf, lebte in einem prachtvollen Palais und blieb sein Leben lang Calvinist. Für eine um Subventionen nachsuchende Manufakteurin galt das nicht. Später ebenso wenig für einen Gelehrten aus Wolfenbüttel, wenn er auch noch so berühmt und genial war.

Hatte Eva bei ihrem ersten Wienaufenthalt trotz aller Sorgen und Unpässlichkeiten doch auch viele Vergnügen wie Theaterbesuche, Einladungen oder Landpartien gehabt, war sie nun ganz die Geschäftsfrau, die sich kaum Ablenkung gönnte. Sie hatte es plötzlich eilig, sie wollte zurück zu ihren Kindern, zu Lessing, sie wollte heiraten und in Wolfenbüttel ein glückliches Ehe- und Familienleben führen. Oder ihre Fabriken weiterführen, ihre Kinder nach Wien holen, Lessing als ihren Ehemann zufrieden an der Wiener Akademie der Wissenschaften sehen. Sie wollte, dass sich endlich etwas entschied. Was war quälender als diese ewige Ungewissheit? Waren die Fabriken halbwegs günstig zu verkaufen? Konnte sie die Tapetenfabrik behalten und sich als Manufakteurin in Wien niederlassen? Das nur, wenn auch Lessing dort eine Anstellung fände, die ihn befriedigte, aber nicht zu sehr einengte, die angemessen war, aber nicht zwang, ständig bei Hof Kratzfüße zu machen, die ... da waren so viele Voraussetzungen und Bedingungen, allesamt noch unberechenbar und wenig aussichtsreich.

Sie stürzte sich entschlossen und voll Zuversicht in die Arbeit. Vier Wochen lang ging sie mit ihrem Faktor Cornelius Hornbostel Punkt für Punkt die Geschäftsbücher durch. Sie hielt sich auch gern in den Arbeitssälen auf und genoss es, die Kunden in der Tapetenfabrik zu begrüßen, *und zwar alle Gattungen von Menschen, Fürsten, Grafen etc. – und ich kann dem Direktor keine größere Freude machen, als wenn ich ihm Gelegenheit gebe, mich als seine Frau Prinzipalin aufzuführen.*[86]

Nur einmal ging sie ins Theater. Es gab *Semiramis* von Voltaire, ein Stück, auf das sie umso neugieriger war, als sie es nie gesehen oder gelesen hatte, und sie ärgerte sich über die abgelegene Loge, in der sie nichts verstehen konnte. Das abschließende heroische Ballett *Theseus, oder der frühzeitige Held* des gefeierten Jean George Noverre entschädigte sie, es war vortrefflich. Niemand hatte anderes erwartet. Der französische Tänzer, Ballettmeister und Tanztheoretiker hatte das steife barocke Ballett mit Handlung, Ausdruck und echter tänzerischer Bewegung zur neuen Kunst entwickelt. Lessing hatte 1769 in Hamburg begonnen, Noverres theoretisches Werk *Lettres sur la danse et sur les balletts* zu übersetzen. Allerdings hatte er es furchtbar trocken gefunden und nach knapp hundert Seiten seinem geduldigeren Freund Bode zur Fertigstellung überlassen.

Erst später, im Juli, besuchte sie das Theater zum zweiten Mal: Lessings *Emilia Galotti* wurde am Kärntnertortheater aufgeführt. Es war ein großer, sogar ein außerordentlicher Erfolg und wurde dreimal hintereinander und bis zum Herbst weitere dreimal wiederholt. Der strenge und für Reformeifer, aber keineswegs für Humor oder menschliche Wärme bekannte Kaiser sah es zweimal und war des Lobes voll: In keiner Tragödie habe er je so viel gelacht wie in dieser. Überhaupt war viel gelacht worden, auch an Stellen, wo eher Tränen angebracht waren. Eva gefiel das Trauerspiel, aber nicht die Aufführung und die Akteure. *Den Prinzen machte Stephanie der Ältere, ich möchte fast sagen: so schlecht wie möglich. Die schöne Szene mit dem Maler, die verliert hier ihren ganzen Wert. Man (...) möchte* [zwei der Schauspieler] *mit Nasenstübern vom Theater schicken. Stephanie wird täglich affektierter und unerträglicher, besonders in seinem stummen Spiele. Was tut er zuletzt in Ihrem Stücke? Er reißt sein ohnedem großes Maul bis an die Ohren auf, streckt die Zunge lang mächtig aus dem Halse, und leckt das Blut vom Dolche, womit Emilia erstochen ist. Was mag er damit wollen? Ekel erregen? Wenn das ist, so hat er seinen Endzweck erreicht.*[87]

Nur die Huberin in der Rolle der Mutter Emilias beeindruckte sie tief in der Vollkommenheit der Darstellung. *Wenigstens ich habe in meinem Leben keine Rolle so ausführen sehen, und bei keiner das empfunden, was ich bei der empfand.*[88]

Madam Huberin, eine beleibte Matrone, war eine der gefeiertsten Wiener Schauspielerinnen. Aber auch eine eifersüchtige, Göttinnen neben sich ertrug sie nicht. Eva hatte sie im Juni kennen gelernt und sehr charmant gefunden. Das löste bei Lessing gemischte Gefühle aus. *Ich weiß nicht, ob ich Ihnen schon einmal erzählet, dass ich sie als Mademoiselle Lorenzin gekannt; ich weiß auch nicht, ob sie selbst sich dessen noch erinnert. Wenigstens sind es nahe an fünfundzwanzig Jahr, dass ich sie zuletzt gesehen, und in einer solchen Zeit kann man, glaube ich, noch vertrautere Bekanntschaften vergessen, als die unsrige gewesen.*[89]

Tatsächlich war die anmutige junge Komödiantin Christiane Lorenz einst in Leipzig seine erste Liebe gewesen, leider war sie nach Wien verschwunden und hatte ihn tief enttäuscht. Nun saß seine erste Liebe mit der Frau, die seine letzte Liebe sein sollte, plaudernd beim Tee. Ganz ehrlich klang es nicht, als er behauptete, diese Bekanntschaft sei ihm ›sehr angenehm‹.

Eva machte wieder *Aufwartungen bei den Exzellenzen*[90] und ärgerte sich über ihren ungemein trägen, überhaupt nicht hilfreichen Schwager. Er würde nicht mehr lange bleiben, sondern im November die Kutsche zurück an die Elbe nehmen. Sie würde ihn glühend beneiden, weil er bald ihre Kinder wiedersehen würde. Und auf der Durchreise auch Lessing. Aber sie würde Friedrich Wilhelm König keinen Brief an ihn mitgeben, keinen Brief an jemanden, der seit vier Monaten nicht an sie gedacht zu haben schien. War das Trotz? Das Gefühl, verlassen und gekränkt zu sein? Sie würde der Kutsche mit tränennassem Gesicht nachsehen.

Doch jetzt schrieb sie lange Briefe an ihren ›liebsten Freund‹, berichtete von neuen viel versprechenden Aussichten und von Rückschlägen, vom ewigen, zermürbenden Auf und Ab. Sie schrieb auch von dem Gerücht, Lessing habe es vor einigen Jahren abgelehnt, einem Ruf nach Wien zu folgen. Aus purem Stolz. Was nicht stimmte und die Vermutung nährte, dass jemand Lessings Berufung geschickt hintertrieb. Dafür sei Riedel aus Erfurt eingetroffen, keiner möge ihn, aber der elende Mensch bekomme für die Reise 1 000 Dukaten.

Und sie wartete auf Post aus Wolfenbüttel – in den ersten drei Monaten erhielt sie nur drei Briefe. Es sollten noch weniger werden. Sehr viel weniger.

Lessing war missgestimmt, von wütendem Trübsinn. Schon seit Wochen. Nicht einmal zur Uraufführung seines Trauerspiels *Emilia Galotti* am 13. März 1772 durch die Döbbelin'sche Gesellschaft zum Geburtstag Herzogin Philippine Charlottes war er nach Braunschweig gegangen. Wegen rasender Zahnschmerzen und der strengen Kälte. Sein Stück war ein Erfolg gewesen, aber auch der zweiten Aufführung war er trotz der Einladung vom Hof fern geblieben.

Er vergrub sich mehr denn je in seine Arbeit. Keine literarische oder philosophische, keine, die seinen Geist forderte und anregte, sondern eine ziemlich stupide, die vor allem Konzentration, Geduld und Akkuratesse erforderte. Die Bibliothek beherbergte etwa 200 000 Bände, häufig waren mehrere Titel zusammen zu einem gebunden worden. Die ursprüngliche *Bibliotheca Augusta* aus dem 17. Jahrhundert, die Sammlung des Gründers Herzog August, füllte mit 135 400 Titeln in 31 300 Bänden fast alle Regale des unteren Stockwerks. Als der Herzog 1666 starb, war seine Sammlung neben den Bibliotheken des Vatikans und des Kaisers die größte bekannte überhaupt. Seine Agenten waren in halb Europa auf der Suche nach Büchern, Drucken, Karten, Handschriften, Musikalien oder Stichen aktiv gewesen. Als zeitgeschichtliche Zeugnisse hatte er auch Alltägliches wie illustrierte Flugschriften, Zeitungen oder politische Pamphlete gesammelt, die genauso sorgfältig gebunden worden waren wie literarische und wissenschaftliche Kostbarkeiten. Seine Schätze hatte er, ein begeisterter Reiter, im Marstall untergebracht, in der Etage direkt über den Pferden, und war dort sein eigener Bibliothekar und Katalogisierer gewesen. Die Bibliothek hatte seit ihrem Bestehen Besucher aus vielen Ländern angezogen, unter ihnen zahlreiche renommierte Gelehrte.

Lessings Arbeitsplatz und fürstliche Studierstube, die große Bibliotheksrotunde, hatte erst einer der Nachfolger Herzog Augusts zu Anfang des 18. Jahrhunderts auf den alten Grundmauern des Pferdestalls und nach dem Vorbild einer Villa des italienischen Baumeisters Palladio errichten lassen. Es war ein Fachwerkbau, doch geräumig und durch die hohen Fenster in der Kuppel ungewöhnlich licht. Das Ge-

Wolfenbüttel, Herzog-August-Bibliothek,
Lesesaal, ca. 1886

bäude wurde fast so berühmt wie die Sammlung, die es beherbergte, und zum Modell für die Nationalbibliotheken in London, Paris, Wien und Berlin.

Die neueren Anschaffungen seit dem späten 17. Jahrhundert, eine immense Menge von Büchern und Handschriften aus verschiedensten Wissensgebieten, mussten neu geordnet und katalogisiert werden. Ein Mammutunternehmen, doch Lessing wollte es bewältigen, bevor der sicher erhoffte erlösende Ruf nach Wien und in das bessere Leben kam. Er hatte nur die Hilfe des Bibliothekssekretärs Karl von Cichin, der nicht nur eine undurchsichtige Vergangenheit und stets schlechte Laune hatte, sondern auch mit Vergnügen gegen den ungeliebten Herrn Bibliothekar intrigierte, und des mit eher bescheidenen Geistesgaben ausgestatteten Gehilfen Helms. Lessing biss sich an diesem Unternehmen fest. *Ich möchte nämlich*, schrieb er im Mai nach Wien, *was ich in der Bibliothek angefangen habe – und das ist nichts Geringers, als hunderttausend Bücher in eine völlig andre Ordnung bringen – gern diesen Sommer zustande haben; um vorkommenden Falls so geschwind hier abbrechen zu können, als möglich.*[91]

Eine schöne Illusion – die Arbeit würde noch viele Jahre in Anspruch nehmen, bis weit über Lessings Lebenszeit hinaus.

Er arbeitete, und kam doch bald nicht mehr voran, er fühlte sich matt und wie im Laufrad, das ganze Leben war ihm *ekel – so ekel!*[92] Und da bekomme er noch Komplimente für sein blühendes Aussehen. Am liebsten hätte er solche Artigkeiten mit einer Ohrfeige beantwortet. Evas Porträt, das sie vor mehr als einem Jahr in München hatte malen und ihm nun schicken lassen, war ihm die beste und liebste Gesellschaft in seiner Einsamkeit – es mag aber auch sein, dass dieses Bild als ständige Erinnerung an das, was er sich wünschte und nicht haben konnte, seine Seelenqual vergrößerte. Er fühlte sich immer wieder *missvergnügt, ärgerlich, wild; wider mich, und wider die ganze Welt aufgebracht*[93]. Ausgenommen, das verstand sich, das fiel ihm gerade noch ein, ausgenommen gegen Eva.

Eine Depression. Sicher, aber eine, in der er seine Wut noch brennend spürte. Und über der er schon mal den Sinn für Evas Realität verlor. Es kann ihr nicht gefallen haben, als er erklärte, im Gegensatz zu ihm habe sie ja nur Sorgen, deren Ende absehbar sei.

Selbst seine Braunschweiger Freunde, diese gebildeten, der Aufklärung und den Wissenschaften verbundenen Männer, traf er nur noch selten. Vielleicht zielte auch auf sie ein schwelender Zorn, weil sie seine Berufung nach Wolfenbüttel veranlasst, zumindest erheblich gefördert hatten. Wenn er nicht den Umgang haben konnte, den er mochte, zog er es vor, gar keinen zu haben. Er wollte wieder unter Menschen, doch Besuche in Braunschweig, so fand er, halfen ihm nicht: *Besuche sind kein Umgang; und ich fühle es, dass ich notwendig Umgang, und Umgang mit Leuten haben muss, die mir nicht gleichgültig sind, wenn noch ein Funken Gutes in mir bleiben soll. Ohne Umgang schlafe ich ein, und erwache bloß dann und wann, um eine Sottise zu begehen.*[94]

Der Mann, der sonst für seinen Witz und Charme, für seine Klugheit und Unterhaltsamkeit in allen Salons so gerne gesehen war, kann in dieser Zeit wahrhaftig kein angenehmer Gesellschafter gewesen sein.

Lessing steckte fest, und der Käfig, in dem er sich gefangen fühlte, war nicht einmal aus Gold. Er fühlte sich, als staube sein Geist ein. Er hatte immer ein freier Mensch sein wollen, der keinem Herren dient, ein Schriftsteller, der niemandem nach dem Maul reden muss, er hatte erfahren, dass das eine schöne Utopie ist, die erfrieren und verhungern lässt, und ein Amt angenommen. Aus doppeltem Grund: für sich und für die Zukunft mit der Frau, die er liebte – für sein schönes Leben. Daran war nur verkehrt, dass sein Arbeitsplatz abgelegen und er einer war, der es mit sich selbst nicht lange aushielt. Man kann auch am gedeckten Tisch im warmen Zimmer verhungern und erfrieren.

So kehrten bald alte Pläne und Träume zurück, alte Auswege. Fluchtwege. Italien. Wieder einmal Italien. Er war nun drei Jahre in seinem Amt, es war nur angemessen, wenn der Herzog ihm die bei seiner Anstellung ausbedungene Italienreise gewährte. Nicht gleich, er wollte die Bibliothek in guter Ordnung zurücklassen, aber im Frühjahr, dann gewiss. Das war eine gute Aussicht, denn der Weg nach Italien führte über Wien. Vielleicht, wenn er erst selbst dort wäre, fügte sich doch etwas. Und wenn nicht: *So habe ich mich doch wieder mit Ihnen, meine Liebe, besprochen, und ich weiß, woran ich bin.*[95]

Da also saß eine Wurzel des Übels, der Wut, der Mattigkeit: Er zweifelte an ihrem Versprechen und fühlte sich im Stich gelassen. Was hatte er als Beweis für Evas Liebe erwartet? Dass sie ihre Ziele, ihre Pflichten und Aufgaben vergaß, die Gläubiger, die Schulden bei ihren Verwandten, die Versorgung der Kinder und ihre eigene? Dass sie nicht tat, was sie tun musste, weil er sein Leben nicht ertrug? Weil er wollte, dass sie es für ihn glücklich mache? Ein begreiflicher Wunsch, besonders für einen, der liebt, den sie jedoch nicht erfüllen durfte und konnte. Auch wenn sie es noch so gerne getan hätte.

Die Briefe, die Eva aus dieser Zeit von Lessing erhielt, sind seltsam, sie folgen alle dem gleichen Muster: Sie beginnen mit Zorn, Überdruss, Krankheitsklagen, Selbstmitleid, Verachtung gegen die Menschen und die Welt, um plötzlich zu Versicherungen seiner Liebe zu wechseln, zu Fragen nach ihrem geschäftlichen Fortkommen und guten Wünschen für ihr Wohlbefinden, zu Nachrichten von gemeinsamen Bekannten, zu Erklärungen und Bitten um Nachsicht für sein Klagen. Und für seine Säumigkeit im Briefeschreiben, das auch. Es sind lange Briefe von der Vehemenz eines Wildwassers, das sich durch eine zu enge Schlucht Bahn brechen muss, bis seine zornige Wucht verbraucht ist und es in ein breiteres, ruhigeres Flussbett münden kann.

Lange Briefe. Säumigkeit. Vor allem Säumigkeit. Monate vergingen, mal zwei, mal drei, mal sogar vier, bevor die nächste Post aus Wolfenbüttel in Wien eintraf. Eva sorgte sich, er habe sie vergessen, sie fürchtete gar, er sei tot. Dann hoffte sie, er schreibe nicht, weil er in Hamburg sei, weil es ihm dort gut gehe und er auch nach ihren Kindern sehe. Das hatte er doch angekündigt. Wenn sie das dachte, beneidete sie ihn. Aber er machte sich nie auf die gar nicht so weite Reise, um die Kinder zu besuchen, deren Gesellschaft er so sehr schätzte, weder Eva zuliebe noch in der Pflicht als Pate des jüngsten.

Auch ihre Briefe wurden seltener. Sie kränkelte wieder, die Arbeit und die lästigen Visiten ermüdeten sie zu sehr, und sie mochte nicht schreiben, wenn er nicht geschrieben hatte. Jedenfalls nicht zu oft. Immer noch war da diese überflüssige Sorge, ihn zu sehr mit ihren eigenen Kalamitäten und diesem ewigen Hin und Her zu bedrängen. Lessing kämpfte sich durch eine Zeit seelischer Not, aber auch Eva brauchte seelische Unterstützung, als Manufakteurin, als besorgte Mutter, als die von ihrem Liebsten getrennte Frau. Auch sie war trotz aller Besuche und Besucher einsam in der Fremde – vielleicht hatte sie sich doch in den falschen Mann verliebt. Und er sich in die falsche Frau.

Sie lebte nun gleichsam in einer Zwischenwelt. Sie ging ihrer Arbeit nach, das war ihre Gegenwart, die nicht zu leben war, sondern zu bewältigen, zu überwinden; das Leben und alles, was ihr wert und lieb war, befand sich weit entfernt oder lag in der Zukunft. Im vagen Reich der Erwartung.

Bei aller Unternehmungslust und allem kaufmännischen Ehrgeiz, mit denen sie ihr Erbe angetreten hatte, war diese Arbeit ihr jetzt zuerst Pflichterfüllung. Muße und Vergnügen, erst recht die Rückkehr zu ihren Kindern, das gemeinsame Leben mit dem Mann, den sie liebte, durfte sie sich erst nach erfüllter Pflicht erlauben. Wenn man einen der beiden überlieferten Briefe an ihre Tochter liest (ein dritter richtete sich mit Neujahrsgrüßen an alle in Hamburg lebenden Kinder), glaubt man das Kind Eva Katharina zu sehen, das in einem frommen, arbeitsamen Kaufmannshaushalt zu steter Tätigkeit und Pflichterfüllung ermahnt wurde. Der Brief ist undatiert, wahrscheinlich schrieb sie ihn im Sommer 1772:

Meine liebe Tochter,

Das Verlangen welches Du äußerst mich bald wieder zu sehen, ist bey mir ebenso groß, und vielleicht noch größer als bey Dir. Die Zeit wird wills Gott! auch kommen; und wenn ich euch dann nur gesund und brav finde, so werden alle die unangenehmen Stunden so ich hier zubringe reichlich ersetzt seyn. Sey fromm und ermuntere Deine Brüder es auch zu seyn, so wird Gott, der bisher so reichlich für uns gesorgt hat, ferner unser Beystand und Vater seyn. Er verläst die nicht, die Ihn fürchten und lieben.

Sage der Carolina, die Mama hätte geschrieben, sie sollte Dich auch fleißig arbeiten lassen, damit Du Dich indessen nicht zum Müssiggang gewöhnest. Man ist nicht glücklicher, als wenn man von Jugend auf lernet, seine Zeit nützlich anzuwenden, es bewahrt uns unser gantzes Leben hindurch für die Langeweile, die gar oft schlimme Folgen nach sich ziehet. Denn Wer seine Zeit nicht gut anzuwenden weis, wendet sie oft schlecht an. – Was liest Du denn nun? Dieses und ob Du Dich ans gerade gehen gewöhnest? sage mir aus-

Brief Eva Königs an ihre Tochter Maria Amalia,
vermutlich Sommer 1772

drücklich, wenn Du wieder schreibest. – Ich küsse Dich und
Deine Geschwister (…) und bin stetshin
   Deine

      treue Mutter E. C. K.
An alle guten Freunde mache mein Compliment.[96]

Die Fabriken liefen nicht ganz so gut wie erhofft, aber doch wieder besser; seit sie sich selbst um die Geschäfte kümmerte, standen sie sogar ›im Flor‹. Nach ihrem ersten Besuch 1770/71 hatte Faktor Hornbostels Engagement nachgelassen, er hatte ›auf unbedachtsame Art‹ gewirtschaftet und nur das getan, was ihm ›bequem‹ war. Womöglich schon in der Überlegung, den Wert so weit zu senken, dass er die Manufakturen um die geringe Summe, die ihm zur Verfügung stand, selbst kaufen konnte. Ein nahe liegender Gedanke, den Eva aber nicht mitgeteilt hat.

Ihr Ratgeber Johannes Schuback drängte wieder aus Hamburg, sie solle endlich rasch alles verkaufen, egal, was dabei herauskomme. Das ärgerte sie ungemein, so stellte sie sich ihre Aufgabe nicht vor. Sie konnte ihre Fabriken doch nur mit dem nötigen Gewinn zur Begleichung aller Kredite verkaufen. Schließlich zumindest um ihren *rechtschaffenen Verwandten Genugtuung zu verschaffen, wenn ich auch bloß für sie arbeiten, und unterdessen Wasser und Brot essen sollte.*[97]

Ach, die Familie. Hort der Sicherheit und Ort des Gehorsams, der erwarteten Willfährigkeit. Sie war nun 36 Jahre alt, und immer noch zählte zu ihren größten Sorgen, den (vermeintlichen) Erwartungen ihrer Familie zu genügen. Eine sehr weibliche Angst. Auch Lessing entsprach nicht den Erwartungen seiner Familie, das hatte er nie getan, nun weniger denn je. Für seine ärmlich und oft nur von geborgtem Geld lebende Mutter und Schwester in Kamenz erschien er als einer, der es geschafft hatte, als ein Mann mit bedeutendem Amt und gutem Gehalt samt freier Wohnung und Feuerholz, er lebte in einem Schloss, hatte einen Bedienten und einen Sekretär – und schickte ihnen trotz ihrer Not kein Geld? Ganz sicher quälte ihn auch das: nicht der dringend nötige Unterstützer sein zu können, nicht das, was ein Mann sein muss. Offenbar gelang es ihm aber besser als Eva, das als Schuld und Schuldigkeit auszublenden. Obwohl er seine Mutter seit acht Jahren nicht mehr besucht hatte und nun drei wahrhaft drängende Bittbriefe von ihr erhielt, ließ er sie in dieser dunklen Zeit mehr als zwei Jahre ohne jede Antwort.

Kummer bereitete Eva auch Theodor, ihr ältester Sohn. Er lebte verlässlich versorgt bei ihrem Bruder, doch litt er seit langem schon an einem ›Schaden am Fuß‹, der sich nun stetig verschlimmerte, und sie zweifelte, ob es in Heidelberg einen guten Arzt und ›geschickten Chirurgen‹ gebe.

Zum Ende dieses Jahres 1772, als sie gedacht hatte, längst wieder glücklich zu Hause zu sein, musste sie ihre teure Hamburger Wohnung auflösen, den heimatlichen Ort, wo sie viele glückliche Jahre verbracht hatte. Wieder kam der unermüdliche Johannes Schuback zum Einsatz. Betten und Schränke wurden verkauft, alles andere lagerte er in seinem Haus ein. Aber: *Wo meine andern Kinder hinkommen werden, wenn die Haushaltung nun aufgehoben wird, weiß ich auch noch nicht. Der Professor besteht darauf, ich soll sie nicht hierher nehmen; sondern in der Pfalz in Kost geben. Sobald ich aber dies tun müsste, so wünschte ich lieber heut als morgen aus der Welt zu sein. Ich weiß, was mich die Trennung jetzt schon kostet, vielmehr, wenn ich mich auf immer von ihnen trennen sollte.*[98]

Es ist nicht bekannt, wer die Pension der Olimpe Henriette Molinié als neue Bleibe für die Kinder ausgesucht hat. Johannes Schuback, der heimgekehrte Friedrich Wilhelm König, Evas Freundinnen? Jedenfalls glaubte Eva sie dort in guter

Obhut zu wissen. Ob es ihnen bei Madame Molinié und ihrem Mann tatsächlich gut ergangen ist, ist ungewiss – nein, es ist zu bezweifeln. Selbst wenn tradierten Familiengerüchten wie einem, nach dem die Kinder dort seelisch und körperlich gelitten hätten, stets mit Vorsicht zu begegnen ist, musste die frühe Trennung von der Mutter, zudem so kurz nach dem Tod des Vaters, auf jeden Fall seelische Folgen haben. Erst recht mehrere Jahre in einer dieser ›Pensionsanstalten‹, die Kinder für Geld versorgten, aber nur als Ausnahme die Sicherheit einer Familie boten. Darauf lässt auch der spätere Lebenslauf der Jungen schließen.

Was wäre geschehen, wenn Eva nicht auf die ersehnte Zukunft mit dem Mann gesetzt hätte, dem sie ›aus Schwäche‹ die Ehe versprochen hatte? Wahrscheinlich hätte sie sich als Prinzipalin ihre Manufakturen eingerichtet, dazu fühlte sie Lust, und endlich ihre Kinder nach Wien geholt, sie wäre nicht mehr so häufig krank gewesen und hätte schließlich ein ruhiges Leben in bescheidenem Wohlstand geführt. Vielleicht hätte sie wieder geheiratet, einen freundlichen Mann, klug auch und gebildet, mit einem dummen hätte sie nie leben können. Doch bei aller Zurückhaltung war sie eine leidenschaftlich liebende Frau – und sie liebte nun mal diesen komplizierten Herrn Lessing.

Der hatte sich mit dem Jahreswechsel erholt und war wieder aus seiner einsamen Düsternis hervorgekrochen. Vielleicht angestoßen durch Evas tief besorgte Appelle, er solle unbedingt wieder unter Menschen gehen, am besten das Schloss verlassen und auf einige Zeit in Braunschweig leben, vielleicht wegen der belebenden Vision Italien, diesem schönen Ausweg. Auf dem *Großen Weghaus*, dem Gasthof und liebsten Treffpunkt mit seinen Freunden in Stöckheim auf halbem Weg nach Braunschweig, feierte er im Januar 1773 höchst vergnügt die Hochzeit seines Freundes Just Zachariä, ein herrliches Fest bis in den nächsten Tag, *niemand ist zu Bette gegangen, als Braut und Bräutigam.*[99] Er meldete noch eine weitere Heirat nach Wien. Auch sein alter Freund Johann Arnold Ebert, wie Zachariä Professor am Braunschweiger *Collegium Carolinum*, hatte das Alleinsein satt und würde im nächsten Mai heiraten. Seine Wahl, eine um fast zwanzig Jahre jüngere Frau, billigte Lessing allerdings nicht. *Ein Mann, der wenigstens zehn Jahre älter ist als ich! das unerträglichste, naseweiseste junge Ding! Aber manchmal gönne ich es ihm, dass ihm in dem Hause, wo er so lange schmarotzt hat, der Strick über die Hörner geworfen wird. Aber manchmal denke ich doch auch, dass diese Strafe für ein fettes* [= naschhaftes] *Maul zu arg ist.*[100]

Endlich war er wieder der Alte – und fiel schnell in seine Misanthropie zurück, bis er Eva in den ersten Februartagen des neuen Jahres 1773 schließlich Erfreuliches melden konnte. Erbprinz Karl Wilhelm Ferdinand hatte ihm ein Angebot gemacht, *dass für mich, und also auch für Sie, wie ich mir schmeichle, sehr interessant ist.*[101] Der alte Hofrat und Landeshistoriker des Herzogs, Joachim Dieterich Lichtenstein, war im Januar gestorben, und der Erbprinz hatte Lessing angeboten, dessen Stelle bei entsprechender Aufbesserung seines Gehalts zusätzlich zu seinem Bibliothekarsamt zu übernehmen. Er hatte ihm für diesen Fall eine steile Karriere prophezeit, Lessing müsse aber im Herzogtum bleiben und sein Projekt, ›noch viel in der Welt herumzuschwärmen‹, aufgeben.

Offensichtlich waren die Italien-Pläne durchgesickert, und der Erbprinz fürchtete, Lessing könne ganz fortbleiben. Eine sehr berechtigte Sorge, genau das war es, was er am liebsten getan hätte – ohne die Pläne mit Eva und ohne ihr behutsames Beschwichtigen und Ratgeben wäre er längst auf und davon und wieder der unstete Literat gewesen.

Nun musste alles gut werden, die Zeit der Demütigung war vorbei. Eva sollte nur rasch ihre Geschäfte abwickeln, gar nicht mehr an Wien denken, und dann … Was da im Überschwang und männlichen Stolz, ihr endlich ein angemessenes Leben bieten zu können, gedacht und geschrieben war, ließ sich so einfach nicht verwirklichen. Schnell und leicht konnte sie ihre Geschäfte auch jetzt nicht abwickeln. Scheinbar hatte er vergessen, worum es ihr ging. Falls er immer noch glaubte, sie führe ihren Kampf nur, weil er nicht die gewünschte Karriere gemacht hatte, irrte er.

Vor allem aber: Das Angebot des Erbprinzen entsprach wohl einer festen Verabredung, doch die Realisierung ließ auf sich warten. Ließ wieder und lange auf sich warten. Das ganze Leben war ein einziges einsames Warten. Für Lessing in Wolfenbüttel, für Eva in Wien.

Meine Liebe, schrieb er Anfang April, *ich möchte rasend werden! Was werden Sie von mir denken? Ich schrieb Ihnen vor länger als acht Wochen, dass allhier etwas für mich im Werke sei, was mein künftiges Schicksal auf einmal bestimmen werde, und hoffentlich so bestimmen werde, wie ich es wünsche. Wie ich es aber wünsche, weiß niemand besser als Sie. Ich glaubte gewiss, dass keine acht, keine vierzehn Tage vergehen könnten, ohne dass ich Ihnen die völlige Gewissheit von der Sache schreiben konnte. Aber diese vierzehn Tage sind viermal vergangen, und Sie haben keine Zeile von mir gesehen. Und wenn ich Ihnen nicht eher schreiben wollte, als bis ich es so kann, wie ich gerne wollte: so könnten leicht noch einmal acht Wochen darüber hingehen; und wer weiß, ob ich Ihnen am Ende doch nicht schreiben müsste, dass ich betrogen worden.*

Möchte ich nun nicht rasend werden! Ohne die geringste Veranlassung von meiner Seite, lässt man mich ausdrücklich kommen, tut, wer weiß wie schön mit mir, schmiert mir das

Maul voll, und hernach tut man gar nicht, als ob jemals von etwas die Rede gewesen sei. Ich bin zweimal seitdem wieder in Braunschweig gewesen, habe mich sehen lassen, und verlangt zu wissen, woran ich wäre. Aber keine oder noch so gut wie keine Antwort! Nun bin ich wieder hier, und habe es geschworen, den Fuß nicht eher wieder nach Braunschweig zu setzen, bis man eben so von freien Stücken die Sache zu Ende bringt, als man sie angefangen hat. Bringt man sie aber nicht bald zu Ende, und lässt man mich erst hier in der Bibliothek und mit gewissen Arbeiten fertig werden, mit welchen ich nicht anders als in Wolfenbüttel fertig werden kann und muss, wenn ich nicht alle meine daselbst zugebrachte Zeit verloren haben will: so soll mich sodann auch nichts in der Welt hier zu halten vermögend sein. Ich denke überall so viel wieder zu finden, als ich hier verlasse. Und wenn ich es auch nicht wieder fände. Lieber betteln gegangen, als so mit sich handeln lassen!

Darf ich Sie, meine Liebe, nun noch einmal so viel bitten, dass Sie Mitleiden mit mir haben, und alle schlechte Gedanken von mir, von sich entfernen wollen? Aber notwendig müssen Sie deren haben, denn sonst hätten Sie mir längst ein paar Zeilen Nachricht von sich gegeben. (…) Wenn Sie jemals, wie ich mir schmeicheln darf, Freundschaft für mich empfunden haben: so lassen Sie mich es ja bald hören, dass Sie deren noch empfinden, und mich bedauern. Möge es Ihnen wenigstens wohl gehen! Das ist der uneigennützigste Wunsch, schmeichle ich mir, den jemals ein Freund getan. Es geht mir, wie es gehe: ich werde nie aufhören können, Sie hochzuschätzen und zu lieben.

Dero ganz ergebenster
L.[102]

Sie antwortete sofort, verunsichert und bekümmert. Sie war sicher gewesen, er sei nun wieder der Lessing, der sich erholsame Vergnügen gönnte und froh in die Zukunft sah, und nun das? Sie flehte ihn an – nein, das war nicht ihre Art, sie bat ihn inständig, seine Stelle nicht zu verlassen, bevor er einer anderen sicher sein konnte. Sie wusste längst, dass die Ämter, von denen man Miete und Brot (und vielleicht auch eine Kiste Bücher, einen Krug Wein und eine Partie L'hombre) bezahlen konnte, dünn gesät waren. Seit sie in Wien lebte und ständig Beamten und Hofleuten begegnete, wusste sie auch, dass diese Ämter nicht nur nach den Fähigkeiten der Bewerber vergeben wurden, sondern nach den besten Verbindungen und geschicktesten Intrigen.

Sie war inzwischen so schwer krank gewesen, dass sie sich fest vorgestellt hatte, sie habe die Auszehrung, und zu schwach, um zu schreiben; sie hatte wieder einen Käufer gefunden, der – gleich dem Braunschweiger Erbprinzen – für Wochen verreiste, anstatt sich zu entscheiden, und nun musste sie auch wegen Lessing ›in größter Unruhe‹ sein. *Schreiben Sie mir daher um Gotteswillen ja bald, dass Sie gesund sind, und dass Sie meine Bitte stattfinden lassen. Ich bedaure Sie ebenso sehr, als ich Sie liebe und beständig lieben werde ...* [103]

Er schrieb nicht bald und überhaupt bis zum Ende des Jahres nur noch drei Briefe. Darin umarmte er sie zwar tausendmal und war zeitlebens der Ihre – aber sonst waren es wieder die reinsten Wildwasserbriefe.

Für Eva war es ein endloses arbeitsreiches Jahr mit immer den gleichen Hoffnungen und Enttäuschungen. Mal gab es wieder einen Käufer, doch dessen Bedingungen waren unerfüllbar und rochen nach Betrug, mal gab es neue Regierungsmandate, ›Veränderungen im Kommerzialwesen‹, die einen Verkauf überhaupt erschwerten; sie hörte aus Hamburg, Lessing werde dort erwartet, sie hörte, Lessing reise nun nach Italien, Schmidt stand erneut vor dem Bankrott, er hatte seine Familie verlassen und war nach Kopenhagen gegangen (oder geflüchtet?), es hieß, er habe sogar die Kleider seiner Frau und Töchter mitgehen lassen. Und Zink, auch er ein alter Hamburger Freund, war verrückt geworden und lebte todkrank nicht mehr zu Hause, sondern in einem Dorf vor den Toren Hamburgs. Ihrem ältesten Sohn ging es schlechter, ihr Heidelberger Bruder, Vater von acht Kindern, spie Blut, der mittlere wurde ›schwächlich‹, sie hörte auch, dass jemand gegen sie am Wiener Hof intrigierte – war das nicht nur zum Davonlaufen, zum Alles-Aufgeben, egal, was dann geschehen mochte? Das hätte sie gerne getan. Doch: *Lassen Sie uns unser Schicksal so geduldig wie möglich abwarten*, schrieb sie im August an ihren ›liebsten besten Freund‹, *und unserem Glück ja keine neuen Hindernisse in den Weg legen. Dann, werden Sie sehen, gehet alles gut.*[104]

Gab es denn nie eine frohe Nachricht? Doch, auch aus Hamburg: den anderen drei Kindern ging es gut. Mehr oder weniger. Engelbert, schrieb Madame Molinié im Oktober, sei nun zu groß für ihre Pension. Engelbert, das stand dahinter, war schwierig.

Eva wurde überall gebraucht, in Hamburg, in Heidelberg, in Wolfenbüttel – und konnte nicht fort. Sie konnte ihren Kindern schreiben, für Lessing auch seidene Strümpfe stricken oder ein Rezept für Kornblumenwasser zur Stärkung seiner Augen schicken – und sich bei dem Gedanken, auch den nächsten Winter noch in Wien bleiben zu müssen, den Angstschweiß vom Gesicht wischen.

Lessing lief nicht davon, gegen alle kursierenden Gerüchte war er auch nicht unterwegs nach Italien, er vergrub sich wieder in Wolfenbüttel – wütend, hypochondrisch, vom

Leben angewidert, zutiefst beleidigt und gedemütigt. Er schrieb an niemanden, außer die seltenen Briefe an Eva, in denen er versicherte, es sei ihm unmöglich, länger ohne Nachricht von ihr zu sein. Fast ein Jahr war schließlich seit der verheißungsvollen Offerte des Erbprinzen vergangen, er hatte nie wieder davon gehört. Bevor das nicht geschah, wollte er nicht mehr nach Braunschweig gehen und Gefahr laufen, dem Erbprinzen zu begegnen, der ihn ›so bei der Nase herumgeführt‹ hatte.

Das ließ sie im Dezember 1773, am Tag vor Weihnachten, an dem sie die Trennung von ihren Kindern und die Erinnerung an ihren freundlichen ersten Mann besonders schmerzlich spüren musste, endlich mal deutliche Worte schreiben: *Unmöglich können Sie gesund sein, sonst würden Sie Lust und Kräfte haben dem aufgebrachten Wesen (das in jeder Zeile Ihres Briefes sich äußert) zu widerstehen. Es ist wahr, man hat Ihnen übel mitgespielt oder vielmehr in der Art verfehlt, wie man einen Mann, wie Sie, behandeln sollte. So lange aber die Stelle, die man Ihnen angeboten, nicht vergeben ist, solange haben Sie auch nicht Ursache, so entrüstet zu sein, als Sie sind. Dass der Bewusste schon bei dem Antrage Sie zu hintergehen gesucht haben sollte, kann ich nicht glauben (…). Eher glaube ich, dass andere Geschäfte ihn die Sache vergessen lassen, und niemand ihn daran erinnert, weil Sie es nicht tun. Und wenn es wahr ist, was mir kürzlich ein Fremder (…) erzählte: dass das Haus so sehr derangiert ist, dass es bald zu einer d. C.* [designatio creditorum, entspricht einem Konkurs] *kommen könnte, so wundere ich mich nicht, wenn Angelegenheiten dieser Art vergessen werden.*[105]

Der Fremde hatte Recht gehabt. Das Haus Braunschweig-Lüneburg-Wolfenbüttel stand kurz vor dem Kollaps seiner Staatsfinanzen und versuchte sogar, die berühmte Bibliothek an den preußischen König zu verkaufen – samt dem dazugehörigen Bibliothekar. Später, im Januar 1776, fand der Herzog einen profitableren Weg. Wie einige andere Regenten deutscher Kleinstaaten verkaufte er Untertanen als Söldner für den Kampf gegen die rebellierenden nordamerikanischen Kolonien an die englische Krone. 4700 seiner so genannten Braunschweiger Landeskinder wurden über solche Verkäufe nach Benjamin Franklins Urteil wie Vieh in die fremden Schlachten geschickt, in den Kampf englische Kolonialmacht gegen amerikanische Unabhängigkeit. Seltsamerweise scheint Lessing dieser brutale Menschenhandel nicht gestört zu haben, im Gegensatz zu vielen seiner Zeitgenossen wie zum Beispiel Friedrich Schiller oder Johann Gottfried Seume, der selbst von hessischen ›Werbern‹ gefangen und für vier Jahre als Söldner nach Nordamerika verschleppt wurde. Lessing wies Eva im Gegenteil darauf hin, dass hier vielleicht für Theodor eine Möglichkeit bestehe, in den von ihm gewünschten Militärdienst einzutreten.

Aber jetzt, auf ihren Brief mit den deutlichen Worten, folgte ein viermonatiges Schweigen von Lessing. Im März 1774 griff er schließlich wieder zur Feder und fand sein langes Schweigen selbst ›schurkisch‹. Ihrem Rat, sich unbedingt im Braunschweiger Schloss in Erinnerung zu bringen, war er jedoch nicht gefolgt. Als sie ihn wissen ließ, der pfälzische Kurfürst wolle neue Gelehrte an die Heidelberger Universität berufen, sogar ›ohne auf die Religion zu sehen‹, Professor Mayer (der Heidelberger Mathematiker und Astronom hatte Lessing einige Jahre zuvor in Wolfenbüttel besucht) werde gewiss ›mit Vergnügen die Hand dazu bieten‹, fand er den ›Einfall allerdings sehr gut‹, aber: *Allein an ihn nun zu schreiben? Mich anzubieten? Ich würde mit mehrerer Freude in den Tod gehen.*[106] Und zu was, fragte er, solle er sich denn anbieten? Ein Mensch wie er scheine, wenn er sich anbiete, überall überflüssig zu sein. *Nun leben Sie recht wohl, meine Liebe; und las-*

sen Sie mich es bald wieder wissen, dass doch wenigstens
noch ein Seele auf der Welt lebt, der ich nicht gleichgültig
bin ...[107]

Klagen! Immer Klagen! Genau das fand Eva auch.

Der Sommer 1774 verging zäh mit den immer gleichen Geschäften: Besuche bei Händlern und dem Verkauf ihrer Produkte, Geschäftskorrespondenzen, Briefe an ihre Kinder, an die Hamburger Freunde und pfälzischen Verwandten, Suche nach Käufern für ihre Fabriken und Verhandlungen mit der Kommerzkommission, mit dem Warten auf Entscheidungen. Warten, ständig warten – stets mit der immer wieder enttäuschten Gewissheit, nun wirklich bald ihr Ziel erreicht zu haben und nach Hause reisen zu können. Der Plan – die Vision – selbständige Unternehmerin zu sein, bestand nun endgültig nicht mehr. Um es konkret zu sagen: Er war gescheitert. Es war ein sehr weibliches Scheitern, denn es muss doppelt schwer gewesen sein, strikt und konzentriert das unternehmerische Ziel zu verfolgen, wenn am anderen Ende des Reichs der geliebte Mann mit unwägbaren, ständig wechselnden beruflichen Plänen und Stimmungen drohte. Oder völlig schwieg. Wenn – noch weiter entfernt – die Kinder in fremder Obhut warteten. Vielleicht hatte sie ihre Aufgabe doch unterschätzt, vielleicht hatte Direktor Hornbostel sie im Sinne eigener Interessen zu wenig oder gar falsch beraten und unterstützt. Madam König, so wurde schließlich in den Protokollen des Hofkammerarchivs vermerkt, könne ›dem Werk nicht genugsam nachsehen‹.

Trotzdem war sie irgendwann in diesen Jahren mehrfach von der Kaiserin empfangen worden, um mit ihr selbst über eine Förderung oder den Verkauf der Manufakturen an den Hof zu verhandeln. Möglicherweise hat Maria Theresia die mutige und fachkundige Seidenhändlerwitwe gefallen. Sie war selbst seit einigen Jahren Witwe, eine wahrhaft trauernde und auch – um es einmal so zu nennen – eine berufstätige Frau und Mutter. Ihr ältester Sohn, nun Kaiser Joseph II., war wie zuvor sein Vater nur Mitregent. Theoretisch und vor allem faktisch. Vielleicht haben sie von Heidelberg gesprochen (auch bei Audienzen gab es Small Talk), der Heimatstadt von Lieselotte von der Pfalz, der Großmutter des verstorbenen Mannes Maria Theresias. Auf der Heimreise von der Krönung Franz Stephans anno 1745 hatte das junge Kaiserpaar ja in Heidelberg Station gemacht. Zweifellos wird Eva, damals ein Mädchen von neun Jahren, mit ihrer Mutter und den Geschwistern wie der Rest der Stadt am Straßenrand gestanden und der Reihe der fürstlichen Kutschen und Reiter zugejubelt haben – oder auch nur zugesehen. In der Familiengeschichte ihrer Nachkommen wird berichtet, Maria Theresia habe der Prinzipalin Madam König gar die Erhebung in den Adelsstand angeboten, wenn sie ihre Manufakturen weiter und zum Erfolg führe, allerdings um den schon bekannten Preis, den die tiefgläubige katholische Kaiserin immer forderte: die Konvertierung zum Katholizismus. Ob die Geschichte stimmt oder nicht, es war eine Bedingung, die für Eva auch für diese, ihren Geschäften und ihrer Zukunft ungemein förderliche Aussicht nicht in Frage kam.

Sie hatte Freundinnen und Freunde in Wien, zumindest freundschaftlich gesonnene gute Bekannte, in deren Häuser sie eingeladen wurde. Doch wer wie Eva König in diesen Jahren immer auf halb gepackten Koffern sitzt, kann sich nicht zu Hause fühlen. Als der Herbst kam – damit die Aussicht auf noch einen Winter in Wien –, quälte sie das Heimweh mehr denn je. In besonders dunklen Stunden alleine in ihrer Wohnung im Fabrikgebäude auf der Wieden stellte sie sich vor, ihre Kinder niemals wiederzusehen.

Und auch Lessing nicht. Sie hatte wieder seit Monaten

keine Post von ihm bekommen. Die alte Sorge, er könne weit mehr als nur zornig, gekränkt und hypochondrisch sein, sondern ernstlich krank, womöglich tot, bedrängte sie nun allerdings nicht. Johann von Herrmann, ein Straßburger Naturforscher und Mediziner, hatte sie im Juli auf seinem Weg an die Neva besucht, wahrscheinlich auf Empfehlung ihres Onkels, des Leidener Professors Hieronymus Gaub, der ja wie von Herrmann Mitglied der Akademie der Wissenschaften in St. Petersburg war. Mit einem Empfehlungsschreiben der Madam König hatte er später auch in Wolfenbüttel Station gemacht und Eva anschließend berichtet, Herr Lessing sei ›vergnügt und gesund‹.

Beim Jahreswechsel war es neun Monate her, seit Lessings letzter Brief sie erreicht hatte. *Wie ist es möglich, wie ist es nur immer möglich, mein lieber, bester Freund,* schrieb sie ihm am 28. Dezember, *dass Sie mir in so vielen Monaten auch nicht eine Zeile schrieben. Vergebens schicke ich täglich, in der Erwartung eines Briefes von Ihnen, auf die Post. Niemals kommt einer. Haben Sie sich vielleicht vorgenommen, gar nicht mehr an mich zu schreiben; so melden Sie mir wenigstens das, damit ich mich nicht mit vergeblichen Hoffnungen quäle. (...) so aber weiß ich nicht, was ich denken soll. Zuweilen kann ich mich nicht erwehren, wunderliches Zeug zu denken. Dem sei nun aber wie ihm wolle, so weiß ich doch und bin es fest überzeugt, dass Sie Teil an meinem Schicksale nehmen.*[108]

Ihr Schicksal – endlich hatte es sich gewendet, und sie konnte dem schweigenden liebsten Freund gute Nachrichten schicken. Johannes Schuback hatte sie wissen lassen, ihr Onkel Professor Gaub[109] in Leiden habe ihr die Schuld von 10 000 Gulden samt Zinsen erlassen. Schuback hatte verschiedene ihrer letzten noch offenen Wechsel aufgekauft – um sie zu schützen, womöglich auch, um ein Druckmittel zu haben, wenn sie seinen Empfehlungen nicht folgen mochte. Aus diesem Grund hatte er auch Hieronymus Gaub besucht (oder ihm geschrieben), doch der hatte die Schuld seiner Nichte nicht verkauft, sondern sie ihr geschenkt. Dabei hatten sich die beiden Männer einen einfachen Trick einfallen lassen, um Eva diese große Summe auch im Fall eines Konkurses zu sichern. Gaub, der seiner Nichte ›mit väterlicher Liebe‹ zugetan war, hatte die Summe für den Zeitraum, bis alle Gläubiger befriedigt waren, Evas Kindern überschrieben, danach sollte sie ihr gehören. Mag sein, dieser Ausdruck seiner Güte und seine liebevollen Worte machten sie glücklicher als das ungemein großzügige Geschenk und die Erleichterung, eine Schuld weniger abtragen zu müssen.

Vor allem aber konnte sie Lessing nun berichten, die Seidenfabrik, ›die größte Bürde‹, sei endlich verkauft, *und zwar zu besseren Bedingungen, als ich niemals geglaubt.*[110] Die langen Jahre, das ewige Auf und Ab, hatten sie bescheiden gemacht. Am 4. Oktober 1774 war die Fabrik in den Besitz des Wiener Kaufmanns Franz Kritsch übergegangen. Was nichts anderes bedeutete, als dass Cornelius Hornbostel, ihr Faktor oder auch Direktor, sie über einen Umweg bekommen hatte.

Dem Verkauf war ein viermonatiges Ringen mit den Käufern und der niederösterreichischen Regierung vorausgegangen. Hornbostel hatte die Fabrik schon vorher übernehmen wollen, doch die Kommerzienkasse der Regierung war nicht bereit gewesen, ihm den dazu nötigen Vorschuss von 8 000 Gulden zu gewähren, weil er keine Sicherheiten vorweisen konnte und *weil man sich niemals ein Fortkommen dieser Fabrik bei der Unvermögenheit des Hornbostel versprechen könnte.*[111] Also hatte er sich einen Partner gesucht, tatsächlich einen Strohmann, eben Franz Kritsch. Eva wird von diesem Handel gewusst haben. Kritsch (besser: Hornbostel und

Kompanie) wollte die Seidenmanufaktur nur kaufen, wenn es Eva gelang, Regierungssubventionen für ihn zu erhalten. Es waren stolze Forderungen: 10 000 zinsfreie Gulden Vorschuss auf zehn Jahre, 850 Gulden jährlich für Mietkosten und 200 Gulden jährlich zinsfrei für den Werkmeister, ebenfalls auf zehn Jahre.

In ihrem Antrag zur Genehmigung schrieb Eva: *Sollte aber auch diese meine untertänigste Bitte unerhört bleiben, so wäre ich jetzt (da die Mantinitaft einzuführen erlaubet worden, worauf, wie Ew. Exzellenz und Gnaden bekannt, ich mich seit einiger Zeit verlegt habe) um so mehr gezwungen, die Fabrik sogleich aufzugeben, das in so schönem Flor stehende Werk zertrümmert aus der Hand zu schlagen, und so viele aus der Fremde hergezogenen Leute brotlos zu machen, auch das Herzeleid zu erleben, meine Familie, die mir bis jetzt so treu beigestanden, zu verkürzen, der ich ohnedies mit meinen vier Kindern zu Last falle.*[112]

Der Antrag wurde abgelehnt. Da es ihr selbst nicht gelungen war, bat sie nun den leitenden Hofkommerzienrat um eine Hofkommission, die Kritsch überzeugen sollte, die Forderungen zu reduzieren – das geschah, es wurde gefeilscht, gestritten und endlich der Verkaufsvertrag geschlossen. Eva erhielt von den Käufern für ›Fabrikgerätschaften und Materialien‹ 29 000 Gulden in bar, Hornbostel und Kritsch 2 500 Gulden Subvention von der Regierung. Sie unterzeichneten den Vertrag allerdings erst, nachdem Eva ihnen zum Ausgleich der geringeren Subvention aus eigener Tasche 2 500 Gulden gezahlt hatte.

Seit Engelbert Königs Tod waren fast fünf Jahre vergangen, sie hatte die Fabriken weitergeführt und die Produktpalette ausgedehnt, zuerst mit Lust, dann aus Notwendigkeit, es war ihr gelungen, nahezu alle der immensen Schulden abzutragen und eine Verkaufssumme zu erzielen, deren jährliche Zinsen von etwa 500 Talern ihr und ihren Kindern ein bescheidenes, aber sicheres Leben ermöglichten.

Mit wem mag sie das gefeiert haben?

Mit dem Verkauf räumte sie die Wohnung in der Fabrik und mietete wie bei ihrem ersten Wienaufenthalt Zimmer im zweiten Stock des *Regensburger Hofs* in der Innenstadt, mitten im turbulenten Wiener Großstadtleben. Nun blieb nur noch die Tapetenfabrik. Auch die zu verkaufen, war sie längst entschlossen. Das musste leicht sein, wenn auch nicht zu einem ebenso günstigen Preis, *zumal weil ich mich damit nicht lange aufhalten, sondern sie dem ersten Besten losschlagen werde.*[113] Schon nahmen die Pläne für die Reise nach Norden in ihrem Kopf Gestalt an. *Ich rechne*, schrieb sie Lessing Ende Dezember, *Sie zu eben der Zeit wieder zu sehen, in welcher ich Sie vor drei Jahren verlassen habe. Wie werde ich mich freuen, wenn ich Sie gesund und vergnügt finde? Aber werden Sie sich denn auch freuen? Die Frage sollen Sie mir eben nicht geradezu beantworten; daraus will ich es nur abnehmen, wenn Sie mich nicht länger ohne Briefe lassen.*[114]

Diesmal kam die Antwort prompt. Lessing lebte nach einem schleichenden Fieber im Sommer (immer auch ein guter Grund für fehlende Briefe) wieder ›vergnügt‹, er schickte tröstende Worte von belangloser Freundlichkeit: das Schlimmste sei für sie nun überstanden, und sie solle ihm ihre gute Meinung nicht entziehen … Ihr ganz ergebenster …

Kein ›mit ganzer Seele der Ihre‹, keine ›tausend Umarmungen‹ oder ›Küsse‹, kein ›auf ewig‹, kein ›liebste, beste‹ – nur Floskeln. Und: *Melden Sie mir doch noch, wenn Sie hier durchzukommen gedenken! Sonst könnte es leicht kommen, dass ich abwesend wäre.*[115]

Das klang ganz und gar nicht mehr nach ungeduldiger, sehnsüchtiger Erwartung. So mancher Brief an seine Freunde und gelehrten Korrespondenzpartner fiel herzlicher aus. Aber er war wieder unter den Lebenden. Wohl gab es immer noch keine Nachrichten oder gar Entscheidungen aus dem Braunschweiger Schloss wegen der vor zwei Jahren in Aussicht gestellten Verbesserung seiner Stellung und seines Gehalts, doch da all sein wütendes Warten vergebens gewesen war, hatte er beschlossen, gleichmütig zu sein: *So geschehe denn, was geschehen soll!*[116]

Diesen Gleichmut fühlte er offenbar auch für Eva, nach der er doch früher als einziger Frau ›geseufzet‹ hatte, die er versichert hatte mehr zu lieben als sich selbst – und die ihn noch länger auf sein Glück warten ließ als der Erbprinz.

Mit Versprechen ist es so eine Sache, besonders, wenn die Einlösung Jahr um Jahr aufgeschoben werden muss. Gelten sie dann noch? Oder nur als Pflicht? Darf man sich etwa nicht im Stich gelassen, verlassen fühlen, wenn die Frau, die ihre Liebe und ihr Leben versprochen hat, Jahre damit zubringt, ihre Geschäfte zu regeln? Da kann man doch auf die Idee kommen, sie habe sich zu wenig beeilt, zu wenig bemüht. Sie wisse gar nicht zu lieben. Da lebte sie in Wien, in dieser Weltstadt, dieser brodelnden Metropole voller interessanter Menschen, Theater und anderer Lustbarkeiten – und er? Allein in Wolfenbüttel.

Aber dann – gab es da noch Ernestine Christine Reiske.

8.

»*Schreiben Sie mir mittlerweile, meine Liebe, ich beschwöre Sie ...*«

WIEN, WOLFENBÜTTEL, ITALIEN UND HAMBURG

Vor dreieinhalb Jahren, im Sommer 1771, als Lessing in Hamburg erwartet wurde und er sich vorgenommen hatte, bei diesem Besuch Madam König die Ehe anzutragen, hatte sich seine Abreise immer wieder verzögert. Was nichts wirklich Besonderes war, zwar glaubte er von sich, was er einmal geplant habe, führe er stets aus, die Realität bewies jedoch oft anderes. Diesmal hatte sich seine Reise ohne sein Zutun hinausgeschoben, der Besuch aus Leipzig, den er Eva als Grund für seine spätere Ankunft genannt hatte, kam später und blieb länger, als ihm lieb war.

Die Besucher in jenen Sommerwochen waren Johann Jakob Reiske und seine Frau Ernestine Christine. Reiske war Arabist und Professor für klassische Philologie und leitete für spärliches Gehalt die Nikolaischule in Leipzig. Erst die Nachwelt würde seine Bedeutung für die Entwicklung der Philologie erkennen. Seit 1769 korrespondierte er mit Lessing als dem stets hilfreichen Bibliothekar der *Bibliotheca Augusta*, die seiner wissenschaftlichen Arbeit einen unerschöpflichen Fundus bot, und als umstrittenem Gelehrten, dessen Ansichten er weitgehend teilte. Ernestine Reiske war seine wissenschaftliche Assistentin, wegen seiner schwachen Augen führte sie auch den größten Teil seiner Korrespondenz. Bis dahin als Frauenfeind bekannt, hatte Reiske erst 1764, im reifen Alter von 48 Jahren, geheiratet. Seine um neunzehn Jahre jüngere Frau war die Tochter eines Propstes und Superintendenten, hochintelligent, belesen, musikalisch und wissbegierig. Einer reinen Versorgungsehe war sie immer ausgewichen, das würde sie auch in ihren späteren Jahren als Witwe tun. Vielleicht hatte sie diesen zu Schwermut und trotziger Bitterkeit neigenden, zunehmend kränkelnden Mann neun Jahre nach seinem ersten Antrag doch noch geheiratet, weil sie an seiner Seite wissenschaftlich arbeiten konnte, was einer Frau ohne Vermögen sonst nicht offen stand. Auch schmeichelte *die Verbindung mit einem so berühmten Mann*[117] ihrem Stolz, wie sie zugestand. Vielleicht war auch eine Portion Mitleid dabei gewesen, sie war eine, die sich gern kümmerte. Im Übrigen – sie war nicht jünger geworden.

Sie hatte als junge Ehefrau Griechisch und Latein gelernt und an den ›Privatissima‹ teilgenommen, dem Unterricht, den ihr Mann einigen Studenten erteilte. Ihre Mitarbeit war ihm schnell unverzichtbar geworden, nicht nur in Belangen der Wissenschaften. Als der erste Band seiner Ausgabe der *Reden* des altgriechischen politischen Redners Demosthenes an Geldmangel zu scheitern drohte und Reiske ›in völlige Hoffnungslosigkeit versank‹, versetzte sie ihren gesamten Schmuck, um die Druckkosten bezahlen zu können. Er war ihr dankbar genug, um in dem Buch ihr Porträt neben seinem abbilden zu lassen. Womöglich auch, um der ignoranten gelehrten Welt zu zeigen, auf wessen Unterstützung er angewiesen war. Als ihre Hilfe bei seiner Arbeit zunehmend gewürdigt wurde, begann er jedoch zu argwöhnen, sie stehe in zu hellem Licht und er im Schatten, es könne angenommen werden, seine Schriften stammten in Wahrheit von seiner Frau. Es war ja nicht ungewöhnlich, dass Frauen unter

Ernestine Christine Reiske, ca. 1770

männlichem Pseudonym veröffentlichten, um ernst genommen zu werden und die Gesetze der guten Sitten zu wahren. Die innige Liebe, die er ihr in den ersten Jahren ihrer Ehe gezeigt hatte, wich ›äußerstem Verdruss‹.

Die Korrespondenz zwischen Leipzig und Wolfenbüttel wurde schnell persönlicher als mit anderen Briefpartnern, und ebenso schnell erkannte Lessing Ernestine Reiskes Fähigkeiten und Verdienste, im Stil ihrer Briefe sicher auch ihren weiblichen Charme. *Erlauben Sie, dass ich noch meine Empfehlung an dero Frau Gemahlin hinzufügen darf, der wir bei so mühsamen Werken so viel zu verdanken haben,* schrieb er an Reiske nach Leipzig. *Die Aufgabe ist gelöset, ob ein Gelehrter heiraten soll, wenn es viele solche Personen ihres Geschlechts gibt.*[118]

Die sich mit ihrem launischen Ehemann plagende Ernestine Reiske wollte den verehrten Lessing, der zudem so freundlich-galante Briefe schrieb, unbedingt persönlich kennen lernen. Dass die Reise nach Wolfenbüttel im August 1771 vor allem auf das Drängen seiner Frau geschah, teilte Reiske Lessing deutlich mit: *Meine Frau lässt Euer Wohlgeboren ihrer Hochachtung versichern. Sie hauptsächlich ist an dieser Reise schuld. Sie freuet sich darauf, wie ein Kind auf den heiligen Christ.*[119] Sicher freute sie sich auf die Begegnung mit Lessing, ebenso sicher wird sie sich auf die Fahrt durch das sommerliche Land gefreut haben, auf Abwechslung und Erholung von der von Kränklichkeit und zunehmender Missstimmung ihres Gatten bestimmten Atmosphäre ihres Leipziger Lebens.

In den beiden arbeitsamen Wolfenbütteler Wochen, in denen Lessing in der Vorfreude auf seinen Besuch bei Eva König und dem unternehmungslustigen Hamburger Kreis in Hochstimmung war, verliebte Ernestine Reiske sich unsterblich in diesen Mann, *der sich gleichfalls mit Recht einen Ge-*

lehrten nennen konnte, der aber voll Witz und Laune zu-
gleich ein vollendeter Weltmann war, und den nicht die Ent-
täuschungen des Lebens zu Bitterkeit und Griesgram geführt
hatten.[120]

Von seinen Empfindungen für eine andere Frau, erst recht
von seinen Heiratsplänen wusste sie nichts. In der folgenden
Zeit verbarg sie ihre leidenschaftlich-schwärmerischen Gefühle kaum, weder vor Lessing und dem gemeinsamen Braunschweiger Freund Ebert, mit denen sie korrespondierte, noch
vor ihrem Mann. Sie bewies sich auch Lessing als gute Helferin. Er hatte schon 1753 und 1759 Fabeln veröffentlicht, eine
im 18. Jahrhundert ungemein beliebte Literaturgattung, die
ebenso für pädagogische Belehrung und Erkenntnis stand wie
für Verdichtung und Prägnanz von Sprache und Inhalt. Die
meisten Autoren schrieben Fabeln, gewöhnlich nach dem
Vorbild Jean de La Fontaines, des großen französischen Fabeldichters. Lessing beschäftigte das Thema seit seiner Studien-
zeit und auch jetzt (tatsächlich bis zum Ende seines Lebens).
Ernestine Reiske unterstützte ihn, indem sie eine Augsburger
Handschrift der Werke Aesops beschaffte, des griechischen
Fabeldichters und bedeutendsten Vertreters dieser Literaturgattung, und für ihn abschrieb. Er dankte ihr, indem er ihre
Hilfe und Verdienste in dem Anfang 1773 erschienenen ersten Band *Zur Geschichte und Litteratur. Aus den Schätzen
der Herzoglichen Bibliothek in Wolfenbüttel* öffentlich wür-
digte.

Was sie mit Stolz erfüllte und ihrem Mann absolut nicht
gefiel: *Ihnen ins Ohr gesagt, liebster Lessing, Sie stehen bei
meiner Frau sehr wohl angeschrieben. Sie bekennt es Ihnen
ja selber, dass sie Sie liebt. Was wollen Sie mehr? Ich werde
darüber nicht eifersüchtig. Hier hat es allemal nichts zu bedeuten. Und Sie dürfen nicht eben sehr stolz auf die Zuneigung sein. Das Ding hat Absichten. Durch Sie und unter*

Ihrer Maske liebt sie sich selber. Eine Hand wäscht die andere. Doch vielleicht tue ich der guten Frau Unrecht. (…) Aber lieber Freund, ums Himmels willen, wie konnten Sie so über die Schnure hauen. War das nicht eine wissentlich vorsätzliche Sünde? Wird nicht jedermann Ihr Kompliment parteilich und übertrieben schelten? Meine Frau hat freilich (…) gegen solche Flatterien nichts einzuwenden, ich dagegen desto mehr. Ich habe Ursache, darüber zu zürnen und auf Sie zu schmählen. Denn Sie verderben und verführen meine Frau. Unangemessene Lobsprüche rücken immer gerne dem Frauenzimmer den Kopf von der rechten Stelle weg.[121]

›Ich werde darüber nicht eifersüchtig‹? Er brannte vor Eifersucht. Er litt grimmig darunter, wenn seine so viel jüngere und impulsive Frau in Gegenwart ›galanter Herren‹ aufblühte und nicht mehr ernsthaft, still und finster war wie in seiner Gesellschaft. Zumindest von Lessing musste er seine Seelenruhe bald nicht mehr bedroht sehen. Der stand am Beginn seiner dumpfesten, misanthropischsten Zeit, versank im Zorn und Depression und ließ die Feder meistens im Tintenfass.

Bis zum Sommer 1774, in diesem Jahr, in dem Eva nur einen Brief von ihm bekam. Johann Jakob Reiske war am 14. August nach monatelanger qualvoller Lungenkrankheit gestorben. Seine Frau hatte ihn gepflegt, es heißt aufopferungsvoll und bis zur eigenen völligen Erschöpfung. Es gibt keinen Grund, daran zu zweifeln. Er hatte es ihr wenig gedankt. Doch nun war sie frei. Ihre Briefe aus ihrem ersten Witwenjahr an Lessing waren ausschließlich für seine Augen bestimmt, sie sind wie seine Antworten nicht erhalten, sie hat sie nach seinem Tod mit langem Mühen zurückbekommen. Ihr Inhalt hat nicht nur die hinterlassenen Manuskripte ihres Mannes berührt, die sie nach Wolfenbüttel schickte, oder seine Lebensbeschreibung, die Reiske selbst noch begonnen hatte und die Lessing zu Ende führen wollte (er hat es nie getan, viel später, nach einem unerfreulichen Briefwechsel, schickte er Teile der Unterlagen zurück, allerdings nicht das von ihr erhaltene und zurückgeforderte Geld). Ihre ausführlichen, sehr offenen Schreiben an den gemeinsamen Braunschweiger Freund Ebert zeigen den hochprivaten Charakter dieser Briefe. Lessings Antworten, zumindest drei davon, hatte sie als Liebesbriefe verstanden. Verstanden oder missverstanden – das ist nicht mehr zu klären.

Dass sie ihre liebenden Gefühle umso mehr auf Lessing konzentrierte und sich eine gemeinsame Zukunft wünschte, wird durch einen weiteren schweren Verlust verstärkt worden sein. Der Sohn ihrer Lieblingsschwester, den sie seit dessen Geburt wie ein eigenes Kind erzogen und 1769 adoptiert hatte, war kurz nach dem Tod ihres Mannes als neunzehnjähriger Theologiestudent gestorben. Ernestine Reiske brauchte jetzt dringend Geborgenheit und Liebe, ein Glück. Nicht mit irgendwem, sondern mit einem Mann, der ihrer Leidenschaftlichkeit ebenso gewachsen war wie ihren intellektuellen Interessen. Die Auswahl war nicht groß.

Der Anschein, dass Lessing die Frau, mit der er heimlich verlobt war, in diesem Jahr nahezu ganz vergaß, mag also kein Zufall sein. Er fühlte sich von Eva verlassen und von seinem Dienstherrn gedemütigt, er muss die liebende Verehrung einer klugen und gelehrten Frau, nahezu im gleichen Alter wie Eva König, charmant, temperamentvoll und selbstbewusst, in dieser einsamen Zeit als hochprozentiges Lebenselixier empfunden haben.

So war vielleicht – wahrscheinlich – Ernestine Reiske der Grund gewesen, warum Johann von Herrmann ihn auf seiner Durchreise nach St. Petersburg so gesund und vergnügt angetroffen hatte, warum Eva in Wien keine Briefe bekommen und warum der, den er im Januar 1775 endlich doch geschrieben hatte, so knapp und unverbindlich ausgefallen war.

Da gab es zwei Frauen, die eine warb um ihn, die andere, um die er einst geworben hatte, wartete voller Zweifel und Unsicherheit, ob das gegenseitige Versprechen für die Zukunft noch Gültigkeit hatte. Wer weiß schon, was in Lessings Kopf vorging, was und wie er von seiner fernen Verlobten, von dieser ganzen Verlobung dachte. Zumindest zeitweilig hatte er offenbar beschlossen, die Verbindung aufzulösen. Wenn man sich drei Jahre nicht gesehen und auch nur selten voneinander gehört hat, kann selbst tiefe Liebe schal werden.

Warum und wie auch immer, der Verkauf der Seidenfabrik und Evas bevorstehende Abreise aus Wien scheinen ihn als Signal für das Ende der langen Wartezeit beflügelt zu haben.

Der nächste Brief, der sie von ihm erreichte, kam aus Berlin. Lessing war unterwegs. *Und wo meinen Sie, dass ich alsdenn hinzugehen gedenke? Wenn Sie nur noch vier Wochen in Wien bleiben: so habe ich das Vergnügen, Sie in Wien zu sehen. Oder vielmehr: ich bitte Sie, meine Liebe, da Sie sich so lange in Wien aufgehalten haben, dass Sie sich mir zu Liebe, auch noch diese kurze Zeit daselbst verweilen wollen. (…) wie sehr ich mich freue, Sie endlich wieder zu sehen, meine Liebe, brauche Ihnen nicht zu sagen. (…) Ich umarme Sie auf das innigste, und bin zeitlebens, wie es auch immer mit mir werden mag, einzig der Ihrige …*[122]

Es werde noch vierzehn Tage dauern, bis er weiterreisen könne, sie solle ihren Antwortbrief an die *Walthersche Buchhandlung* in Dresden adressieren.

Lessing hatte Urlaub genommen und sich auf die Reise gemacht, nicht zuletzt um Angebote für bessere Ämter zu prüfen. Eines in der preußischen Finanzverwaltung lehnte er ab. Die Nachfolge des erblindenden Direktors der Dresdener Kunstakademie hätte er gerne angenommen, doch solange der noch lebte, war das nicht mehr als eine Aussicht. Von seinem Umweg über Leipzig in die preußische Hauptstadt schrieb er Eva nicht. Sein Besuch bei Madam Reiske war diskret gewesen, als wolle er sich heimlich versichern, für welche Frau er sich entscheiden sollte. Er blieb aber keineswegs geheim, auch Gelehrte sind Klatschmäuler. Nach Berlin und Göttingen, nach Darmstadt, Wien, Straßburg und wer weiß wohin noch verbreitete sich wie mit der Eilpost die Neuigkeit, Lessing sei in Leipzig, er sehe gut aus, sogar lebhafter und jünger als auf seinem Porträt, im Übrigen werde er Madam Reiske heiraten.

Darauf hoffte Ernestine mit jeder Faser ihres Herzens. Sie hatte den überraschenden Besuch (der auch der geplanten Veröffentlichung der Schriften ihres Mannes galt) als tiefes Glück und den schnellen Abschied als tiefes Leid empfunden: *Was hilft es mir nun, dass ich einige Augenblicke höchst seelig war? Ich war es nur und bin es nicht mehr. Meine Freude, meine herzinnige Freude war nur ein schöner Traum. Nun bin ich erwacht und beweine die Vergänglichkeit irdischer Freuden. Den Freund zu sehen, den man über alles schätzt, welch Entzücken muß nicht ein zärtliches Herz da fühlen! allein sich auch sogleich wieder von ihm zu trennen, welcher Schmerz! Was bleibt alsdenn noch übrig? Nichts als eine verschmachtende Sehnsucht nach dem Gute, das uns auf immer versagt ist. Wäre es nicht besser, man hätte die Vortrefflichkeit eines Gutes, das man nie besitzen kann, nicht kennen gelernt?*[123]

Lessing hatte sich für Eva König entschieden und das Ernestine Reiske offenbar wissen lassen. Bis sie von seiner Heirat mit dieser unbekannten Seidenhändlerin erfuhr, hoffte sie trotzdem. Bis zum Tag seiner Hochzeit.

Bei seiner Abfahrt von Wolfenbüttel kann er noch nicht geplant haben, seine Reise nach Wien auszudehnen, dazu war der beantragte und genehmigte Urlaub zu kurz. Vielleicht hatte er erst bei seinem Besuch in Leipzig begriffen, wie sehr er die ferne Eva trotz allem noch liebte. Vielleicht auch, dass er eine praktisch-vernünftige Frau einer ebenfalls gelehrten vorzog? Vielleicht hatte Ernestine den ewigen Zauderer mit ihren leidenschaftlichen Gefühlen und großen Erwartungen erschreckt. Eva fehlte es keineswegs an Zärtlichkeit, Liebesfähigkeit und Temperament, auch nicht an Leidenschaft, doch sie war zurückhaltender und niemals bedrängend, und wenn sie einmal etwas forderte – tat sie das überhaupt? – oder Ungeduld mit seinem Klagen zeigte, dann nur in großer eigener Not. Ernestine Reiskes Briefe hatten Lessing in seiner einsamen Klause zweifellos gefallen, ihre Verehrung geschmeichelt, doch irgendetwas hat ihn in die Flucht geschlagen – oder daran erinnert, wem seine Liebe wirklich gehörte.

Eva hatte inzwischen auch ihre Tapetenfabrik verkauft. Im April 1775 meldete das *Wiener Diarium* sowohl einem hohen Adel als einem geneigten Publikum, *dass infolge allerhöchster Bewilligung (...) der Johann Christoph Winkler, k. k. Universitätskupferstecher, die von der Frau Engelbert König Wittwe, bishero fortgeführte, und im Tempel auf der Wieden etabliert geweste kaiserl. königl. privil. Tappeten Fabrique käuflich übernommen (...) habe. Diesem zufolge, da man nicht allein mit dem vollkommensten Assortiment der Engländisch = Hamburger = und Berliner Deßins versehen ist, und ins künftige nach dem neusten Gusto und Erfindungen auf Asiatisch = Chinesische Art zu arbeiten gedenket, hat man um so mehr die erforderliche Nachricht und Preise der dermalig = vorräthigen Gattungen anzeigen wollen ...*[124]

Winkler war einer ihrer Gläubiger gewesen, möglicherweise hatte er sich bei der Gründung an Engelbert Königs Fabriken beteiligt, da er als Kupferstecher Stoffmuster entwerfen und liefern konnte. Es ist denkbar, dass Eva mit dem Verkauf an ihn zugleich eine ihrer letzten noch offenen

Schulden tilgen konnte. Auch wenn Winkler sich in der Zeitungsanzeige schon als neuer Besitzer bekannt machte und den Verkauf von Stoffballen gegen Barzahlung in der *Winklerschen Kupferstechhütte* bei der k. k. Reitschule offerierte, zog sich die endgültige finanzielle ›Auseinandersetzung‹ noch Wochen hin. Wie Kritsch bei der Seidenmanufaktur war Winkler tatsächlich nur ein Strohmann, auch hinter diesem Kauf stand Cornelius Hornbostel.

Über Evas Freude, Lessing endlich wiederzusehen und in seinen Zeilen zumindest ein wenig von tiefer Zuneigung zu lesen, ist jedes Wort überflüssig. Trotzdem war das Timing mal wieder schlecht: Eva packte schon ihre Koffer, sie musste rasch nach Hamburg zurückkehren, denn Madame Molinié hatte die Pension für ihre Kinder zu Ostern aufgekündigt. Sie hatte über Wolfenbüttel nach Hamburg reisen wollen – und nun? Sie muss es bei aller Freude, ihn bald wiederzusehen, leid gewesen sein, sich immer nach den Plänen anderer richten zu müssen. Hier Lessing, dort ihre Kinder, da die Ämter und Käufer. Drei Jahre hatte er wie festgeklebt in Wolfenbüttel gesessen – und nun, da sie endlich, endlich abreisen konnte und auch musste, hatte er sich auf den Weg gemacht. Was tun, als Lessing bitten, sich unbedingt zu beeilen und alle geplanten Reiseunterbrechungen auf die Rückfahrt zu verschieben? Das tat er – er wünschte, fliegen zu können –, nur ein kurzer Aufenthalt in Prag bei dem Paläontologen und Freimaurer Ignaz von Born ließ sich nicht aufschieben.

Drei Wochen später, am 31. März 1775, drei Jahre und fünf Wochen nach ihrer letzten Begegnung, brachte ein Bote Eva ein Billett in den *Regensburger Hof*, in dem Lessing seine Ankunft in Wien meldete, seine Sehnsucht, sie zu umarmen, beteuerte und bat, ihn wissen zu lassen, *wenn ich Ihnen nach Tische am gelegensten komme. Denn zu Ihnen muss doch notwendig mein erster Gang sein, den ich in Wien mache.*[125]

243

Dass er nicht im gleichen Gasthof logierte wie Eva, lag an ihr. Sie hatte ihm empfohlen, im *Ochsen* ›abzutreten‹, der sei am besten und auch in ihrer Nachbarschaft. Ihre Zurückhaltung hatte ihn amüsiert, doch wenn sie es für besser und schicklicher hielt, wollte er ihrem Wunsch entsprechen. Ob der in Schicklichkeit, auf die sie in Hamburg wenig geachtet hatte, begründet war, oder in ihrer Sorge, einander bei einer möglichen Entfremdung im gleichen Gasthof nicht ausweichen zu können, sei dahingestellt.

Die gut drei gemeinsamen Wochen in Wien stellte ihre alte Vertrautheit rasch wieder her. Ihre Aussprache muss sehr offen gewesen sein. Beide mochten aneinander oder am eigenen Entschluss gezweifelt haben, das war nun vorbei. Vorerst.

Lessing hatte vom königlich-kaiserlichen Gesandten in Berlin Gottfried van Swieten einen ganzen Stapel von Empfehlungsschreiben bekommen, er würde sie nicht nutzen – Wien war nun nicht mehr das Ziel seiner Träume. Er hätte sie auch nicht gebraucht, die ganze Stadt wusste, dass er da war und jubelte. *Der berühmte Herr Leßing*, meldete das Amtsblatt der Regierung, das *Wiener Diarium*, am 5. April, *herzoglich = Braunschweigischer Rath und Bibliothekar, dessen Emilia Galotti, Minna von Barnhelm, und Sara Sampson, auch Wien so entzückt haben, und dessen Name den Begrif des Litterators, Altenthümerkenners, Dramaturgisten, und zugleich Meisters der dramatischen Kunst, mit sich führt, ist vor einigen Tagen hier angekommen.*[126]

Lessing mochte in Wolfenbüttel und Braunschweig wenig Beachtung gefunden haben – in Wien wurde er gefeiert wie heute ein Popstar. Kaiserin und Kaiser bestellten ihn gleich in den ersten Tagen zur persönlichen Audienz, Einladungen und Empfänge drängten sich Tag für Tag, unter anderem bei Wenzel Anton Graf Kaunitz, dem mächtigen Staatskanzler

Wien, Hofburgtheater (rechts) am Michaelerplatz,
um 1784

und vertrautesten Berater der Kaiserin. Noch nie, so stellte der an seinen Fersen klebende Staatsrat Gebler fest, sei ein deutscher Gelehrter in Wien mit solcher Auszeichnung aufgenommen worden, vom Kaiserpaar bis zum allgemeinen Publikum. In den Theatern wurden ihm zu Ehren *Minna von Barnhelm* und *Emilia Galotti* gegeben und fleißig wiederholt, das Publikum schrie *Viva Lessing, Viva Lessing!*, bis der errötend an die Brüstung seiner Loge trat und eine Viertelstunde dem *che viva!* rufenden Chor zuhören musste.

Und Eva? Sie war an seiner Seite, viele der vornehmen Leute, die sich um seine Bekanntschaft bemühten und ihn mit Einladungen überschütteten, kannte sie längst. Einige waren in den vergangenen Jahren zu Freundinnen und Freunden geworden. Sie wurde so häufig und so vertraut mit ihm gesehen, dass sich bald herumsprach, der Herr Rat Lessing gedenke die Witwe König zu heiraten.

Dem stand nur noch wenig im Wege. Tatsächlich nichts als die Heimreise, die sie gemeinsam antreten wollten. Am 29. April konnten die Wiener der Zeitung entnehmen, der ›berühmte Herr Lessing‹ habe Wien am vergangenen Dienstag wieder verlassen. Allerdings reiste er nicht in Begleitung seiner zukünftigen Frau nach Norden, sondern mit Seiner Durchlaucht Prinz Leopold von Braunschweig-Lüneburg nach Süden, bei angenehmstem Frühlingswetter. Der jüngste Sohn seines Dienstherrn Herzog Karl I. und Bruder des Erbprinzen hatte sich in Wien aufgehalten, um von Maria Theresia, der Cousine seines Vaters, und ihrem Sohn Kaiser Joseph II. (den er als aufgeklärten Monarchen tief verehrte) einen guten Posten in der österreichischen Armee zu ergattern.

Es hatte nicht geklappt, er war vertröstet worden – auch Prinzen bekamen nicht immer, was sie wollten, schon gar nicht gleich. Darum hatte er väterlichen Befehl aus Braunschweig erhalten, umgehend nach Italien zu reisen und Besuche bei regierenden und ähnlich wichtigen, oft verwandten Häuptern zu machen, sich vorzustellen und Verbindungen zu knüpfen. Das war allemal besser und nicht so peinlich, wie in Wien herumzusitzen und auf eine kaiserliche Huld zu warten. Inzwischen schacherte sein Vater mit Leopolds Onkel, dem preußischen König Friedrich II., für seinen Sohn um eine Regimentsführung. Lessing, so wünschte der Prinz, solle als gelehrter Begleiter und Kenner der Altertümer mitkommen. Das wird ganz im Sinn des Herzogs und des Erbprinzen gewesen sein, denn es schlug zwei Fliegen mit einer Klappe: So konnte sich der junge Prinz bilden und in regierenden, zumeist verwandten Häusern bekannt machen, wie es seinem Stand entsprach, und der herzogliche Bibliothekar war verlockenden österreichischen Angeboten erst mal entzogen. Und – eine dritte Fliege – die Lessing bei seiner Anstellung vage zugesicherte Italienreise wurde gleich mit abgehakt.

Schon am nächsten Tag, am 25. April, ging die Reise los. Keine Frage, ob Lessing eigene Pläne hatte, ob er womöglich die eine oder andere Stunde brauchte, um sich zu verabschieden. Der herzogliche Bibliothekar war kein Leibeigener, doch im Zweifelsfall hatte er sich zu fügen, wenn er seine herzoglichen Braunschweiger Dienstherrn nicht über die Maßen verärgern wollte. Die hatten ihm und seinen Marotten schon genug Freiheiten gelassen. Vor allem aber versprach Lessing sich von dieser Begleiterrolle eine Belohnung, nämlich endlich die so lange versprochene Verbesserung seiner Position und seines Gehalts.

So musste Eva ein Inserat in die Zeitung setzen, um andere Reisebegleitung für ihre Kutsche zu finden, und sich schweren Herzens allein auf die Tour ihrer Abschiedsvisiten machen. *Wien liegt mir auf dem Rücken, seitdem ich meinen besten Freund darin vermisse. Ich kann wohl mit Wahrheit*

sagen, die wenigen Tage, die ich mit Ihnen hier zugebracht,
sind darin die einzigen vergnügten gewesen. Gott mag es Ih-
rem P. [Prinz] L. [Leopold] verzeihen, dass er mich um Ihre
Gesellschaft gebracht hat, ich verzeihe es ihm nimmer-
mehr.[127]

Wenigstens sollte diese fatale Italientour nur einige Wochen dauern, mit ein bisschen Glück kehrte er früh genug zurück, um sie in Heidelberg für die gemeinsame Heimreise abzuholen.

Am 7. Mai verließ sie Wien ohne den Wunsch, jemals wieder dort zu leben. Anstelle Lessings saß ihr in der Kutsche ein
Buchhändler aus Geldern gegenüber. Diesmal brach weder
ein Rad, noch gingen die Pferde durch oder versanken im
Hochwasser. Das war auch schon ein Glück.

Nach einer knappen Woche zügelte der Kutscher vor ihrem
Geburtshaus in der Heidelberger Hauptstraße an der Ecke
Judengasse die Pferde. Ihr Bruder Johann Georg Hahn und
seine Familie empfingen sie mit allergrößter Freude, auch die
Schwägerinnen aus Holland und Frankfurt reisten samt fünf
Kindern an. Nur Theodor, ihr ältester Sohn, erschreckte sie
trotz aller Wiedersehensfreude. Er lag mager und abgezehrt
im Bett, sein kranker Fuß hatte sich übel verschlimmert. So
machte sie sich mit ihm und begleitet von ihrem Bruder gleich
wieder auf die Reise, um Theodor nach Landau zu einem
›berühmten Chirurgen‹ zu bringen. Der machte Hoffnung
und nahm den Jungen gegen saftige Bezahlung für ein Jahr
bei sich auf, so lange sollte die Heilung dauern.

Der erste Brief aus Italien erreichte sie Anfang Juni, sechs
Wochen nach dem plötzlichen Abschied. Lessing hatte ihn
aus Mailand geschickt, kündigte die Weiterreise nach Venedig und von dort die Rückkehr nach Wien an. Er bedauerte
jede Stunde, nicht mit seiner liebsten Freundin durch Italien
zu fahren, plagte sich in der offenen Kalesche mit der heißen

Sonne und dem Staub der Straßen, mit den zahllosen Pflicht-
besuchen – und tröstete sich mit den Aussichten in Wolfenbüttel, die diese Reise zweifellos erheblich verbessern würden. Er wartete sehnsüchtig auf ihre Briefe. *Ich werde nicht
eher ruhig werden, bis ich Sie gesund an Ort und Stelle weiß.
Alles Übrige, hoffe ich, soll sich zu unsrer beider Vergnügen
wohl geben, es sei nun da oder dort. Behalten Sie mir nur
Ihre Liebe, als woran ich nicht sowohl zweifele, als worum
ich vielmehr nicht aufhören muss, Sie zu bitten, weil diese
Ihre Liebe mein einziges Glück in der Welt machen kann.
Hiermit umarme ich Sie tausendmal. (...) Ich küsse Sie nochmals tausend und tausendmal in Gedanken und bin zeitlebens*

   ganz der Ihrige
   L.[128]

Eva wartete, dass er es bald auch in der Realität tun würde.
Sie bekam Post von Theodor aus Landau: Es ging ihm schon
besser. Sie bekam Nachrichten aus Hamburg: Ihre anderen
Kinder brauchten sie dringend, Ostern war nun wirklich
längst vorbei. Aus Italien kam keine Post mehr, schon gar
nicht Lessing selbst. Auch ihr Bruder wartete. Es hatte sich
bis Heidelberg herumgesprochen, zwischen Herrn Lessing
und Madam König müsse mehr sein als eine gewöhnliche Bekanntschaft, er wollte endlich diesen Mann kennen lernen,
der seine kleine Schwester beständig zwischen Glück und
Sorge schwanken ließ.

   Schließlich trat sie die Heimreise an. Anfang August
machte sie kurze Station bei ihrem jüngsten Bruder in Frankfurt und fuhr, diesmal in Gesellschaft eines wortkargen dänischen Majors und dessen zwölfjährigem Sohn, weiter nach
Hamburg. Aus den vier bis acht Monaten, die sie geglaubt
hatte in Wien zu verbringen, waren dreieinhalb Jahre gewor-

den. Die Leitung oder der Verkauf der Manufakturen hatte sie zu Anfang erschreckt, dann hatte sie gemerkt, dass es eine Aufgabe war, die sie keineswegs überforderte, sondern ihren Ehrgeiz anspornte. Sie war gerne die Prinzipalin gewesen und hatte die Lust gespürt, es mit aller Verantwortung zu bleiben, die Manufakturen zu vergrößern, Erfolg zu haben. Schließlich war ihr alles zur Last geworden, Liebe, Sehnsucht und ein Versprechen ›aus Schwachheit‹ hatten ihr einen Strich durch die Rechnung gemacht.

Nun war alles geschafft, bewältigt, die Gläubiger waren ausgezahlt, ihre und die Zukunft der Kinder war gesichert, kein Fleck auf ihrer und der Ehre ihres verstorbenen Mannes zurückgeblieben. Sie war wieder nichts als eine Witwe. Und eine Mutter, wieder bei ihren Kindern zurück zu sein, war ihr das reine Glück. Nun wollte das Leben neu organisiert sein. Immer noch galt das Angebot ihres Bruders, nach Heidelberg zurückzukehren, immer noch – genauer gesagt: schon wieder – wusste sie nicht, wie ihre Zukunft aussehen würde. Galten die gemeinsamen Pläne noch? Oder waren die Liebesbeteuerungen im Wiener Frühling nur Schall und Rauch gewesen? Und *wo* lag die Zukunft? In Hamburg? In Wolfenbüttel? Bloß nicht doch noch bei den ›Hofschranzen‹ in Wien, trotz vieler Freunde in der Stadt. Oder in Heidelberg, wohin sie auch nicht wollte. Sie war an ein unabhängiges Leben gewöhnt, wenn ihre Verwandten sie auch noch so zärtlich liebten, mochte sie nicht mehr unter ihrer Aufsicht leben.

Erst mal entschied sie sich für ein bescheidenes, aber praktisches Provisorium und mietete zwei Zimmer am Neß, einer kleinen Straße beim Rathaus und nur wenige Schritte entfernt von ihrer ersten Hamburger Wohnung Bei der Börse, nahm Malchen zu sich und Weihnachten auch Fritz, den Jüngsten. Engelbert blieb ›in Kost‹. Wie mag der Zehnjährige das empfunden haben? Endlich war seine Mutter wieder da, und er musste trotzdem weiter bei fremden Menschen wohnen. In ihren Briefen an Lessing hat sie es nie erwähnt, aber Engelbert war das Sorgenkind, ›schwer erziehbar‹ nennt ihn der Lessing-Biograph Dieter Hildebrandt. Er war offensichtlich der Sohn, der die von seelischen Verletzungen und Trennungen geprägte Kindheit am wenigsten bewältigen konnte. Diese zusätzliche Enttäuschung und Verletzung kann es nicht besser gemacht haben. Das Sorgenkind würde er immer bleiben.

Sie richtete sich wieder ein. Sie machte die letzten Abrechnungen und Abschlüsse mit Johannes Schuback, sie traf die alten Freunde. Madam Büsch hatte wieder ein Kind bekommen, Madam Grund auch, die vergaß darüber sogar ihre Leidenschaft für die Karten und nähte nur noch Kinderhemdchen. Knorre wurde am Lotto reich, und als unverbesserlicher Schwerenöter umgarnte er seine Ehefrau Gustävchen und bestach sie mit Geschenken, damit sie trotz seiner Geliebten Großmut und Contenance behielt. Madam Zink war seit einem halben Jahr eine ›höchst betrübte‹ Witwe, und die von ihrem Mann schmählich im Stich gelassene Madam Schmidt, ach, die liebe arme Madam Schmidt, sie lachte viel, aber es war ein so schreckliches Lachen.

Das Leben ging weiter. Hier gut, dort schlecht, da im alten Trott. Wie das Leben so ist.

Wie das Leben für Lessing war, wusste Eva im November nicht. Jedenfalls nicht von ihm. Im Oktober hatte sie gleich in zwei Gazetten, im *Hamburgischen Correspondenten* und in der *Hamburgischen Neuen Zeitung*, lesen können, er sei von Mailand nach Rom zurückgekehrt und beabsichtige, den Winter dort zu verbringen. Sie hörte auch, er sei auf Korsika, und vom braunschweigischen Kammerherrn von Kuntzsch kam Nachricht, er werde nun nach Neapel reisen. Der gemeinsame Hamburger Freund Moses Wessely wiederum hatte Post von Lessings Bruder Karl bekommen und Eva daraus vorgelesen, der verschollen Geglaubte sei in Turin. Ein Gerücht ganz anderer Art erreichte sie aus Leipzig: Dort sage man allgemein, der Herr Lessing werde die Witwe Professor Reiskes heiraten.

Es hatte sich nicht nur nach Hamburg herumgesprochen. Wer Lessing und wer Madam Reiske kannte, und sei es nur aus Korrespondenzen, musste diese Verbindung ungemein passend finden – umso mehr, als Lessings Verlobung mit einer Seidenhändlerwitwe nach wie vor ein Geheimnis war. Das Gerücht, das in den Wiener Salons die Runde gemacht hatte, Herr Lessing heirate die Madam König, war hingegen rasch verstummt, nachdem Eva, ohne seine Rückkehr abzuwarten, die Stadt verlassen hatte. Dafür bekam Ernestine Reiske erste Gratulationen zu ihrer bevorstehenden Heirat mit Lessing. Aber auch sie wartete vergebens auf Post aus Italien und hoffte beharrlich auf seine Liebe.

Sie kommen mit Ihrer Gratulation gar nicht zu spät, antwortete sie dem befreundeten Straßburger Professor Johann Gottlob Schneider auf seine Glückwünsche, *Sie kommen zu zeitig. Leider bin ich noch nichts weniger als glücklich. Ich weiß nicht einmal, wo mein angebetheter – itzt ist. (…) Viele gutherzige Männer bieten mir ihre Hand und ihr Herz an. Allein nur der Eine ist es, den mein Herz verehrt, den ich lieben kann, und den ich noch in den letzten Augenblicken meines Daseins lieben werde.*[129] Ernestine Reiske, so scheint es, hatte ein fatales Talent, sich für die falschen Männer zu entscheiden. Auch Diskretion gehörte nicht zu ihren Stärken.

Selbst wenn Eva in diesem November nicht wusste, ob ihr Brief über die Adresse des Wiener Staatsrats Gebler oder den Wirt des *Regensburger Hofs* von Lutz ihn erreichen würde – nun war genug gewartet und mit gleichmütigem Lächeln beunruhigender Klatsch angehört, also spitzte sie ihre Feder:

Warum schreiben Sie mir denn gar nicht? Haben alle die vor-trefflichen Sachen, die Sie sehen, Ihre Seele so eingenommen, dass Sie mich gänzlich darüber vergessen haben? (…) Wa-rum vernachlässigen Sie mich denn so ganz und gar? Viel-leicht denken Sie jetzt wieder so, wie Sie schon einmal gedacht haben. – Wollte Gott, ich könnte dann auch so den-ken! – (…) Sie böser Mann! Zuletzt wird die ganze Welt über Sie schimpfen, und ich werde nicht schimpfen aber weinen. Gewiss, wenn Sie wüssten, wie sehr Sie mich durch Ihr Still-schweigen quälen. (…) Sagen Sie mir nur: ich bin gesund und ich bin Ihr Freund, so bin ich zufrieden. (…) Ein ehrlicher Mann hält sein Wort, und Ihr Wort habe ich. Grüßen Sie alle meine Wiener Freunde …[130]

Während sie im grauen Hamburger November in ihrer ra-schen, die Emotionen verratenden Schrift die Zeilen aufs Pa-pier kritzelte, war der Adressat des Briefes längst nicht mehr in Turin, auch der Besuch auf Korsika lag schon hinter ihm. Mailand und Venedig sowieso. Prinz Leopold konnte nicht so rasch heimkehren, wie Lessing es wünschte. Die Reise ging weiter und weiter – sie sollte erst enden, wenn ein passender militärischer Posten für den Prinzen gefunden war und er in Ehren zurückkehren konnte.

Lessing hatte ihr aus Mailand geschrieben, in den ersten Junitagen aus Venedig, später aus Florenz; ein Brief aus Li-vorno ging unterwegs verloren. Die ersten drei erreichten sie im Sommer, dann – mal wieder – nichts mehr. Lessing ande-rerseits wunderte und sorgte sich, warum er gar keine Post von Eva bekam. Dass ihre Briefe in Wien lagen und einstaub-ten, anstatt weitergeschickt zu werden, wussten beide nicht.

Auch an andere schrieb er in diesem Dreivierteljahr nicht viel. Wieder aus Missmut? Eva ließ er Anfang Juni wissen, dass er von dieser Reise weder Vergnügen noch viel Nutzen habe, später, dass ihn die Hitze, überhaupt die ganze Reise

253

›gewaltig mitnimmt‹, er habe unzählige Male bereut, *dass ich mich auf eine ungewisse Aussicht wieder auf einmal so weit von Ihnen* [habe] *trennen lassen.*[131]

Über Ersteres, den Mangel an Vergnügen und Nutzen, wäre zu streiten. Seinem Bruder Karl hatte er im Mai geschrieben, alles, was er sehe und höre, gefalle ihm so gut, dass er den Gedanken, sich in Italien niederzulassen, wieder erneuert habe. Doch das war am Anfang der langen Reise, und was schreibt man der fernen, sehnlich – ungeduldig – wartenden Liebsten, die in zwei kleinen Zimmern aus den Reisekörben lebt, ihr altes Kontor aufräumt und auf die Hochzeit wartet, wenn man selbst die Welt durchstreift?

Lessing hatte nie heiraten wollen, in seinen jüngeren Jahren hatte er darüber gespottet und die Ehe für einen Gelehrten als hinderlich angesehen. Was er bei seinen Eltern erlebt hatte – zumindest sein Vater war kein glücklicher Ehemann gewesen –, die Enge, die vielen Kinder und das niemals reichende Geld, auch niemals Ruhe, keine Freiheit zur Arbeit, fürs Wirtshaus oder zum ›herum schwärmen‹ – so hatte er nicht leben wollen. Bis er Eva König traf, bis sie Witwe wurde. Da war ihm das Ehejoch nicht im Mindesten mehr als Joch erschienen. Nun wollte er sich mit ihr und ihren Kindern in Wolfenbüttel einrichten (unter besseren Bedingungen!, das vorausgesetzt), er wollte ein Ende dieses ständigen Hin und Her – dieser ewigen alten Leier. Seine Erklärung an seinen Bruder und an seine Verlobte, er habe der Reise mit dem jungen Prinzen nur zugestimmt, weil er sich davon eine Verbesserung seiner Position verspreche, mag stimmen. Zugleich war Italien immer das Land seiner Sehnsucht gewesen, sein Fluchtziel. Nun besuchte er es nicht als vogelfreier Schlenderer, Kunstliebhaber und Literat, als Aufklärer, Philosoph und ›Kenner der Altenthümer‹ auf eigener Spur, sondern als gelehrter Reisebegleiter auf vorgegebener Route. Aber es war doch Italien, er begegnete interessanten und bedeutenden Menschen, er sah berühmte alte wie neu zu entdeckende Kunst, erlebte das verehrte italienische Theater, er konnte außerordentliche Bibliotheken durchstöbern, die anderen oft verschlossen blieben – er war heraus aus dem Käfig und tatsächlich nicht nur von herrschaftlichen Empfängen und Banketten belästigt, sondern durch Gespräche in den Zirkeln italienischer und aus anderen Ländern gekommener Gelehrter, Künstler und Theologen angeregt und belebt. Sonne hin, Straßenstaub her – eine reine Marter war das nicht.

Auch seine Reisegenossen mussten ihm angenehm sein. Prinz Leopold war neben anderen von Lessings aufgeklärtem Freund Ebert erzogen worden, nun war er 23 Jahre alt, ein gebildeter, den Idealen der Aufklärung folgender junger Mann, neben Deutsch und Latein sprach er Französisch, Italienisch, Englisch und Polnisch. Er liebte das Theater (die Operette vielleicht ein bisschen mehr als die Tragödie) und interessierte sich ernsthaft für die Antike – und er war ein freundlicher Mensch ohne Dünkel. Er unternahm diese Reise inkognito als Graf von Blankenburg nur mit Lessing und seinem Adjutanten und Mentor Oberst Friedrich Karl Bogislaus von Warnstedt. Seine vier Bediensteten hatte er in Wien zurückgelassen, der nötige Diener wurde jeweils vor Ort gemietet. Natürlich wussten die Herzöge und anderen Zelebritäten, die er überall besuchte, wer er war, auch der Papst und die Kardinäle, die den jungen Braunschweiger mit dem berühmten Begleiter ebenso gerne empfingen; doch unterwegs und in den Gasthöfen ersparte der schlichtere Titel lästige Speichelleckerei und größere Trinkgelder. Es kam vor, dass selbst der Graf verheimlicht und ins Gästebuch nur ›Oberst Warnstedt mit Reisebegleitern‹ eingetragen wurde. Lessing, der sich mit dem Hofleben nie anfreunden konnte, wird auch das gefallen haben.

Die mit Warnstedt in Italien gewachsene Freundschaft dauerte bis zu Lessings Tod. Der um vier Jahre ältere Oberst kann kein sturer Militär gewesen sein, der die Kunst und die Gelehrten gering schätzte, eher ein aufgeschlossener kluger Mensch, und die Mittel, die er als Herr der Reisekasse Lessing zum Bücherkauf überließ, überstiegen den Jahresetat für Neuerwerbungen der Wolfenbütteler Bibliothek. Die Bücherkäufe und -bestellungen – sie müssen Lessing ein Fest gewesen sein – umfassten *die Bereiche Theologie, Kirchengeschichte, Italienische Dichter und ihr Theater, Antike Autoren, Allgemeine Europäische Literatur, Philosophie, Reiseführer und Kunstgeschichte. Man findet aber auch Werke über Architektur, Wirtschaft, Jurisprudenz, Medizin, Physik, Mathematik und Numismatik. Das breit gefächerte Spektrum (…) zeigt uns (…) Lessing als Repräsentanten einer universalen Gelehrsamkeit, die mit dem 18. Jahrhundert untergegangen ist.*[132]

Nicht nur wegen der Kunst und der lieblichen sonnigen Landschaften war Italien das bevorzugte Reiseziel der Gebildeten nördlich der Alpen, sondern auch wegen der kulturellen und politischen Entwicklungen unter dem Einfluss der Aufklärung. Wie Deutschland bestand Italien im 18. Jahrhundert aus einer ganzen Anzahl von Königreichen, Herzogtümern und (adeligen) Stadtstaaten – die bedeutenderen wurden direkt oder indirekt von den österreichischen Habsburgern oder den französischen Bourbonen regiert, in Neapel-Sizilien dominierte die spanische Krone. Italien, dieser ewige Unruheherd, schien nach Aufruhr und Hungerjahren trotzdem zur Ruhe gekommen zu sein, nicht zuletzt durch die taktischen Heiraten der Herrscherhäuser. Einige der Töchter unter Maria Theresias sechzehn Kindern hatten durch solche dynastischen Ehen ein ziemlich scheußliches Leben, wenn auch nur Marie Antoinette als französische Königin unter der Guillotine der Revolution endete.

Besonders im Großherzogtum Toskana wurden im letzten Drittel des Jahrhunderts zukunftsweisende Reformen durchgeführt. Dort regierte seit 1765 der damals erst achtzehnjährige Großherzog Peter Leopold, jüngerer Sohn Maria Theresias, der als Pietro Leopoldo einen glänzenden Platz in der italienischen Geschichte einnimmt. Seine Reformen umfassten vom Militär und Verwaltung über das Schul-, Armen- und Gesundheitswesen, Landwirtschaft und Handel bis zum Strafrecht nahezu alle Bereiche. Eine von Toleranz bestimmte und der mächtigen Kirche weitgehend unabhängige Verfassungsreform gehörte zu den als revolutionär zu wertenden Plänen. Der Großherzog war klüger und weitaus geschickter als der nur von seinen Idealen getriebene und für sehr kurze Zeit allmächtige Geheime Kabinettminister Dr. Johann Friedrich Struensee in Dänemark, dessen Ziele den seinen ähnelten. Der zum Politiker erzogene junge Großherzog ging Schritt für Schritt vor und beriet sich stets mit erfahrenen, mindestens zur Hälfte einheimischen Beratern. Er probierte im Kleinen, bevor er für das ganze Land entschied. Struensee hatte seine hastig und diktatorisch angeordneten Reformen 1772 mit dem Kopf bezahlt, Peter Leopold schaffte mit erstaunlich geringem Widerstand mehr Freiheit, Gerechtigkeit und Brot; obwohl er Österreicher war, wurde er als italienischer Regent geachtet und verehrt. Ein Treffen mit Großherzog Peter Leopold wird für den auf solcherart neue Entwicklungen neugierigen Braunschweiger Prinzen zu den interessantesten Besuchen gehört haben.

Vor dem Besuch in Florenz war die Kutsche mit den drei Männern schon gute zwei Monate durch Italiens Norden gerollt und geholpert, es war über Trient und Bergamo nach Mailand gegangen, über Cremona, Mantua, Verona und Vincenza nach Venedig. Kaum eine Stadt, in der es nicht Kunstwerke, Sammlungen, Galerien, Museen oder Bibliotheken zu besichtigen, Bücher oder Stiche zu kaufen galt. In Verona gehörte als antike Sehenswürdigkeit auch das Amphitheater zum Programm, die große Arena, die damals von Opernaufführungen noch verschont war. Oper und Theater erlebten die Reisenden in anderen Städten, zumindest Lessing, nicht nur aus der Perspektive des Besuchers. Er hatte nach der Hamburger Pleite mit der Schaubühne abschließen wollen, doch das italienische Theater ließ ihn alles aufsaugen, was er in Gesprächen und durch Literatur in Erfahrung bringen konnte, ob über Dramaturgie, Bühnenarchitektur, Pantomime oder inhaltliche, ästhetische und organisatorische Entwicklungen.

In Venedig erlebten die drei Reisenden das glänzendste Fest des Jahres, Christi Himmelfahrt, an dem die traditionelle symbolische Vermählung des Dogen mit dem Meer gefeiert wurde. Ein prunkvolles Spektakel samt Galaaufführungen in Theatern und Opernhaus, zu dem sich alles traf, was Rang und Namen hatte, in diesem Jahr auch der Kaiser aus Wien und Großherzog Leopold aus der Toskana.

Lessing nutzte den Aufenthalt für den versprochenen Besuch von Engelbert Königs Grab auf dem Friedhof der alten Augustinerkirche *San Cristoforo della Pace* auf einem Inselchen zwischen der Stadt und der Laguneninsel Murano. Dort trauerte er noch einmal um den Freund und spürte auch dem wahren Grund für dessen plötzlichen Tod nach: *Der nämliche Mann, in dessen Armen er gestorben, hat mich herausgebracht, von welchem ich dann auch die gewisse Versicherung erhalten, dass es mit seinem Tode sehr natürlich zugegangen. Ich weiß, dass Sie einmal nicht ohne Argwohn waren und desfalls ruhig zu sein wünschten. Das können Sie nun.*[133] Diese Zeilen würde Eva erst Wochen später lesen können. Auch dass sie ihm ihr Herz erhalten möge, *dessen ganzen Wert ich kenne und in dessen Besitze allein ich noch auf den Rest meines Lebens glücklich zu sein hoffen darf.*[134]

Von Florenz ging die Reise weiter über Pisa nach Livorno, dem bedeutenden toskanischen Handels- und Kulturzentrum. In der Freihafenstadt herrschte seit knapp 180 Jahren zur Förderung der Ökonomie Religionsfreiheit. Italiener, Franzosen, Engländer, Griechen, Armenier und Juden, Levantiner und Türken lebten in einzigartig toleranter Atmosphäre mit- und nebeneinander – so war schon Mitte des 17. Jahrhunderts aus einer kleinen armen Stadt *eines der berühmtesten Handelszentren der ganzen Christenheit geworden*[135]. Besonders die 7 000 überwiegend maghrebinischen und sephardischen Juden waren nirgendwo in Europa so frei und geachtet. Ein Ghetto gab es nicht, und während die Synagogen in anderen Ländern und Städten schlicht und versteckt gebaut waren, stand sie in Livorno in ihrer Größe und Pracht unübersehbar in der Nähe des Doms. Während andernorts auch in den dem Prinzip der Gleichheit huldigenden Freimaurerlogen Juden noch ausgeschlossen waren, war die erste Loge in Livorno 1738 von einem Rabbiner gegründet worden. Lessing und Leopold ließen sich durch die Synagoge führen, sie waren zu Gast bei dem jüdischen Bankier Finzi, *der ein weitherziges Haus führte und geistreiche Freunde um sich sammelte*[136]. Die Begegnung mit dem weit über Italien als weise bekannten und als Schiedsrichter in Glaubensfragen um Rat ersuchten Rabbiner Abraham Isaak Castellos beeindruckte Lessing so tief, dass er beschloss, sein altes Nathan-Projekt endlich auszuführen. Er hat aus der *Stadt der jüdischen Gelehrsamkeit, Weisheit und Menschenvernunft ein Bild mitgenommen, das er in der Tat auf seinen »Nathan« übertragen konnte.*[137]

Nach einem zehntägigen Aufenthalt auf Korsika ging es nach Turin. Leopold und Warnstedt reisten bald weiter, um die piemontesischen Festungen zu besichtigen und den verehrten Voltaire in seinem Alterssitz in Ferny bei Genf zu besuchen, eine beschwerliche Reise, bei der schon mal die Kutsche auseinander genommen und in Einzelteilen über den Pass getragen werden musste. Lessing hatte drei Wochen Zeit, eigene Wege zu gehen. Er konnte sich ungestört mit den Turiner Aufklärern treffen, endlich schlendern und in den Buchhandlungen und Antiquariaten auf Schatzsuche gehen.

In Rom erlebte er die St.-Peterskirche (auch die Kuppel wurde bestiegen) als das schönste Gebäude der Welt und fand Einlass in die sonst wegen der brisanten Akten weitgehend gesperrte Bibliothek des Vatikans. Die Audienz beim neuen Papst fand in den deutschen Zeitungen große Resonanz, allerdings mit viel Fantasie von päpstlicher Huld und gegenseitigem Verstehen ausgeschmückt. Lessing hat sie keiner Notiz für wert befunden und später über die Berichte gelacht. Von Pius VI. war allgemein eine liberalere Haltung als die seines Vorgängers erwartet worden. Doch das hatte sich als schwere Fehleinschätzung erwiesen, der neue Pontifex zeigte sich konservativer und mit dem zwei Monate nach seinem Amtsantritt erlassenen neuen Judenedikt noch radikaler antisemitisch. Er war keinesfalls ein Mann, mit dem sich einer wie Lessing verstanden hätte.

Mit der Künstlerszene aus den nördlich der Alpen gelegenen europäischen Ländern haben sie offenbar wenig oder gar keinen Kontakt gehabt. Dabei hätte dem Autor des *Laokoon* ein Besuch im Atelier des aufregend neuen und stets grimmig-nervösen Malers Johann Heinrich Füßli heftige Debatten liefern können. Auch die Begegnung mit dem späteren Maler der französischen Revolution Jacques Louis David wäre eine Abwechslung anderer Art gewesen. Oder mit Marquis de Sade, der sich auf der Flucht vor der französischen Polizei in Italien aufhielt und etwa zur gleichen Zeit wie Lessing, Leopold und Warnstedt einen Ausflug ins achtzehn Meilen von Rom entfernte Tivoli machte.

Mitte Oktober ging es nach Neapel. Hier erwartete sie die Vorstellung bei den Majestäten des Königreichs Neapel-Sizilien, das zum spanischen Machtbereich gehörte. Kaiserin Maria Theresias tüchtige Tochter Maria Carolina war mit dem als hässlich, dumm, grob und auch sonst als unangenehm bekannten König Ferdinand I. verheiratet worden. Wieder gab es ›prunkvolle Essen‹, Theater, diesmal mit Illumination, Kunstwerke ohne Zahl, Besuche in der Operette und natürlich von Herculaneum und Pompeji. Dorthin ging es bequem mit der Barke, auf den Vesuv auf Maultieren. Ihr Führer durch diese neapolitanischen Herbsttage und -nächte war häufig der englische Gesandte Sir William Hamilton, einer der ›gewandtesten und geistreichsten ›Dilettanten‹ seiner Zeit‹, ein Kenner und Sammler von Antiken, leidenschaftlicher Naturgeschichtler, Archäologe und Vulkanologe. Die schöne abenteuerlustige Lady Emma konnten unsere Reisenden nicht kennen lernen. Sie war noch ein einfaches zehnjähriges Mädchen im fernen Cheshire und würde erst viele Jahre später als Lady Hamilton zur Vertrauten Königin Maria Carolinas aufsteigen. Und noch einige Jahre später, 1798, die Geliebte des britischen Seehelden Lord Nelson werden, ihm eine Tochter schenken und ein Jahrzehnt nach dessen Tod bettelarm in Calais sterben.

Nein, ganz so lästig, wie er es in einigen der wenigen Briefe aus Italien ausdrückte, kann diese Reise nicht gewesen sein. Womöglich – wahrscheinlich – hätte er sie tatsächlich lieber mit Eva als seiner Frau gemacht, doch er wird auch gewusst haben, dass das nicht möglich war: wegen der Kosten, wegen der Kinder, weil er so schnell keinen längeren Urlaub mehr bekommen würde, weil in Begleitung einer Frau überhaupt alles anders wäre. Er wünschte sich das familiäre Glück im friedlichen Wolfenbüttel, doch ob es ihm bewusst war oder nicht, dies war die letzte Gelegenheit für eine ausgedehnte Italienreise, die letzte Gelegenheit, noch einmal gründlich aus dem Leben im stillen Winkel auszubrechen. Nur als Begleiter eines Prinzen, aber mit einem, der seine Bedürfnisse und Interessen verstand, respektierte und häufig teilte, der zudem durch seine gesellschaftliche Stellung Türen öffnete, die selbst dem auch bei Italiens Gebildeten berühmten Lessing verschlossen geblieben wären. Bei allen Mühen und Beschränkungen war es ein Freiraum, eine mit Neugier und Erkenntnisbedürfnisse befriedigenden Begegnungen und dem Erleben von ›Merkwürdigkeiten‹ gefüllte Zeit. Dass er wenig schrieb – nicht nur an Eva, an alle, die begierig auf seine Erlebnisse und Eindrücke warteten, und selbst in sein Notizbuch –, ist kaum überraschend. Er war unterwegs, hatte zu tun, sein Kopf war voll, er hatte alle Tage neue Ablenkungen, er war erschöpft von der stunden-, tagelangen Rüttelei in der Kalesche – und er war, wie er war.

Von Neapel wieder zurück in Rom, erreichte Prinz Leopold endlich die Nachricht aus Braunschweig, er habe den Befehl über ein preußisches Regiment in Frankfurt an der Oder erhalten und solle so rasch als möglich zurückkehren. Warnstedt kaufte einen neuen Reisewagen mit allem Zubehör, der andere genügte trotz mehrmaligem Austausch der Räder den Anforderungen für die weite Rückfahrt nicht mehr, Lessing kaufte Bücher, der Prinz einen neuen Reiserock, und am 30. November bestiegen sie die Kutsche für die Heimfahrt über Florenz, Bologna und München. Von dort ließ Lessing Prinz Leopold und von Warnstedt alleine weiterreisen. Der junge Prinz würde in Zukunft neben seinem militärischen Dienst mit für seinen Stand ungewöhnlichen ›Eigenheiten‹ auffallen, so war er (wie Lessing) mit Juden befreundet, und aus Interesse für soziale Probleme besuchte er die Wohnungen armer

Leute. Er starb 1785 im Alter von 32 Jahren beim Versuch, vom Oderhochwasser eingeschlossene Frankfurter Bürger zu retten. Ob aus menschlichem Pflichtgefühl oder Leichtsinn – es war ein Tod, der die Öffentlichkeit tief berührte und ihn mit Bildern, Oden, Denkmälern und Medaillen vollends zur Kultfigur machte. Empfindsame Damen kreierten sogar eine Trauermode à la Prinz Leopold.

Lessing fuhr in der Hoffnung, dort Post von Eva zu finden, nach Wien. Am 24. Dezember kam er an und fand – ein echtes Weihnachtsgeschenk – drei Briefe von ihr vor. Zwei lagen bei Staatsrat Gebler, einer im *Regensburger Hof*. Er wird mit seinem Zorn wenig zurückhaltend gewesen sein.

Und endlich, Anfang Januar, bekam Eva ein Lebenszeichen von Lessing, wieder aus Wien. Sechs Monate nach dem letzten Brief konnte sie daraus lesen, dass ihre Sorgen, er habe sie vergessen und wolle sich, wie die Zeitungen gemeldet hatten, ganz in ›Welschland‹ niederlassen, überflüssig waren: *Ich gehe längstens den 1. Jan. von hier über Prag und Dresden nach Berlin, und denke vor Ablauf des Monats gewiss wieder in Wolfenbüttel zu sein. Schreiben Sie mir mittlerweile, meine Liebe, ich beschwöre Sie, nach Berlin (…). Ich brenne vor Verlangen, es von Ihnen selbst zu erfahren, dass Sie sich gesund und wohl befinden, und mir Ihre Liebe, trotz der fatalen Reise, nach wie vor schenken. Ihre Freundinnen, an die Sie hier schreiben, wissen nicht anders, als dass Sie gesund sind: aber Malchen soll krank sein? – Arme Mutter! Wie sehr bedaure ich Sie; – mit der nächsten Post schreibe ich Ihnen* gewiss, ganz gewiss *wieder. Ich umarme Sie tausendmal, und bin zeitlebens der Ihrige – L.*[138]

Das klang keineswegs danach, als erwäge er, diese Leipziger Madam Reiske zu heiraten.

Er blieb nur wenige Tage in der Kaiserstadt, besuchte einige von Evas Freundinnen und auf der Suche nach ihren Briefen

Gebler, doch Visiten für eine immer noch mögliche Wiener Karriere wich er aus. Er versäumte den Abschiedskratzfuß beim Kaiser, die Einladung des Staatskanzlers Fürst Kaunitz schlug ihn gar in die Flucht. Obwohl er gerne noch einige Tage geblieben wäre, entschuldigte er sich damit, er müsse eilig abreisen – und reiste ab, über Prag Richtung Dresden, Berlin und Braunschweig.

Eva bekam nun wieder Briefe, wenn auch nicht immer mit der nächsten Post. Sie erfuhr, dass er nach elf Jahren für einige Tage seine Mutter und Schwester in Kamenz besucht hatte; aus Dresden schrieb er gut gelaunt, der Kurfürst selbst habe ihm wieder die Direktion der sächsischen Kunstakademien und -kabinette angetragen, mit einem Gehalt von 1 800 Talern! Die Stelle sei noch nicht frei, doch er solle nur gleich kommen, dann werde sich schon etwas für ihn finden. Was Lessing ungemein schmeichelte und ein gutes Druckmittel bot, um im Braunschweiger Schloss seine Forderungen nach dem Einlösen der alten Versprechungen durchzusetzen. Denn dass er mit seiner neuen Familie am liebsten in Wolfenbüttel leben wollte, wusste er nun genau. Aber nur, wenn …

Schon musste sie sich wieder sorgen, er könnte den alten Zorn auffrischen und übers Ziel hinausschießen: *Ich bitte Sie nochmals auf das inständigste, trachten Sie, in Wolfenbüttel zu bleiben. Es ist von allen den Orten, wohin Sie denken, der einzige an dem wir leben können, wie wir wollen.*[139]

Sie war das Herumwandern, die Provisorien, die ungewissen Aussichten auf ungewisse neue Ämter so müde. Sie wollte sich mit dem Mann, den sie liebte, niederlassen und ihren lange vernachlässigten Kindern eine Heimat geben, sie wollte ein ruhiges Glück. Sowenig wie sie sich der Kontrolle ihrer braven Familie in Heidelberg unterwerfen mochte, mochte sie in den Zwängen einer Hofgesellschaft wie der Wiener oder Dresdener leben. Sie kannte ihren Lessing gut genug, um zu wissen, dass ein Mann von seinem trotzigen Stolz und Eigensinn, ohne Bereitschaft und Talent, den richtigen Leuten zu schmeicheln, ein Amt an einem anderen Hof blitzschnell wieder verlieren konnte. Der Braunschweiger Herzog und der liberale Erbprinz ließen ihren berühmten Bibliothekar sein bürgerliches Gelehrtenleben führen und behelligten ihn kaum, und das kleine Wolfenbüttel war weit genug entfernt vom zeremoniellen Leben am Hof, das sie ebenso wenig mochte wie er. Gleichzeitig war es nah genug bei den guten Braunschweiger Freunden und den städtischen Abwechslungen. Was konnte passender sein?

Am 23. Februar 1776 traf Lessing in Braunschweig ein, aus dem geplanten vierwöchigen Urlaub war eine einjährige Reise geworden. Eine lange Zeit, um Möglichkeiten, Wünsche und Risiken gründlich abzuwägen. Er war fest entschlossen, dem Herzog die Pistole auf die Brust zu setzen. Es glich einem Lottospiel: hoher Einsatz mit ungewissem Ausgang. Aber er spielte ja gern, und wie hatte er vor so vielen Jahren als Gouvernementsekretär in Breslau, in seiner spielwütigsten Zeit, gesagt? Es sei ein probates Mittel gegen Unruhe und Angst. Vielleicht galt das immer noch.

Eva König, die Handelsfrau und Manufakteurin, hatte stets mit Risiken gelebt. Wie Lessing, wie die ganze bürgerliche Gesellschaft dieser Jahrzehnte, hatte auch sie eine Schwäche für die Lotterie. Doch dieses Vabanquespiel, seine Forderungen auf Biegen und Brechen durchzusetzen, verstand sie nicht. 600 Taler bei freier Wohnung und Feuerholz war doch kein Pappenstiel, besonders an einem Ort, der ganz anders als Dresden die Freiheit bot zu leben, wie man wollte. Dazu ihr Einkommen – das reichte allemal für ein bequemes Dasein.

Die Art, wie Sie Ihre Sache dem Herzog vorzutragen denken, schrieb sie Anfang März in kaum unterdrücktem Zorn an den ›liebsten Freund‹, *scheint mir gar zu gefährlich. Mich däucht, ich würde sie nicht wählen, wäre ich auch in den verworrensten Umständen, und das sind Sie doch nicht; Ihre Schulden müssten sich denn höher belaufen, als mir bekannt ist. Sonst wüsste ich nicht, wie Sie um lumpichte tausend Rtlr. Ihre Ehre so in die Schanze schlagen wollten, Ihre Affairen gegen den Herzog für völlig derangiert anzugeben. Das hieße sich, nach meiner Meinung, wegwerfen, aber nicht, wenn Sie dem Herzog schrieben: Sie reichten mit Ihrer Besoldung nicht und hätten bis jetzt immer das Ihrige zugesetzt, fänden sich daher genötigt, um Erhöhung der Besoldung zu bitten. Ich bin gewiss, dass Sie keine abschlägige Antwort erhalten; so wie ich fast gewiss bin, dass, wenn Sie es auf die sich vorgesetzte Weise anfangen, die Sache sehr übel ausschlagen könnte. Wäre kein E* [Erb-] P. [Prinz] vorhanden, so würde ich so sehr noch nicht fürchten, aber da Sie glauben, dass dieser Ihr Gönner nicht ist, so geben Sie ihm ja die Waffen in die Hand, Ihnen zu schaden. Und gesetzt, Sie erhalten, worum Sie ansuchen* [den Abschied], woran ich ohne Zittern nicht denken kann, wo wollen Sie dann Ihre Verbesserung suchen?*[140]

Eva König war einfach zu vernünftig. Nur Schulden, ob alte oder neue, konnten der Grund sein, warum er ihre sicher geglaubte Zukunft aufs Spiel setzte. Sie hatte zu hoch summiert, trotzdem lag sie mit den Schulden nicht falsch. Da waren noch alte, und wenn der Unterhalt und die meisten Bücher auch aus der Reisekasse des Oberst Warnstedt bezahlt worden waren, waren sie so viele Monate unterwegs, so viele Verlockungen für private Käufe teurer gewesen als das Leben in der heimischen Bibliothek und gelegentliche Ausflüge nach Braunschweig. Aber das war nicht der eigentliche Grund. Es ging um Stolz, um Ehre, um Wertschätzung und Anerkennung. Um das unerträgliche Gefühl, betrogen und

übergangen worden zu sein. Das war die Scharte, die ausge-
wetzt werden musste. Koste es, was es wolle.

Evas Angebot, ihm auf diskrete Weise 40, auch 50 Louisdor zu überlassen, berührte sein Herz, doch er nahm es nicht
an. Auch nicht den Betrag, den er noch aus den Hamburger
Jahren seinem einstigen Vermieter Schmidt schuldete. *Schaffen Sie sich ihn* [Schmidt als Gläubiger] *doch um Himmels
Willen vom Halse*, schrieb Eva darauf so praktisch wie un-
geduldig, *und erlauben mir, dass ich Ihnen so viel übermache, als hierzu erfordert wird. So wie Sie ihn in der Folge bezahlen würden, können Sie mir es ja auch wiedergeben,
wenn Sie wollen; meinetwegen samt den Zinsen. Ich finde
die Delikatesse ganz sonderbar, dass Sie lieber einem fatalen
Menschen als mir schuldig sein wollen. Ich wünschte nur,
dass ich es selbst überbringen könnte, so hätten Sie es schon
und hätten es annehmen müssen, wenn Ihnen an meiner
Freundschaft im mindesten gelegen wäre. So aber weiß ich
nicht, wie ich es fortbringe, dass kein Gerede wird. Mit der
Post? so erfährt es B.* [Bostel, der Postagent] *und mit der
Lotto-Stafette M* [Mannes, Inhaber des Lotto-Kontors] *und
durch ihn Madam Sch.* [Schmidt] *und zugleich die ganze
Stadt. Es ist am besten, dass Sie selbst auf hier kommen.*[141]

Das war – selbstverständlich – ihr größter Wunsch. Sie
schlug sich noch mit den Aufräumarbeiten der König'schen
Seidenhandlung und Manfukaturen herum, mit den alten
zwanzigjährigen Papieren, ihr Schwager döste inzwischen
über dem immer noch nicht gemachten Abschluss der letzten Handlungsbücher.

Es war nur altes Papier: Geschäftsbriefe, Listen, Kopien
von Bestellungen, Abrechnungen, Zollbescheinigungen, die
alten Handlungsbücher mit den Bilanzen – was sich im Laufe
von mehr als zwei Jahrzehnten in einem Kontor so ansam-
melt. Zwei Jahrzehnte – das war genau die Hälfte ihres Le-

bens. Jedes Papier bedeutete Erinnerung, selbst wenn sie es nie zuvor berührt hatte. Ihr Mann hatte es berührt, das meiste selbst beschrieben oder abgezeichnet. Diese staubigen alten Bögen und Zettel glichen einem Protokoll nicht nur der geschäftlichen Seite ihres Lebens. Sie bezeugten Verluste und Gewinne, Wagnisse und Rückschläge, standen für kleine und große Pläne, zuletzt für das gewagteste Projekt, die Wiener Fabriken mit den Gesuchen um Subventionen, den Kredit-verträgen, den Belegen für das Werben um geeignete Gesellen und Arbeiter. Sicher fand sie auch alte Schreiben von Hornbostel. Der war jetzt der Prinzipal ihrer Manufakturen.

Schon 1775 wurde ihm die Befreiung von der ›Beschau‹, der ständigen staatlichen Produktkontrolle entzogen, weil er ›unqualitätenmäßig‹ produziert hatte. In den 1780er Jahren assoziierte er sich mit einem ebenfalls aus Hamburg gekom-menen Teilhaber und erweiterte die Fabrik unter besseren wirtschaftspolitischen Bedingungen zu einer der größten Österreichs, 1790 ließ er an 200 Stühlen weben. Sein 1778 geborener Sohn Christian Georg entwickelte den ersten ›selbstwebenden Stuhl‹ für Seidenstoffe, der mit Wasserkraft betrieben wurde. Er wurde ein so bedeutender Mann, dass die Wiener eine Straße nach ihm benannten. Nach dem Tod von Christian Hornbostels Enkel wurde die Firma 1890 auf-gelöst. Christian Hornbostel hatte seine Ziele erreicht, Evas waren nun andere. Sie räumte auf, versuchte mit der Vergan-genheit abzuschließen und blickte in die Zukunft: Noch ein-mal ein neuer Anfang.

Lessing war seit zwei Monaten in ihrer Nähe (gegen Nea-pel und Wien musste Wolfenbüttel nah erscheinen) und hatte sie noch nicht besucht? Das konnte er nicht. Gegen Evas Rat hatte er dem Erbprinzen halbwegs höflich, gewiss, doch überaus ›handgreiflich‹ seine Meinung gesagt, nämlich dass er nun schon seit drei Jahren vergessen worden sei, wenn nichts geschehe, werde er seinen Abschied fordern. Er hatte Erfolg gehabt, der Erbprinz, der entgegen Lessings Misstrauen sehr wohl ›sein Gönner‹ war, zeigte sich erschreckt und wollte ihn keinesfalls verlieren.

Auch ein herzoglicher Hof war nur ein schwerfälliger, von der einen oder anderen Intrige noch schwerfälligerer Verwaltungsapparat. Briefe waren hin und her gegangen (und alle mit Vergnügen an Eva weitergesandt worden, sie war von seinen geschickten Formulierungen entzückt gewesen), Lessing hatte ein Angebot bekommen, das nach seinem Geschmack schien, nun musste er die letzte Entscheidung abwarten. Seltsam, wenn es anders gewesen wäre.

Eva machte diese verhasste Warterei, die schon die vergangenen sechs Jahre ihres Lebens bestimmt hatte, wieder krank. Kein Wunder: Solange Lessing warten musste, schrieb er auch nicht. Denn wenn er an sie schrieb, überfiel ihn der Verdruss, weil er noch keine endgültige Entscheidung melden konnte, dann entfuhren ihm Ausdrücke, die er hinterher bereute. Ihr das zu ersparen war eine Rücksicht, die Eva wenig zu schätzen wusste.

Den Juni verbrachte sie mit ihren Kindern auf dem behaglichen Familienerbhof der Schubacks in Jork im Alten Land, einem Dorf unter ausladenden Baumkronen inmitten von Obstwiesen hinter dem Elbdeich. Zur eigenen Erholung, vor allem jedoch, um Anna Schuback Gesellschaft zu leisten und sie über den Tod eines ihrer Kinder zu trösten. Damit kannte Eva sich aus. Sie genoss trotzdem die frische Luft, das gute Essen, den ruhigen Schlaf, das heilsame Pyrmonter Brunnenwasser – und war vollends glücklich, als sie den erlösenden Brief bekam. Der Erbprinz hatte alle Versprechen eingelöst, dazu auf großzügige Weise. Lessing erhielt nun ein jährliches Gehalt von 909 Talern, zahlbar in Quartalsraten von Johanni des Jahres an; alte Vorschüsse wurden erlassen, ein neuer von 1 000 Talern gewährt. Dazu sollte ihm ein anderes Logis zur Verfügung gestellt werden, eine größere Wohnung oder ein Haus, oder der Mietzins erstattet.

Der Erbprinz hatte versprochen – oder nur angedeutet –, weitere Verbesserungen, ein Aufstieg mit glanzvolleren Aufgaben könnten folgen, sobald der alte Herzog das Zeitliche gesegnet und er selbst die Herrschaft übernommen habe. Das hatte Lessing sich gelassen angehört. Er hatte erreicht, was er wollte, und mit Versprechungen kannte er sich aus. Im Übrigen hatte Herzog Karl, einer dieser letzten barocken Verschwender und Schwerenöter, wohl ein leichter Schlag getroffen, der einen zweiten erhoffen, pardon, befürchten ließ, aber ans Sterben dachte er noch lange nicht.

Schließlich las Eva: *Worüber Sie sich vielleicht am meisten wundern werden, ist dieses, dass ich nicht umhin konnte, den Hofratstitel mit anzunehmen. Dass ich ihn nicht gesucht, sind Sie wohl von mir überzeugt; (…) wie wenig ich mir daraus mache, können Sie mir auch glauben. Aber ich musste endlich besorgen, den Alten* [Herzog Karl I.] *zu beleidigen.*[142]

Er platzte fast vor Stolz und Genugtuung. Stieg er nun in die nächste Kutsche nach Hamburg? Leider war er pleite, seine Taschen waren absolut leer. Um die Kutsche zu bezahlen und für das nötige Reisegeld musste er auf den Johannistag warten, den 24. Juni, an dem mit Beginn des neuen Kammerjahres, des Rechnungsjahres der Finanzverwaltung, sein Vorschuss fällig wurde.

In der ersten Augustwoche war er endlich in Hamburg und bezog, wie Eva empfohlen hatte, ein Zimmer im noblen *Kaiserhof* am Neß.

Diese drei Wochen waren eine heitere und aufgeregte Zeit. Die Verlobung war jetzt kein Geheimnis mehr – wer nicht blind war, zumindest unter den engeren Freunden, musste sowieso sehen, was da vor sich ging. Lessing, der mal wieder mit Eva ganz für sich hatte sein wollen, war noch gefragter als in früheren Jahren. Seine in allen Gazetten verfolgte Italienreise und die neuen Titel hatten ihn mit noch mehr Glanz umgeben. Er lernte nun auch Anna und Johannes Schuback kennen, und ihre Einladung, die Hochzeit in ihrem Haus in Jork zu feiern, nahm Eva gerne an, während Lessing erst später zustimmte. Die Vorstellung einer großen Feier mit all dem üblichen Trubel war ihm höchst unangenehm. Er wollte gar keine Gäste, die ganze Angelegenheit sollte möglichst schlicht und rasch gehen. Auch mit dem Termin konnte er sich noch nicht genau festlegen. Mit dem Festlegen hatte er ja schon immer Schwierigkeiten gehabt.

Er frischte seine Hamburger Freundschaften auf und machte neue Bekanntschaften, er war ›überall belagert‹, wie Elise Reimarus sich beschwerte, wenn man ihn nicht allein einlade, könne man ihn kaum sprechen. Er spazierte stundenlang ins Gespräch vertieft mit Klopstock auf dem Jungfernstieg auf und ab, verbrachte lange Abende bei den Büschs — er war eben wieder ganz da.

Er wird auch jenseits von Gesellschaften und Theaterbesuchen viel Zeit mit Eva verbracht haben. Die Hochzeit und das neue Leben mussten schließlich praktisch geplant werden. Auch mit Evas Kindern machte er sich wieder vertraut. Die mochten ihn sehr, jedenfalls Malchen und Fritz. Als Eva im Frühjahr ihrem Jüngsten einen von Lessings kostbaren Briefen nicht hatte vorlesen wollen, war er vor Zorn ›rot wie ein Welscher Hahn‹ geworden, Herr Lessing, hatte er beharrt, habe gewiss mit der Absicht geschrieben, dass sie genau das tue. Über Engelberts Haltung und Gefühle zu seinem zukünftigen Stiefvater ist nichts bekannt. War er stolz auf den berühmten Freund seiner Mutter, der ja auch ein naher Freund seines Vaters gewesen war, und wollte einbezogen sein? Oder war für den mittleren, am längsten in Pension gelassenen Sohn da nur schon wieder einer, der sich zwischen ihn und seine jahrelang entbehrte Mutter drängte? Einer, der behauptet hatte, ein Freund zu sein, aber in den endlosen dreieinhalb Jahren nicht ein einziges Mal den Weg zu ihnen, den verlassenen Kindern, gefunden hatte. Es kann für ihn nicht leicht gewesen sein, diesen Mann gar zu lieben und ihm in kindlicher Ehrerbietung und gebotener Höflichkeit die Hand zu küssen, wie es Amalia und Fritz taten.

Es gibt keine Belege für Engelberts Gedanken oder Gefühle, aber dass es gerade in dieser Familie ganz ohne Eifersucht, Ängste und (berechtigten) Zorn gegangen sein sollte, ist schwer vorstellbar. In den meisten der vielen Briefe, die in den Wochen bis zur Hochzeit hin und her gingen, ließen die Kinder Lessing Grüße schicken oder ihm die Hand küssen, umgekehrt schloss er Evas Kinder in seine Umarmungen und Küsse mit ein. Auch Malchen oder Fritz speziell, Engelbert wurde nie besonders erwähnt.

Als Lessing Ende August wieder abreiste, verabschiedete er sich nur für einen kurzen Monat. Ein Monat sind keine drei Jahre, aber er kann auch ziemlich lang werden. So ließ Madame Knorre anspannen und fuhr mit Eva für einen letzten überraschenden Abschied zum *Schinkenkrug* auf halbem Weg zur Fähre beim Zollenspieker. Den musste seine Kutsche passieren, dort war Gelegenheit für eine letzte Umarmung, einen letzten Kuss. War das vernünftig? Für eine Frau, sei sie auch vierzig Jahre alt, deren Hände bei Gedanken an den Liebsten schon mal flatterten, unbedingt. Sicher war es eine schöne Fahrt durch die spätsommerliche, von der Heuernte duftende Marsch, vorbei an den Gehöften und den Landhäusern in ihren üppigen Gärten – doch leider eine vergebliche. Geschlagene vier Stunden warteten die beiden Frauen in dem Gasthof, bis ein Bauer kam und berichtete, die Kutsche habe schon lange das Tor passiert. Sie musste den anderen, den Weg über den Deich genommen haben. Das war ganz ungewöhnlich, kein Hamburger Kutscher entschied sich je für diese Strecke, das wusste Eva, und sie beschloss in ihrer zornigen Enttäuschung, daran könne nur Eschenburg schuld sein, Lessings Braunschweiger Freund und Reisebegleiter. Nur Eschenburg konnte die vermaledeite andere Route gefordert haben. Hatte sie ihn überhaupt gemocht, diesen Eschenburg?

Mit so viel guten Wünschen, als ich Ihnen nachgeschickt habe, schrieb sie, als sie über ihren ungerechten Zorn lachen konnte und ihrem *liebsten, allerliebsten Freund* von dem Schinkenkrug-Fehlschlag berichtete, *können Sie nicht anders als glücklich gereiset und vollkommen gesund in Wolfenbüttel angelangt sein. Wie es aber dem armen Eschenburg ergangen sein mag, weiß der Himmel. Dem ist wohl in seinem Leben so viel Böses auf einmal nicht gewünscht worden, als an dem Tage Ihrer Abreise.*[143]

Sowenig aus diesen Augustwochen bekannt ist, der Ton der auf den Besuch folgenden Briefe spricht eine deutliche Sprache. Nun begann es Ernst zu werden mit dem gemeinsamen Leben. Ein neues Domizil war schon gefunden. Im Meißner'schen Haus gegenüber dem Schloss stand die geräumige erste Etage mehr oder weniger möbliert für die neue Familie bereit. Die hohen Fenster machten die Wohnung licht, sogar die mit dunklem intarsiertem Holz getäfelte große gute Stube. Lessing hatte die vornehme Wohnung der Königs am Neuen Wall gekannt, seine Sorge, Eva könne die Etage zu einfach finden, wischte sie heiter vom Tisch. Wozu sollte ein größeres Haus gut sein, wenn es weiter von der Bibliothek entfernt lag und sie nicht zu einem schnellen Besuch hinüberlaufen konnte?

Nun waren beide mit den Vorbereitungen beschäftigt, ungemein lästigen Erledigungen wie der Beschaffung der nötigen Papiere (Lessing brauchte die Erlaubnis seines Dienstherrn), der Organisation der Pferde und Kutschen für die Fahrt über Celle nach Wolfenbüttel, des Gepäcktransports, des vorauszuschickenden Besitzes – er fand es überflüssig, dass sie auch ihre Bücherkisten sandte, in Wolfenbüttel gebe es wahrlich genug Literatur. Ein Mädchen oder besser noch eine geschickte Köchin musste engagiert werden (in Hamburg, oder doch besser in Wolfenbüttel), noch fehlende Möbel, wie es üblich war, auf Auktionen beschafft – es nahm kein Ende. Lessing, der schließlich ein Gelehrter und kein Umzugsunternehmer war, der auch zum ersten Mal die Ehe wagte, gab sich Mühe. Als er sich mit seiner Heiratserlaubnis Zeit ließ, drängte Eva noch mit sanfter Diplomatie: *Es ist nicht nötig aber Herr Sch.* [Schuback] *meint, dass es eine Art von Kompliment wäre, wenn Sie die Herzogliche Erlaubnis einige Tage vorher einschickten, um sie in Stade vorzuzeigen, weil doch die Stader Herren aus bloßer Achtung für Sie, nur unter der Hand, ohne weitläufiges Anfragen, die Sache zugestanden haben, die sonst bei weitläufigem Anfragen wohl Schwierigkeiten hat.*[144] Eine Hochzeit war auch damals nicht nur eine Hochzeit, sondern eine komplizierte Angelegenheit zwischen Obrigkeiten, Ämtern und Kirche.

Die üblichen offiziellen Briefe an Evas erwartungsvolle Verwandtschaft schrieb er kaum früher, an seine eigene, an Mutter und Schwester in Kamenz und den Bruder Karl in Berlin, erst Wochen nach der Hochzeit. Der hatte schon im September das Gerücht gehört, Lessing werde demnächst wieder nach Hamburg reisen, um seine Braut abzuholen, und in Wolfenbüttel heiraten. Auch in Berlin, wo Lessing so viele Freunde hatte und bekannt war wie ein bunter Hund, debattierte man also darüber, der alte Ehefeind werde heiraten.

Der frohe Ton der Aufbruchstimmung klang irgendwann

nicht mehr ganz so froh, aber Lessing gab sich – für seine Verhältnisse – *wirklich* Mühe. Und er wusste sich Hilfe zu engagieren. Die Köchin suchte ihm Madam Topp, die tüchtige Ehefrau seines Hausarztes. Wem helfen Frauen lieber als vermeintlich hilflosen, allein stehenden Herren? Und die Möbel – egal, es kam sowieso wieder etwas dazwischen. Diesmal eine Ehre.

Eva hatte schon von ihrem Heidelberger Bruder erfahren, der pfälzische Kurfürst wolle in Mannheim ein Nationaltheater einrichten und Lessing dafür engagieren. Anfang September besuchte ein Kommissär des Herzogs, der Mannheimer Buchhändler und Verleger Christian Friedrich Schwan, Lessing und überbrachte ihm die Ernennung zum Mitglied der Kurpfälzischen Akademie der Wissenschaften. Das bedeutet Ehre, 100 Louisdor jährlich (die er allerdings wohl nie erhielt) und die Verpflichtung, einmal im Jahr eine Abhandlung zu schreiben und zu den Versammlungen in Mannheim zu reisen. Bei Erstattung der Kosten! Für das Theater erhoffte man sich nur seinen Rat, wenn er ohnedies in Mannheim sei.

Eva konnte aufatmen, damit war Lessings neuestes Gedankenspiel – war das denn auszuhalten?! –, womöglich über kurz oder lang nach Mannheim überzusiedeln, müßig. Er hatte ihr die Entscheidung überlassen wollen, ein Trick, den sie energisch zurückgewiesen hatte: *Ich sollte mich zur Entscheidung gefasst machen? Nein mein Bester. (…) Sie allein können wissen, ob die Arbeit, die man Ihnen aufträgt, nach Ihrem Geschmack ist, ob Sie ein unruhigeres Leben dem ruhigeren vorziehen. Das weiß ich alles nicht: Sie aber wissen, dass ich mich in alles schicken kann, und dass ich keinen andern Wunsch habe, als mit Ihnen ruhig und zufrieden zu leben, in welchem Land, und welchem Orte ist mir gleich viel. Also lassen Sie sichs ja nicht wieder einfallen, mir die Entscheidung auftragen zu wollen, sondern wählen Sie, was Ihr*

Geschmack und die Vernunft Sie wählen heißt. Ich wünschte nur, dass Herr Schwan bald käme, damit man wüsste, woran man wäre.[145]

Nun war der pfälzische Bote da gewesen, Lessing war Mitglied der Akademie, konnte in Wolfenbüttel bleiben und ab und zu nach Mannheim reisen, ein gutes Ventil bei aufflackernder Wanderlust – mit Eva in ihre Heimat, darauf wollte sie sich schon freuen. Und die Kisten und Kasten konnten in Wolfenbüttel bleiben.

Inzwischen sprach sich herum, dass die Hochzeit bei den Schubacks in Jork stattfinden würde. Eva und Lessing hatten eine kleine intime Hochzeit geplant, ohne Gäste, ohne die Freunde – was die Freunde verdrießen musste. Umso größer war das Interesse. Gleich nach Lessings Abreise nach Wolfenbüttel hatte Eva von Madam Schwalb gehört, sie habe es von Doktor Grund gehört, der wiederum habe es von dem Herrn Hofrat selbst erfahren. *Ich glaubte es aber nicht. Sondern mutmaßte, dass es vielmehr durch die Tochter des S. [Syndikus] Sch. [Schuback, Bruder Johannes Sch.s] an die Sch. [Schwalb] gekommen sei. Madam Sch. [Schuback] ist es auch ärgerlich, und sie hat ordentlich untersucht, woher das Gewäsche käme, und am Ende entdeckt, dass es aus K. [Klopstocks] Munde kommt, also vermutlich durch die B. [Büsch].*[146]

Lessings Ankunft zur Hochzeit war auf den 25. September festgesetzt worden, er verschob sie auf den 5. Oktober – Madam Schuback war in großer Unruhe, wahrscheinlich in größerer als die Braut –, schließlich auf den 6. und kam gerade noch rechtzeitig zur Trauung am 8. Oktober. Doch darüber ist hier schon an anderer Stelle berichtet worden. Es war eine Hochzeit mit allen erdenklichen Hindernissen – erstaunlich, wenn es nach den hinter dem Brautpaar liegenden Jahren anders gewesen wäre.

9

Das glücklichste Jahr oder Diese Szene ist aus

WOLFENBÜTTEL

Es war Mitte Oktober 1776, das Laub der Linden leuchtete safranfarben, als die beiden Kutschen mit dem Ehepaar Lessing, dem Bediensteten und den fünfzehn-, elf- und achtjährigen Kindern Amalia, Engelbert und Fritz König Wolfenbüttel erreichten. Theodor lebte noch in der Pfalz. Er war wieder gesund und sollte bald heimkehren an diesen für ihn fremden Ort. Mit seinen neunzehn Jahren war er erwachsen und hatte eigene Pläne.

Vor vielen Jahren, im Februar 1763, war Eva schon einmal in Wolfenbüttel gewesen. Als junge Ehefrau hatte sie sich mit Engelbert König und einigen Bekannten oder Freunden durch die Bibliothek führen und besondere Kostbarkeiten der Sammlung zeigen lassen. Damals waren ihr die Bücher wichtig und die kleine Stadt gleichgültig gewesen, inzwischen war sie zu ihrem Sehnsuchtsort geworden, sie sah sie nun mit anderen Augen.

Bis vor einem knappen Vierteljahrhundert hatte Wolfenbüttel im Glanz und Reichtum der Residenz der braunschweig-lüneburgischen Herzöge gelebt. Dann war der Hof ins nahe Braunschweig übergesiedelt und der Ort in die Schläfrigkeit eines Ackerstädtchens zurückgefallen, die Bevölkerungszahl hatte sich inzwischen um die Hälfte auf

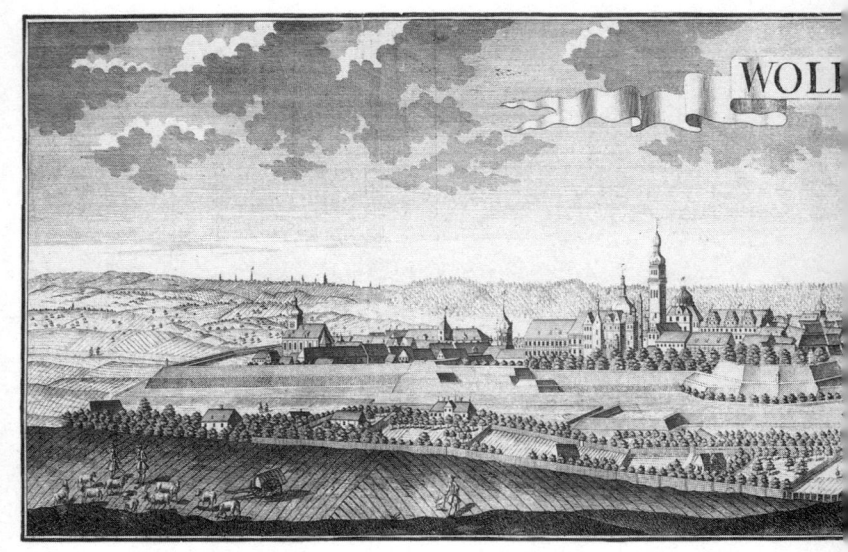

Stadtansicht Wolfenbüttel, 1729

knapp 6 000 Einwohner reduziert. Viele der das Stadtbild
bestimmenden Fachwerkhäuser waren einst für Diplomaten,
Beamte, hohe Offiziere oder als Domizil für die herzoglichen
Ämter gebaut worden. Mit ihren bunt bemalten Schnitzereien
und stolzen Portalen gaben sie den engen Straßen und weiten Plätzen eine wohlhabendere Anmutung, als sie in Städten vergleichbarer Bedeutung zu finden war. Das täuschte –
anders als für Heidelberg nach dem Wegzug des pfälzisch-
kurfürstlichen Hofs prophezeit, wuchs hier tatsächlich ziemlich viel Gras vor den Türen. Die von der Oker umflossenen
Festungswerke mit den Stadttoren und Bastionen waren noch
recht gut erhalten, die Wälle boten idyllische Spazierwege,
die die Stadt durchziehenden Kanäle, zur Entwässerung des
sumpfigen Untergrunds und als Wasserstraßen genutzt,
schöne Durchblicke und frische Luft. Den als ›Heinrichstadt‹

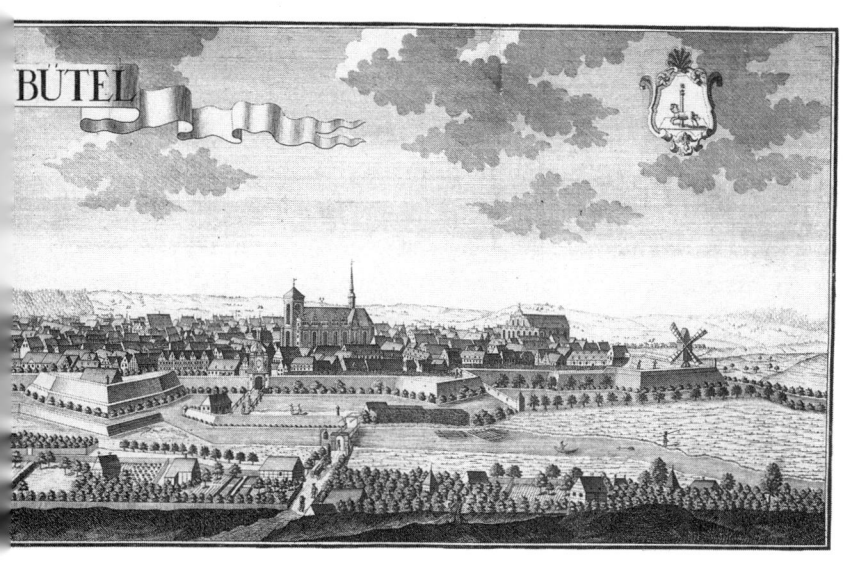

bezeichneten größeren Bürgerbezirk dominierte die Hauptkirche *Beatae Mariae Virginis*, ein Renaissance-Gotteshaus, das in Größe und kunstvoller Ausgestaltung seinesgleichen suchte.

Im Schlossbezirk hatte die über dem ehemaligen Marstall errichtete *Bibliotheca Augusta* ihren Platz. Schräg gegenüber, nahe dem mächtigen, nun als Kaserne genutzten Zeughaus mit den im Stil der Renaissance geschmückten Ziergiebeln, stand das neun Fenster breite Meissner'sche Haus; in den sechs Zimmern des ersten Stockwerks wohnte das Ehepaar Lessing den größten Teil seines gemeinsamen Lebens. Das breite Bürgerhaus muss Eva gefallen haben, der weite Schlossplatz gab seinen Räumen Licht, die Bibliothek lag nur wenige Schritte entfernt. Wie zur anderen Seite auch das Schloss, Lessings einsame Burg der vergangenen sechs Jahre. Seine ehemalige Wohnung stand nun leer, die lange Reihe ihrer Fenster war von der neuen der Lessings und der König'schen Kinder gut zu sehen.

Im Erdgeschoss des Meißner'schen Hauses wohnten die Besitzer und Vermieter, die Brüder Meißner, mit den Resten der väterlichen Verlagsbuchhandlung. Früher war sie als Hofbuchhandlung mit einem enormen Sortiment und Lager ein einträgliches Geschäft gewesen, nun verwalteten die Brüder den Bankrott.

Es gab nur noch wenig Wohlstand in Wolfenbüttel, doch es war bei aller Bescheidenheit eine hübsche Stadt. Und ein ruhiger Ort – genau das, was Eva Lessing nach den Jahren der Unruhe und Ungewissheit wollte.

Zunächst wird sie mit der Einrichtung und Komplettierung des neuen Haushalts beschäftigt gewesen sein, Malchen wurde krank und musste wochenlang gepflegt werden, die Söhne waren munter, und Theodor wartete darauf, dass sein Stiefvater ihn aus Mannheim abholte – Familiennachrichten der ganz gewöhnlichen Art. Von Eva selbst ist außer einem Brief vom 31. Dezember 1776 an ihre Schwägerin, die *Hochgeehrte Sehr Werthgeschätzteste Frau Schwester* Anna Stoltenhoff in Eschweiler, die Schwester Engelbert Königs, nichts erhalten. Obwohl die Anrede nach einer Beziehung in steifer Förmlichkeit klingt, lassen ihre folgenden Zeilen vermuten, dass die beiden Frauen einander gemocht und regelmäßig miteinander korrespondiert haben und Engelberts Schwester die neue Ehe ihrer Schwägerin zumindest billigte.

Weder war es Evas Art noch üblich, entfernten Verwandten über persönliche Befindlichkeiten zu berichten, schon gar nicht über ein frisches Eheglück. Das ging Madam Stoltenhoff wenig an, wohl aber das Glück der Kinder ihres verstorbenen Bruders. Darin konnte Eva sie beruhigen: *Meine Söhne sind Gottlob jetzt alle wohl, auch Theodor ist von seinem*

Beinschaden geheilet. In wenig Wochen wird ihn sein Vater von Mannheim aus hier hohlen. Wenn das Gott gäbe! Daß meine liebe Tochter gesund würde, so genösse ich wieder einmal das Vergnügen, was ich so lange habe entbehren müssen, unter allen meinen Kindern ruhig und zufrieden zu leben, und was das Hauptsächlichste ist, sie unter der Aufsicht eines redlichen und gütigen Vaters zu wissen. Denn das ist Lessing in vollem Verstand. Und in diesem Betracht, werden Sie und Ihr Herr Liebster ihn gewiss auch in Ihre Freundschaft aufnehmen, zu welcher er sich, nebst höflicher Empfehlung, bestens empfiehlt.[147]*

Ein redlicher, gütiger Vater. Als Freund hatte Lessing ihre Kinder bei seinen gelegentlichen Besuchen gemocht und sogar Vergnügen an ihren Spielen gefunden, aber gelegentliche Besuche sind eben nur Besuche. Jetzt hatte er die Rolle des Vaters übernommen, sie waren alle Tage um ihn – um ihn und seine Frau. Von Zweisamkeit konnte da keine Rede sein. Es scheint ihn nicht gestört zu haben, die Rolle gefiel ihm, nicht nur Eva zuliebe.

Das Familienleben der Lessings klingt ein bisschen – der Zeit einmal vorgegriffen – nach biedermeierlichem Bilderbuch. Ein einander innig liebendes reifes Paar zwischen Schloss und ehrwürdiger Bibliothek, der Ehemann geht seiner Arbeit nach, bringt gerne Gäste mit und widmet den Kindern als guter Hausvater freundlich die nötige Zeit und Aufmerksamkeit, teilt auch ihre Spiele und Gespräche, sorgt für ihre Zukunft. Die Ehefrau schaltet und waltet als gute Hausfrau und Mutter, bewirtet freudig die Gäste, auch mal ›auf Wiener Art‹ nach Rezepten, die sie in den vergangenen Jahren in ihrem Notizbuch vermerkt hatte; sie ist eine so kluge wie heitere Gesprächspartnerin, sie findet Muße für ausgiebige Lektüre, erfreut sich an gelegentlichen Ausfahrten zu gemeinsamen Freunden in Braunschweig, sie hat schon bald Freundinnen in den Häusern der Freunde ihres Gatten.

Misstrauische Gemüter mögen am Wahrheitsgehalt zweifeln, doch genauso scheint es gewesen zu sein. Da hatten sich zwei erwachsene Menschen nach allen Anfechtungen und Schwierigkeiten, wie sie sich kein Melodram-Schreiber besser hätte ausdenken können, ihre Liebe erhalten, auch darum gekämpft, und waren endlich unter besten Bedingungen miteinander verbunden. Der Schock der alltäglichen Realität, der eine lang genährte Sehnsucht, eine erträumte Zukunft nur zu oft zu einer enttäuschenden Gegenwart gerinnen lässt, trat nicht ein.

Es stimmt, nicht die Hochzeit macht das Happy End, sondern die Zeit, die dann beginnt. Bei den Lessings brachte sie das erwartete Glück.

Meine Frau kennst Du, schrieb Lessing am 1. Dezember an seinen Bruder Karl, als er auch ihm endlich seine Hochzeit mitteilte, *ob Du gleich ihrer Dich wohl schwerlich erinnern wirst, weil sie Dich nur ein einziges Mal gesehen, und sie mir es noch oft vorwirft, daß ich Dich damals nicht in ihr Haus gebracht. Wenn ich Dich versichere, dass ich sie immer für die einzige Frau in der Welt gehalten, mit welcher ich mich zu leben getraute, so wirst Du wohl glauben, dass sie alles hat, was ich an einer Frau suche.*[148]

Wie leicht Eva in ihre neue Rolle schlüpfte, ist nicht bekannt. Dass nicht nur Lessing seine alte Heiterkeit und eine neue Gelassenheit gefunden hatte, sondern auch sie zufrieden und glücklich war, erlebten neben schon vertrauten Freunden auch die neuen Besucher, die bald kamen. Sie wurden umgehend der Ehefrau und einem liebenswürdigen Mädchen ›nebst ein paar munteren Knaben‹ vorgestellt und mit der Familie zu Tisch gebeten. Eva Lessing war nicht die stille Gattin im Schatten eines berühmten Mannes. Als gebildete, weit gereiste Frau mit vielfältigen Talenten und Erfahrungen, mit Witz und Eloquenz war sie keine, die in Küche oder Kinderzimmer verschwand, wenn die gelehrten Herrn beim Wein mit den interessanten Gesprächen begannen.

Johann Eschenburg, jener vermaledeite Eschenburg, der garantiert verhindert hatte, dass Lessings Kutsche den *Schinkenkrug* auf dem Weg zur Elbfähre passierte, kam Ende Oktober zu Besuch und meldete dem gemeinsamen Berliner Freund Nicolai: *Ich weiß nicht, ob Sie seine Frau, die gewesene Madam König, persönlich kennen; wenn das ist, so darf ich's Ihnen nicht erst sagen, daß sie eine sehr verehrungswürdige Frau ist. Sie hat ihm fünf Kinder zugebracht, wovon er drei bey sich hat. Ich weissage ihm nach allem Anschein ein glückliches Leben.*[149]

Der junge Theologe, Historiker und Publizist Ludwig Timotheus von Spittler, der sich im folgenden Frühjahr in Wolfenbüttel aufhielt, erinnerte sich später nicht nur an Lessings Großzügigkeit und Hilfsbereitschaft bei seiner Arbeit in der Bibliothek, sondern auch an die selbstverständliche Aufnahme, die er in dessen Haus und Familie gefunden hatte. Da fand sich keine Spur mehr von Missstimmung und Hypochondrie. Diese drei Wochen bei Lessing und seiner Familie, stellte er fest, seien drei der glücklichsten seines Lebens gewesen. *Man wird unvermerkt so vertraut mit ihm, dass man schlechterdings vergessen muß, mit welch' großem Manne man umgeht; und, wenn's möglich wäre, mehr Menschenliebe, mehr tätiges Wohlwollen irgendwo anzutreffen, als bei Lessing, – so wär's bei Lessings Gattin. Eine solche Frau hoffe ich nimmer mehr kennen zu lernen. Die unstudierte Güte des Herzens; immer voll der göttlichen Seelenruhe, die sie auch durch die bezauberndste Sympathie allen mittheilt, welche mit ihr umzugehen das Glück haben. Das Beyspiel dieser grossen würdigen Frau hat meine Begriffe*

von ihrem Geschlecht unendlich erhöht; und vielleicht bin
ich noch viel zu kurz in W. gewesen, um sie nach allen ihren
Vorzügen kennen zu lernen.[150]

Mag sein, der junge Freiherr war ein Schwärmer, aus Hamburg kamen auch andere Töne. *Ehedem als Junggeselle stand er für einen Mann und hatte keine Complicen. Jetzt ist Frau und jeder Hausgenosse ein Verräther. Man spricht von seinem Hause und den Kindern als einer Brut von jungen Teufeln, die keinen Gott noch Teufel glauben*[151], konstatierte Elise Reimarus einige Monate später, als sie fürchtete, das Geheimnis um die von Lessing herausgegebenen *Fragmente eines Unbekannten* sei gelüftet. Lessing hatte behauptet, es sei ein Fund aus der Bibliothek, der tatsächliche Autor war ihr 1768 verstorbener Vater Hermann Samuel Reimarus, Elise hatte Lessing das Manuskript (wahrscheinlich) 1768 zunächst nur zum privaten Gebrauch anvertraut. Die Veröffentlichung der bibelkritischen, die Offenbarung in Abrede stellenden Schrift war Zündstoff ersten Ranges; die erste Teilveröffentlichung 1774 hatte wenig Beachtung gefunden, in diesem Sommer 1777 hatte Lessing weitere ›Fragmente‹ herausgegeben, die Explosion kündigte sich schon an. Elise Reimarus fürchtete um den posthumen Ruf ihres Vaters, sicher auch um den eigenen und den ihres Bruders, gleichwohl blieb sie letztlich auf Lessings Seite und wurde seine Vertraute, Beraterin und Mitarbeiterin. Sie verehrte ihn als außergewöhnlichen Gelehrten und auch als Mann. Seine Heirat mit dieser Witwe, die sie eigentlich für ›eine liebenswürdige Frau von vielem Verstande‹ hielt, nahm sie übel.

Doch die meisten, die Lessing nun besuchten, die ihn kannten und besonders in den vergangenen Jahren erlebt hatten, beeindruckte die Heiterkeit, Wärme und Zufriedenheit ausstrahlende Atmosphäre in dieser Familie. Eva König hatte in Hamburg in einem Kreis vertrauter Freunde gelebt, sie hatte in Wien und allen Stationen ihrer Reisen Freundinnen, Freunde und Unterstützer gefunden, in Wolfenbüttel und Braunschweig war es nicht anders.

In Wolfenbüttel war sie mit Neugier erwartet und umgehend mit einer ehrenvollen Aufgabe betraut worden. Schon am 20. Oktober, wenige Tage nach ihrer Ankunft, ›stand sie Gevatterin‹ bei dem jüngsten Kind des Ehepaares Ernestine und Friedrich Julius Topp. Dr. Topp war Lessings Hausarzt und Schachpartner, er war ›bucklicht‹ und ein witziger, vielleicht etwas zu eifrig und maniert witzelnder Mann in Evas Alter, zudem ein dilettierender Literat. Das Kind wurde Lessing zu Ehren auf den Namen Ephraim getauft, es lebte nur vier Wochen. Wieder war da eine Frau, die Eva über den Tod ihres Kindes tröstete. Sie schloss auch Freundschaft mit Dorothea von Döring, der schönen Frau des Kammerherrn und Drosts Johann von Döring, mit dem Lessing befreundet war.

Auch Malchen fand Freundinnen, vor allem die Tochter der Dörings und ein junges Fräulein von Brandenstein, mit der sie eifrig Briefe wechselte, obwohl sie nur wenige Schritte voneinander entfernt wohnten. Ein Junge, vielleicht einer der Brüder, wurde als Postbote engagiert, und Lessing machte sich einen Spaß daraus – Väter und Stiefväter haben manchmal seltsame Vorstellungen von Spaß –, einen der Briefe abzufangen, um vergnügt die mangelhafte Orthographie zu korrigieren. Trotzdem sollte Malchen in dieser Hinsicht bis ins hohe Alter wenig dazulernen. Ihre Brüder Fritz und Engelbert besuchten die Große Schule, die Wolfenbütteler Lateinschule, Fritz lernte auch Violine spielen. Malchen hatte mit ihren sechzehn Jahren das Pflichtprogramm in Sachen Mädchenbildung längst absolviert. Sie war ein hübsches Mädchen mit einem Madonnengesicht und von freundlichem Naturell; sie versprach eine gute Hausfrau zu werden, intellektuelle Interessen hatte sie offenbar nicht.

Noch einmal gab es Unruhe. Im Januar 1777 bestellte Lessing wieder die Kutsche und fuhr durch die bittere Kälte nach Mannheim. Nicht nur, um seinen ältesten Stiefsohn abzuholen, wie Eva ihrer Schwägerin geschrieben hatte. Das neue Nationaltheater, das in Mannheim gegründet werden sollte, tatsächlich schon gegründet worden war, aber noch vor sich hin dümpelte, hatte ihn doch nicht losgelassen. Er hatte Pläne gemacht und sich mit Abel Seyler beraten, dem Prinzipal einer der besten deutschen Theatergesellschaften und einstigen Direktor des Hamburger Experiments. Wohl wissend, dass die guten Schauspieler zurzeit alle nicht zu haben waren, hatte Lessing sich bemüht, wenigstens andere zu empfehlen. Die aus der zweiten Reihe konnten ja noch dazulernen. Ihn schaudere davor, schrieb er an Bruder Karl, sich wieder mit dem Theater befassen zu müssen – er tat es trotzdem. Als der Ruf aus der Pfalz kam, machte er sich auf die Reise.

Eva wird der Kutsche mit gemischten Empfindungen nachgesehen haben. Sie war angekommen, sie fühlte sich wohl in Wolfenbüttel, und hier, daran hatte sie Lessing schon vor vielen Monaten erinnert, müsse er sich nur mit dem ihm wohl gesonnenen Erbprinzen arrangieren, in Mannheim habe er es mit Ministern zu tun, mit Männern, von denen man nie wisse, wie lange sie ihr Amt innehätten. Von den höfischen Intrigen und Eifersüchteleien gar nicht erst zu reden. Andererseits wartete in der Pfalz noch das Erbe ihrer Mutter auf sie, 15 919 Gulden und 9 1/2 Kreuzer, wie es in den Heidelberger Akten protokolliert ist, und die 10 000 Gulden ihres Onkels Hieronymus Gaub, ein ansehnliches Kapital, das nur nach Abzug hoher Steuern aus der Pfalz gebracht werden durfte. Ihr Bruder Johann Georg hatte sich dafür verbürgt. Von der Verkaufssumme ihrer Fabriken bekam sie nur 500 Taler Zinsen als jährliches Einkommen, trotzdem war sie eine wohlhabende Frau. Falls Lessing in Mannheim Gönner fand – immer diese Notwendigkeit irgendwelcher Gönner! –, musste es ihm als ihrem Ehemann ein Leichtes sein, ihr Vermögen freizubekommen.

Sie war da skeptisch, und auch sonst behielt sie Recht. Als Lessing Mitte März zurückkam, hatte er ein für alle Mal mit dem Gedanken an eine Theaterleitung oder auch nur Beratung abgeschlossen. Mit Mannheim und dem pfälzischen Hof erst recht. Er war in eine noch üblere Maschinerie höfischer Intrigen geraten, als Eva befürchtet hatte. Schließlich hatte man ihn in der Hofkutsche nach Heidelberg abgeschoben und ihm dort die Aufsicht oder was auch immer – so genau wusste das niemand – über die Universität in Aussicht gestellt. Er hatte im Haus von Evas Bruder gesessen – und gewartet. Wenigstens dort war er herzlich willkommen geheißen worden. Aber Lessing, der Protestant und auch sonst der freigeistigen Ketzerei Verdächtige, an der Heidelberger Universität? Gar in leitender Position? Das wiederum hatte den Jesuiten und Konkurrenten überhaupt nicht gefallen. Schließlich kam Nachricht vom Mannheimer Hof – Lessing wurde mit windigen Begründungen nach Hause geschickt. Spätestens der geharnischte Brief, den er im April nach Mannheim schickte, ließ allen Kontakt dorthin abbrechen.

Es ist nicht bekannt, wie Eva darüber dachte. Dass sie die Empörung über diese unwürdige Farce geteilt hat, steht außer Frage. Aber wenigstens hatte Lessing endlich einige ihrer Verwandten kennen gelernt (und sie ihn, was zweifellos wichtiger war), und vor allem: Er hatte Theodor mitgebracht. In diesem Sommer lebte sie, wie sie es schon lange wollte, mit ihrem Mann und allen Kindern unter einem Dach. Theodor würde nicht lange bleiben, so sah es jedenfalls aus. Während der Zeit der Krankheit hatte er seine Kenntnisse in Französisch, Zeichnen und Mathematik vervollkommnet, Fähigkeiten, die beim Militär gefragt waren. Er wollte schon lange Soldat werden, jetzt war er wieder ganz gesund und hoffte wie seine Mutter, die Verbindungen des neuen Stiefvaters könnten dabei helfen.

Lessing erwartete bei seiner Rückkehr ein Brief seiner Schwester Dorothea Salome. Während er in Heidelberg auf Entscheidungen wartete, war in Kamenz seine Mutter gestorben. Sie war lange krank gewesen, ihre Tochter hatte sie auf ihrem *harten und schmerzhaften Krankenlager, welches über ein halbes Jahr gedauert* gepflegt. (…) *Wie mir bei diesem Todesfall zumute, wirst Du Dir nicht vorstellen und kannst es auch nicht. Es war unserer lieben seligen Mutter ihr Wille, mußte es auch auf ihrem Totenbette versprechen, daß ich selbst ein paar Zeilen an Dich schreiben wollte. Sie hoffte immer alle Tage auf einen Brief von Dir und dem Bruder in Berlin …* [152]

Dorothea Lessing hatte ein karges Leben als Helferin ihrer schwierigen Eltern verbracht. Ganz anders als ihre Brüder (und als Eva Hahn) hatte sie nur ein Minimum an Bildung erfahren. Möglicherweise hatte sie daran wenig Interesse gehabt, sicher zu wenig Zeit. Die einzige Tochter einer vielköpfigen Familie in ständiger Geldnot wurde im Haushalt gebraucht. Sie war an ihrem an Freuden armen Leben zur strengen alten Jungfer geworden, sie hatte sich, wie Lessing ihr in später Anerkennung schrieb, stellvertretend für alle Geschwister ihrer Pflicht aufgeopfert. Ihrer Pflicht. Nun war sie fünfzig Jahre alt, allein, arm und mehr denn je auf ihre vergesslichen Brüder angewiesen.

Hat Lessing um seine Mutter getrauert? Sicher. Ausdrücken konnte er es nicht. Vielleicht ist es schwer, um einen Menschen zu trauern, den man dreißig Jahre lang kaum gesehen hat, auch wenn es die eigene Mutter ist. Und wenn man selbst gerade ein neues, Glück verheißendes Leben begonnen hat.

Die Wohnung bei den Meißners war nun zu eng geworden – höchste Zeit für den nächsten, für den letzten Umzug. Das neue Zuhause lag nur einen Steinwurf entfernt, Eva konnte das nach seinem ersten Bewohner Schäffer'sches Haus genannte kleine Anwesen von den vorderen Fenstern ihrer Wohnung sehen. Es war ein ausnehmend hübsches Haus. Aus verputztem Fachwerk, dreiflüglig und eingeschossig im Stil eines Parkschlösschens des französischen Rokoko um ein kleines Atrium gebaut, zierlich und elegant, ganz nahe der Bibliothek. Vom lichten Gartensaal in seiner Mitte, gerade richtig, um Gäste zu bewirten, führte eine verglaste Flügeltür direkt ins Grüne, unter dem Mansarddach versteckten sich kleine, niedrigere Räume und Kammern. Das geräumige Gebäude war etwa vierzig Jahre zuvor für den herzoglichen Oberkammerdiener gebaut worden, nun wohnte sein Schwiegersohn, ein Hofgerichtssekretär, in dem kleinen Schmuckstück. Gegen den Hofrat Lessing hatte er keine Chance, er musste auf Geheiß des Herzogs ausziehen. Am 1. Juli stand das Haus leer, und Eva, die Frau Hofrätin Lessing, hatte eine neue Aufgabe.

Es heißt, der Trieb zum Nestbau liege in der Natur der Frauen, insbesondere der Mütter. Wenn das stimmt, konnte sie ihn jetzt gründlich ausleben. Die Renovierung des Hauses dauerte fast ein halbes Jahr und kostete die Hofkasse mit 1016 Talern mehr als ein Jahresgehalt des Wolfenbütteler Bibliothekars und zukünftigen Bewohners. Ein kleines Heer von Handwerkern – Maurer, Zimmerleute, Klempner und Schlosser, Glaser, Tischler, Maler und Ofensetzer, Gärtner – machte sich an die Arbeit, um das Gebäude instand zu setzen, mit neuem Stuck zu versehen, zu tapezieren, es überhaupt neu und nach dem Geschmack der künftigen Bewohner auszubessern und umzugestalten. Den Garten nicht zu vergessen: Hinter dem Haus wuchsen Apfel-, Birn-, Pflaumen-, Aprikosen- und Kirschbäume – dazu wurden noch neue gepflanzt –, im Innenhof und davor Linden, Blumenbeete und Rosenstöcke werden kaum gefehlt haben. Auch schützende Hecken nicht, die Kinder, die sich dort gern die Zeit vertrieben, nannten es ›das einsame Gärtchen‹.

Ließ sich ein besserer, ein idyllischerer Ort zum Leben finden? Es war auch ein guter Ort, um Kinder aufzuziehen. Die heranwachsenden, und das, mit dem Eva seit dem Frühjahr schwanger war. Sie hatte sieben Kinder geboren, vier waren ihr geblieben. Und dieses Kind, das achte, würde es auch leben? Das musste es. Sie war 41 Jahre alt, vielleicht war es das letzte, das einzige, das sie mit Lessing haben konnte. War ihr diese Schwangerschaft ein Glück? Hat sie Angst gehabt? Das eine schließt das andere nicht aus. Lessing, das jedenfalls ist bekannt, hat sich auf dieses Kind gefreut. Und die Sorge um seine Frau wird groß gewesen sein.

Im Oktober, als die Renovierungsarbeiten zur Hälfte geschafft waren, feierten sie ihren ersten Hochzeitstag. Wie auch immer, doch just an diesem Tag trug sich Eva, die als passionierte Leserin und liebende Frau die Bibliothek ganz sicher auch zuvor besucht hatte, in das Besucherbuch ein: *E. C. Lessing geborene Hahn, aus Wolfenbüttel. 8en October 1777*[153].

Im Dezember hatte der Ofensetzer seine Arbeit noch nicht ganz beendet, auch der Klempner war noch beschäftigt, doch Familie Lessing zog bei bitterem Frost quer über den Platz vor der Bibliothek in das wie neu gemachte Haus. Theodor nur für wenige Tage, dann kam Moses Mendelssohn zu Besuch und nahm Evas ältesten Sohn mit nach Berlin. In der Braunschweiger Armee hatte sich kein Posten für ihn gefunden, nun wollte er es in Preußen versuchen. Schon wieder ein Abschied. Er würde seine Mutter nicht wiedersehen.

Mit dem Beginn des Weihnachtsfestes setzten die Wehen

ein. Der Tag von Christi Geburt – war das nicht ein gutes Zeichen? Nein, das war es nicht. Dr. Topp musste zu Hilfe geholt werden, der Freund und Hausarzt. Dr. Topp mit der Geburtszange. Immerhin war er promovierter Arzt, er hatte lange die Soldaten des Herzogs betreut, war gar zum Professor der Physiologie und Pathologie am Anatomisch-Chirurgischen Institut in Braunschweig ernannt worden – nur um weiter ein Lazarett zu betreuen. Seit fünf Jahren war er Stadt-, Land- und Garnisonsarzt in Wolfenbüttel – aber wie viele Frauen mochte er entbunden haben? Wie oft die Geburtszange in der Praxis erprobt? Etwa bei den Bäuerinnen und Kleinbürgerinnen Wolfenbüttels? Die ließen sich zuerst von den Wehmüttern helfen.

Am 25. Dezember 1777 zog er Evas Kind in die Welt. Es war *trotz der grausamen Art, mit der er auf die Welt gezogen werden musste*[154], ein hübscher Junge und schien gesund und munter. Doch dann musste der Pfarrer gerufen werden, der Vater und der Arzt standen Pate, und das Kind wurde rasch auf den Namen Traugott getauft. Ein Name wie eine Beschwörung. Traugott lebte nur einen Tag, vielleicht noch ein paar Stunden mehr.

Und Eva glühte im Fieber. *Ich ergreife den Augenblick*, schrieb Lessing am 31. Dezember an Eschenburg nach Braunschweig, *da meine Frau ganz ohne Besonnenheit liegt, um Ihnen für Ihren gütigen Anteil zu danken. Meine Freude war nur kurz: Und ich verlor ihn so ungern, diesen Sohn! denn er hatte so viel Verstand! so viel Verstand! – Glauben Sie nicht, daß die wenigen Stunden meiner Vaterschaft mich schon zu so einem Affen von Vater gemacht haben! Ich weiß, was ich sage. – War es nicht Verstand, daß man ihn mit eisernen Zangen auf die Welt ziehen musste? daß er so bald Unrat merkte? – War es nicht Verstand, daß er die erste Gelegenheit ergriff, sich wieder davon zu machen? Freilich zerrt mir der kleine Ruschelkopf auch die Mutter mit fort! Denn noch ist wenig Hoffnung, daß ich sie behalten werde. Ich wollte es auch einmal so gut haben wie andere Menschen. Es ist mir schlecht bekommen.*[155]

Er wachte Tag und Nacht an Evas Bett, er war der Einzige, den sie in den kurzen wachen Momenten erkannte. Ständig schickte man ihn hinaus, er solle ihr die letzten Augenblicke nicht schwerer machen.

Dann gab es wieder Hoffnung, es ginge ihr besser. Dr. Topp versicherte, sie werde es überstehen, das Fieber sank ja – und stieg erneut. Zuletzt blieb Lessing und Evas Kindern nur noch die Hoffnung, wieder hoffen zu können. Sie starb qualvoll am 10. Januar, im Jahre des Herrn 1778.

Meine Frau ist tot, teilte Lessing Eschenburg am selben Tag mit, *und diese Erfahrung habe ich nun auch gemacht. Ich freue mich, daß mir viel dergleichen Erfahrungen nicht mehr übrig sein können zu machen.*[156]

Am 13. Januar[157] wurde Eva Lessing auf dem Bürgerfriedhof bei der St.-Trinitatiskirche beerdigt.

Der Mann, den sie so sehr geliebt hatte, wünschte sich, mit der einen Hälfte seiner übrigen Tage das Glück erkaufen zu können, die andere Hälfte in Gesellschaft dieser Frau zu verleben. *Wie gern wollte ich es tun. Aber das geht nicht …*[158]

Was gibt es nun noch zu sagen? Was wurde jetzt aus ihren Kindern? Sie hatten früh ihren Vater verloren, ihre Mutter hatte sie jahrelang bei fremden Menschen zurücklassen müssen, jetzt hatte sie sie ganz verlassen.

Lessing bat seinen Bruder Karl in Berlin, Theodor die Nachricht vom Tod seiner Mutter zu bringen. Er bat ihn auch, Evas ältestem Sohn den beigefügten Brief erst zu geben, nachdem er ihn so gut vorbereitet hatte, als es ihm möglich war.

(3) 4
38

*Brief G. E. Lessings an J. J. Eschenburg
nach dem Tod Eva Lessings, 14. Januar 1778*

Karl Lessing antwortete schnell. Am 20. Januar schrieb er: *Ich wünschte Dich zu zerstreuen, aber ich bin dazu eben so wenig fähig, wie Du selbst. Ich habe genug an unserem jungen Freund zu tun. Es ekelt ihn alles an. Er will durchaus fort; und so sehr ich Dich bitten wollte, ihn bis Frühjahr hier zu lassen, so will ich doch nicht dagegen sein, wenn er mit der ersten Gelegenheit abgeht. Ich sehe an allen seinen Mienen, daß ihn nach Dir und seinen Geschwistern verlangt. Euer Unglück verkürzt die Freude, die uns sein Umgang machte.*[159]

So kehrte Theodor nach Wolfenbüttel zu seinen Geschwistern und dem fremden Stiefvater zurück. Er blieb bis zum August 1779, dann reiste er nach Wien, um den Nachlass seiner Mutter zu regeln und sich dort, ein Empfehlungsschreiben seines Stiefvaters an den Staatsrat Gebler in der Tasche, um ein militärisches Amt zu bemühen. Er wurde schließlich Unterleutnant im Dragonerregiment Großherzog Peter Leopolds von Toskana, nahm 1786 seinen Abschied und lebte karg von seinem Anteil am Erbe seiner Mutter und der Unterstützung seiner Schwester. Wahrscheinlich ist er im Alter von 51 Jahren am 29. April 1809 geisteskrank in einem Wiener Spital gestorben.

Engelbert, das ungebärdige, ›schwer erziehbare‹ Kind, gab Lessing nach Evas Tod in die Obhut eines Wolfenbütteler Kantors. Über sein weiteres Leben ist noch weniger überliefert. Offenbar versuchte er später ohne Erfolg in Frankfurt am Main eine Eisenwarenhandlung zu führen und starb vermutlich 1796 durch Selbstmord. Er wurde 31 Jahre alt.

Amalia und Fritz blieben bei ihrem Stiefvater, nach dessen Tod war Amalia lebenslang Schutzengel ihres Bruders. Fritz begann in Helmstedt ein Studium der Jurisprudenz, interessierte sich mal für dieses, mal für jenes, schließlich verschaffte ihm seine inzwischen wohlhabend verheiratete Schwester eine Vikariatsstelle am St.-Blasienstift in Braunschweig. Dort war er gut versorgt und fand Muße für seine Mineraliensammlung und zum Violinespielen. Mit dem Alter wurde er zum gutmütigen Sonderling, er trank zu viel und lief in bizarrer Kleidung durch die Stadt, oft heftig gestikulierend und ins Selbstgespräch vertieft. Während seiner letzten Jahre brauchte er ständige wachsame Betreuung. Er starb, fast 87 Jahre alt, am 2. Oktober 1855.

Nur Amalia, die in der Vergangenheit nervös und oft krank gewesen war, bewältigte ihre von Trennungen und Verlassenheit bestimmte Kindheit und Jugend. Sie erwies sich nun als tüchtig, auch als lebenstüchtig, wie ihre Mutter. Sie führte den Haushalt für ihren zunehmend kränkelnden Stiefvater und den kleinen Bruder und war auch bei Lessings Freunden geachtet und beliebt. Als er am 15. Februar 1781 bei einem Besuch in Braunschweig starb, war sie bei ihm. Danach fand sie (wahrscheinlich auch Fritz) Aufnahme bei Lessings Freunden Dorothea und Johann von Döring, ein Jahr später verlobte sie sich mit dem kürzlich verwitweten Postagenten Georg Konrad Albert Henneberg, dessen erste Frau wie Eva Lessing im Kindbett gestorben war. Sie heirateten am 1. April 1782, von ihren sechs Kindern starb nur eines früh, und es heißt, ihre 38 Jahre während Ehe sei glücklich gewesen. Amalia Henneberg, geborene König, starb nach einem zufriedenen Leben im großen Familienkreis 86-jährig am 20. April 1848.

Gotthold Ephraim Lessing hat den Tod der einzigen Frau, mit der er jemals hatte leben wollen und können, nicht verkraftet. Er richtete seinen Arbeitsplatz in ihrem Sterbezimmer ein und begann rasch wieder zu arbeiten, mehr denn je, die Beschäftigung mit Literatur und Theologie empfand er als einen guten Vorrat an betäubendem Laudanum.

Die Kinder, insbesondere Malchen, die ihrer Mutter so

ähnlich sah, waren ihm die Rettung vor seiner Verzweiflung und inneren Einsamkeit. Es heißt, er habe ihr in seinem letzten Theaterstück in der Figur der Recha, der christlichen Pflegetochter des weisen Juden Nathan, ein literarisches Denkmal gesetzt. Als Elise Reimarus ihm im Frühjahr 1780 von dem Gerücht schrieb, er halte seine Stieftochter in seinem Haus, weil er in sie verliebt sei und sie gar heiraten wolle, wollte er darüber lachen. Es muss ein bitteres Lachen gewesen sein, wenn selbst vertraute Freunde daran zu glauben schienen. Der alte Hamburger Kreis war ihm nach Evas Tod wieder wichtiger geworden, über Besuche hinaus, die auch der Erbschaftsregelung für Evas Kinder galten, vor allem die intensive Korrespondenz mit Elise Reimarus.

Lessings letzte Jahre waren vom Streit um die 1777 veröffentlichten weiteren *Fragmente* bestimmt, der Arbeit des entschiedenen Aufklärers Herrmann Samuel Reimarus'. Mehr als dreißig Gegenschriften erschienen, die schärfste Auseinandersetzung fand, über Monate öffentlich ausgetragen, mit dem stets für seine Sache kampfbereiten Hamburger Hauptpastor Melchior Goeze statt. Weniger die Ausführungen des unbekannten Autors waren das Ziel der Angriffe, sondern Vorwort und Kommentierung des Herausgebers Lessing und die Tatsache der Veröffentlichung.

Der Streit war bitter und wurde bitterböse, es scheint, als habe Lessing hier ein Ventil für den wütenden Schmerz über den Verlust seiner Frau und seines Sohnes gefunden. Nach dem Entzug der Zensurfreiheit und dem Verbot des Herzogs, weitere Schriften zu diesem Streit zu publizieren (was er zu umgehen suchte), beschloss Lessing zu versuchen, *ob man mich auf meiner alten Kanzel, auf dem Theater wenigstens, noch ungestört will predigen lassen*[160], wie er im September 1778 an Elise Reimarus schrieb.

Die Geschichte um den alten Juden Nathan, um die Auseinandersetzung der drei großen Religionen, überhaupt um die Religion, die Toleranz, die Nächstenliebe, war eines seiner seit vielen Jahren konzipierten und stets aufgeschobenen Projekte. *Nathan der Weise* erschien 1779. Die Darstellung eines edlen Juden – durch Lessing überhaupt zum ersten Mal in einem deutschen Schauspiel – und einer möglichen Versöhnung der christlichen, jüdischen und muslimischen Religion fand neben einiger Begeisterung große Empörung.

Lessing bekam Besuche, er ging mit Johann von Döring auf dem Schlosswall spazieren, und er arbeitete. Die letzten Teile seiner ›Freymäurergespräche‹ *Ernst und Falk* erschienen 1780, neben kleineren Veröffentlichungen auch die theologisch-philosophische Schrift *Die Erziehung des Menschengeschlechts*. Aber er war nun müde. Die Ablehnung, die er in der Öffentlichkeit überwiegend erfuhr, nahm er mehr denn je als eine Kälte wahr, die ihn erstarren ließ. Auch unter den Wolfenbüttelern gab es strikte Feinde gegen den vermeintlich Gottlosen und Hetze von der Kanzel. Seine Gesundheit wurde immer schlechter, manchmal schlief er mitten im Gespräch ein. Er sei jetzt *ein so fauler knorrichter Stamm*, schrieb er im Dezember 1780 Moses Mendelssohn. Und: *Ach, lieber Freund! diese Szene ist aus! Gerne möchte ich Sie freilich noch einmal sprechen!*[161]

Wenige Wochen später fuhr er wieder nach Braunschweig, um Freunde zu besuchen, um sich aufzuheitern. Dort starb er, wie es heißt, umgeben von Freunden und von Malchen, die ihrer Mutter so ähnlich sah, ruhig und lächelnd am Abend des 15. Februar 1781 in seinem Zimmer bei Johann Angott am Aegidienmarkt. Eva Königs Kinder waren nun wieder allein.

Gotthold Ephraim Lessing wurde fünf Tage später auf dem Friedhof der St.-Magnikirche in Braunschweig begraben. Das Grab und das erst im 19. Jahrhundert errichtete

Grabmal gehören heute zu den wenig beachteten Sehenswürdigkeiten der Stadt.

Eva Lessings Grab in Wolfenbüttel ist wie der ganze Friedhof schon lange verschwunden, an den Gottesacker erinnern noch ein paar alte Grabsteine in einer Grünanlage auf dem Gelände der einstigen Festungswälle nahe der St.-Trinitatiskirche. Dort, am Rand eines Spazierwegs, steht seit 1929 auch ein von den Nachkommen ihrer Tochter Amalia gestifteter schlichter Gedenkstein für Eva Lessing.

Das Haus am Schlossplatz, in dem sie und ihr Kind starben, in dem ihr zweiter Mann wenige Tage und das schreckliche Ende seines glücklichsten Jahres verlebte, wurde 200 Jahre später als Lessinghaus zu Museum und Gedenkstätte – auch für Eva Lessing, verwitwete König, geborene Eva Katharina Hahn.

Nachwort

Eva König – der Name löst gewöhnlich Ratlosigkeit aus. Ach so, Lessings Frau. Also Eva Lessing? Was auch nicht viel sagt, denn dass Gotthold Ephraim Lessing verheiratet war, ist kaum bekannt. Die Ehe dauerte nur fünfzehn glückliche Monate und zwei Tage und endete tragisch, so etwas hinterlässt wenig Spuren in der offiziellen Kulturgeschichte. Das Leben der Eva König, so soll sie nach ihrem Familiennamen zur Zeit des Briefwechsels, der am meisten über sie Auskunft gibt, auch hier genannt werden, lässt sich in seiner Bedeutung nicht auf ihre zweite Ehe mit dem berühmten Mann reduzieren. Sie war schon 35 Jahre alt, Witwe, Seiden- und Tapetenmanufakteurin und Mutter von vier Kindern, als sie sich mit Lessing verlobte, bei der Hochzeit war sie vierzig Jahre alt. Sie hatte ihr eigenes bürgerliches Leben ohne den Schatten eines prominenten Mannes gelebt, nicht in Reichtum, doch in behaglichem Wohlstand, sie hatte das Privileg einer guten Bildung erfahren, eine glückliche Ehe geführt und sieben Kinder geboren, von denen drei gestorben waren, sie war eine versierte Kauffrau gewesen und bei aller Neigung zur Melancholie mutig, entschlossen und lebensklug.

Eva Königs Geschichte von ihrer Kindheit als Tochter einer Heidelberger Kaufmannsfamilie bis zum Ende ihrer Ehe mit dem aufgeschlossenen Seidenhändler Engelbert König in Hamburg kann für die Biographien vieler Frauen des aufstrebenden, aufgeklärten Bürgertums im 18. Jahrhundert stehen. Ihr Leben nach dem Tod ihres ersten Mannes, ihr jahrlanger Kampf um ihre Manufakturen in Wien und ihre ›Fernbeziehung‹ zu ihrem komplizierten Verlobten sind ungewöhnlich. Gerade das Zusammenspiel des Stellvertretenden und des Ungewöhnlichen macht diese Lebensgeschichte spannend.

Dennoch, ohne ihre Liebe zu Lessing und das jahrelange quälende Getrenntsein wäre die Erinnerung an Eva König nur eine Notiz in einer beliebigen Familiengeschichte. Die 193 Briefe, die sie einander zwischen Juni 1770 und September 1776 schrieben, geben Lessing-Forschenden Einblick in die Seele und den Alltag eines der größten deutschen Denker und Literaten und zeugen noch mehr vom Leben, Denken und Empfinden einer ungewöhnlichen Frau. Und von einer schwierigen Liebe zwischen zwei Menschen, die einander gewachsen waren. Die so genannten Brautbriefe gehören zu den bedeutendsten Briefzeugnissen des 18. Jahrhunderts. Walter Jens beurteilt Eva Königs Briefe als die besseren, er bezeichnet sie als *eine der wenigen großen Epistolographinnen im Aufklärungszeitalter*[162]. Die Briefe Eva Königs und Lessings sind frei von der in ihrer Zeit üblichen Schwärmerei, von literarischer Ambition und Spekulation auf spätere Veröffentlichung. Es sind private, ungemein lebendige und eloquente Briefe, sie sind humorvoll und verzweifelt, sehnsüchtig und zornig, alltäglich und besonders, tief berührend.

Der Briefwechsel wurde bald nach Lessings Tod zuerst von seinem jüngeren Bruder Karl veröffentlicht, einige Passagen, zu denen sich in den vorhergehenden oder folgenden Schreiben keine Entsprechungen finden, lassen auf leichte zensierende Streichungen schließen. Die Originalbriefe sind nicht erhalten. Karl Lessing verehrte seinen so berühmten wie umstrittenen Bruder tief, was sein Lessing-Bild beeinträchtigen konnte, hat er in dessen Nachlass offenbar gestrichen. So sind zum Beispiel auch aus dem Oktavheft mit Lessings spärlichen Notizen während der Reise durch Italien einige Seiten herausgerissen, die den Abschnitt zwischen den Aufenthalten in Turin und Neapel betreffen müssten, also auch den Aufenthalt in Livorno, der von Begegnungen mit bedeutenden jüdischen Gelehrten bestimmt war. Lea Ritter Santini nimmt an, dass hier womöglich notierte theologisch unorthodoxe Gedanken seines Bruders von dem nach dem ›Fragmentenstreit‹ doppelt besorgten Karl Lessing vernichtet worden sein könnten.[163]

Fast alles, was wir von Eva König wissen, erschließt sich aus ihrem jahrelangen Briefwechsel mit ihrem späteren zweiten Ehemann. Die Suche nach dem Leben vor der Begegnung mit Lessing, also nach dem Mädchen Eva Hahn, der Kaufmannsfrau, der Witwe und Manufakteurin Madam König, ergibt nur Fundstücke. So kann der größere Teil ihrer Biographie auch nur aus solchen Fundstücken zusammengesetzt werden, verbunden durch Schlussfolgerungen und Annahmen, immer mit dem Blick durch die Lupe auf die Welt, in der sie lebte, und auf das Leben anderer Frauen in ihrer biographischen Nachbarschaft.

Der Vergangenheit nachzuspüren ist ein tückisches Unternehmen, es fördert die Fantasie und die Projektion, es verführt zu Parteilichkeit. Die Verbindung von Fundstücken mit theoretischem Wissen kann nur zu einem Bilderbogen werden, gleich einer Landkarte mit weißen Flecken, plausibel, doch nie ganz zu dem, was einmal Realität war. Selbst zeitgenössische Erinnerungen sind stets subjektiv. Ich habe mich bemüht, diese Gefahren zu sehen und ihnen auszuweichen. Wenn mir das auch nicht immer gelungen sein mag, hoffe ich, ein Lebensbild von größtmöglicher Authentizität zusammengetragen zu haben.

Eva Königs Biographie ist ohne die Biographie Gotthold Ephraim Lessings nicht zu denken und zu schreiben. Doch hier geht es um Eva König, geborene Hahn, spätere Lessing, das Leben und besonders das Werk ihres zweiten Ehemannes erscheinen in diesem Buch nur lückenhaft – darüber ist an anderer Stelle ausführlicher und kompetenter nachzulesen.

Sprache unterliegt stetem Wandel. Die Zitate in dieser Biographie sind Literatur aus unterschiedlichen Zeiten entnommen; die mehr oder weniger starke Anpassung an die jeweils herrschenden Regeln durch die Herausgeber erklärt die hin und wieder abweichende Orthographie, Zeichensetzung und Diktion. So hat z. B. Wolfgang Albrecht die von mir als Quelle verwandten Brautbriefe in seiner 2000 neu herausgegebenen Fassung ›behutsam der neuen Rechtschreibung angepasst‹. Ich habe darauf verzichtet, die von mir zitierten Texte der verrschiedenen Herausgeber wiederum zu glätten und einander anzupassen.

Bei der Recherche in Heidelberg, Hamburg, Wien und Wolfenbüttel habe ich vielfältige Unterstützung gefunden. Für geduldige Auskünfte und Gespräche habe ich besonders PD Dr. Ulrike Zeuch, Herzog-August-Bibliothek in Wolfenbüttel/Abt. Erforschung des 18. Jahrhunderts, Dr. Hans Christian Mempel, Museum im Schloss Wolfenbüttel, Prof. Dr. Franklin Kopitzsch, Hist. Seminar der Universität Hamburg, Schwerpunkt Sozial- und Wirtschaftsgeschichte, Hans-Martin Mumm, Kulturamt Heidelberg, Diana Weber, Stadtarchiv Heidelberg und Werner Thöle, Staatsarchiv Hamburg, zu danken. Ebenso Univ. Prof. Hilde Haider-Pregler, Institut für Theaterwissenschaften in Wien; ich bedaure, dass ihrem Wissen und ihren Anregungen in diesem Buch so wenig Raum gegeben werden konnte.

Petra Oelker
Hamburg, im Mai 2005

Anhang

Zeittafel

1728   14. Oktober: Engelbert König in Lüttringhausen als Sohn des Lehrers, Organisten und Kaufmanns Johann Theodor König und dessen Ehefrau Regina Christina getauft.

1729   22. Januar: Gotthold Ephraim Lessing als drittes Kind und ältester überlebender Sohn des Pastors Johann Gottfried Lessing und dessen Ehefrau Justina Salome, geb. Feller, im sächsischen Kamenz geboren.
Johann Sebastian Bach komponiert die Matthäuspassion; 2. Mai: Sophie Friederike Auguste von Anhalt-Zerbst geboren, ab 1762 Zarin Katharina II. (die Große).

1731   Der Erzbischof von Salzburg vertreibt 26 000 Protestanten, die meisten werden in Preußen angesiedelt; Beginn des Baus (bis 1799) eines 1062 Kilometer langen Kanals zwischen St. Petersburg und der Wolga.

1732   Die Londoner Freimaurergroßloge nimmt Juden auf; 1. April: Joseph Haydn getauft.

1736   22. März: Eva Katharina Hahn in Heidelberg als jüngste Tochter des Kaufmanns Heinrich Kaspar Hahn und dessen Ehefrau Eva Katharina, geb. Gaub, geboren und am 24. März getauft.

Erzherzogin Maria Theresia heiratet Herzog Franz Stephan von Lothringen; systematische Anwendung des Fieberthermometers durch Hermann Boerhaave.

1737 6. Dezember: In Hamburg wird die *Loge d'Hambourg*, die erste deutsche Freimaurerloge, gegründet.

1738 Heinrich Kaspar Hahn stirbt in Heidelberg.
Die Hamburger Oper, die erste bürgerliche in Deutschland, ist nach sechzig Jahren mit festem Ensemble endgültig bankrott.

1740 Karl Gotthelf Lessing, jüngerer und vertrautester Bruder, späterer Biograph und Herausgeber des Nachlasses, geboren; schwere Pockenepidemie in Berlin.

1741 30. Oktober: Angelika Kauffmann geboren, Schweizer Malerin, ab 1766 in London und Mitbegründerin der British Royal Academy.

1743 13. April: Thomas Jefferson geboren, Verfasser der US-amerikanischen Unabhängigkeitserklärung und dritter Präsident der USA.

1747 Andreas Marggraf entdeckt den Zuckergehalt der Rübe.

1748 Januar: *Der junge Gelehrte* von G. E. Lessing wird in Leipzig auf der Bühne der Friederike Caroline Neuber aufgeführt.
Erste Seidenmanufaktur in Berlin gegründet.

1749 28. August: Johann Wolfgang Goethe in Frankfurt am Main geboren; Händel komponiert in London die *Feuerwerksmusik*; Hinrichtung einer ›Hexe‹ in Würzburg.

1750 28. Juli: Johann Sebastian Bach in Leipzig gestorben; in England werden bedruckte Papiertapeten üblich.

1751 Das Heidelberger Fass für 222 000 Liter Wein wird für die Abgaben der Winzer gebaut und im Schloss aufgestellt.

1752 Benjamin Franklin entwickelt den Blitzableiter; ein literarischer Frauenkreis in London trägt stets blaue Strümpfe und prägt unfreiwillig ein Schimpfwort für intellektuelle Frauen.

1754 4. Juli: Maria Amalia Hahn heiratet den Hamburger Kaufmann Hinrich Matthias Wegener; Herzog Karl I. von Lüneburg-Braunschweig-Wolfenbüttel eröffnet ein Kunst- und Naturalienkabinett (erstes Museum in Deutschland).

1755 Uraufführung *Miß Sara Sampson* in Frankfurt/Oder. 1. November: Ein schweres Erdbeben zerstört Lissabon (›die schönste Stadt Europas‹) und tötet mit nachfolgender Flutwelle und Bränden mehr als ein Drittel der ca. 110 000 Einwohner; Hamburg schickt vier Schiffe mit Bauholz und anderen Hilfsgütern; die Katastrophe erschüttert den Glauben an die gute göttliche Ordnung und beschäftigt Europas Denker noch Jahrzehnte; letzter Wisent in Ostpreußen erlegt.

1756 16. Februar: Maria Amalia Wegener, geb. Hahn, stirbt in Hamburg; 2. August: Eva Katharina Hahn heiratet den Seidenhändler Engelbert König und zieht im Verlauf des Monats mit ihm nach Hamburg. Wolfgang Amadeus Mozart in Salzburg geboren; Beginn des Siebenjährigen Krieges.

1757 28. November: Theodor Heinrich König getauft (wahrscheinlich zwei oder drei Tage nach der Geburt).

1759 10. November: Friedrich Schiller in Marbach geboren.

1760 8. April: Katharina Regina König getauft, sie lebt nur dreieinhalb Monate und wird am 21. Juli beerdigt.

1761 17. Juli: Maria Amalia (Malchen) König geboren.

1762 19. Dezember: Johann Engelbert König geboren und nach wenigen Tagen gestorben.

Uraufführung *Orpheo ed Euridice* von Christoph Willibald Gluck in Wien; *Emile* von Jean-Jacques Rousseau erscheint.

1763 Ende des Siebenjährigen Krieges.

1764 27. Juli: Regina Johanna König getauft, sie stirbt nach dreizehn Monaten.

1765 18. Juli: Johann Engelbert König geboren; Gründung der *Patriotischen Gesellschaft* in Hamburg (E. König wird 1766 Mitglied); Kaiser Franz I. stirbt, sein Sohn wird Kaiser Joseph II. und in den habsburgischen Ländern Mitregent Maria Theresias.

1766 März: Lessing veröffentlicht *Laokoon oder über die Grenzen der Malerei und Poesie*; 22. April: Madame de Stael geboren; die Kartoffel ist in Deutschland endgültig als menschliches Nahrungsmittel durchgesetzt.

1767 April: Lessing kommt als Dramaturg und Berater an das 1766 gegründete Deutsche Nationaltheater in Hamburg und lernt Eva und Engelbert König kennen. 30. September: Uraufführung *Minna von Barnhelm* in Hamburg.

1768 16. Oktober: Friedrich (Fritz) König geboren, Lessing ist einer der Paten. November: Ende des Projekts Hamburger Nationaltheater.
James Cook bricht zur ersten (bis 1771) seiner drei Weltumsegelungen auf, er ›entdeckt‹ u. a. die Ostküste Australiens.

1769 20. Dezember: Engelbert König stirbt in Venedig.
Napoleon und Alexander von Humboldt geboren; James Watt erhält das Patent für eine verbesserte Dampfmaschine.

1770 Mitte April: Lessing verlässt Hamburg und wird am 7. Mai feierlich in sein Amt als Bibliothekar an der *Bibliotheca Augusta* in Wolfenbüttel eingeführt; 10. Juni:

Beginn des Briefwechsels zwischen Eva König und Lessing; 22. August: Lessings Vater Johann Gottfried Lessing stirbt; August: Eva König reist nach Wien.

17. Dezember: Ludwig van Beethoven geboren; James Cook nimmt Australien für England in Besitz; Marie Antoinette, Maria Theresias fünfzehntes Kind, heiratet den französischen Thronfolger Louis.

1771 April: Eva König kehrt nach Hamburg zurück; September: heimliche Verlobung von Eva König und G. E. Lessing; Eva Katharina Hahn stirbt; Juli: nach mehrfachem Deichbruch verheerende Überschwemmung der Vier- und Marschlande bei Hamburg.

1772 Mitte Februar: Eva König bricht zu ihrem zweiten, dreieinhalb Jahre dauernden Wien-Aufenthalt auf; 13. März: Uraufführung von *Emilia Galotti* am Braunschweiger Hof.

1773 Unruhen in den nordamerikanischen Kolonien (›Boston Tea Party‹); 14. April: deutsche Erstaufführung des Oratoriums *Der Messias* von G. F. Händel in Hamburg.

1774 4. Oktober: Eva König verkauft die Seidenmanufaktur. *Die Leiden des jungen Werther* von J. W. Goethe erscheint; Vorbild für Werthers Selbstmord war der Tod Karl Wilhelm Jerusalems im Oktober 1772, Lessing protestiert gegen den Missbrauch und die Verfälschung des Schicksals seines jungen Freundes; 5. September: Caspar David Friedrich geboren.

1775 März: Eva König verkauft ihre Wiener Tapetenfabrik; 31. März: Lessing trifft in Wien ein; 25. April: Beginn seiner Italienreise mit Prinz Leopold von Braunschweig; Mai: Eva König verlässt Wien und trifft nach Aufenthalten bei Verwandten in Heidelberg und Frankfurt im August wieder in Hamburg ein.

Beginn des nordamerikanischen Unabhängigkeits-
krieges (deutsche Fürsten verkaufen in den nächsten
Jahren an die Kolonialmacht Großbritannien ›Landeskinder‹ als Söldner).

1776 Ende Februar: Lessing ist nach Wolfenbüttel zurückgekehrt, er erreicht im Juni eine Verbesserung seines
Gehalts und seiner Position. 8. Oktober: Eva König
und Lessing heiraten in Jork, Eva übersiedelt mit
ihren Kindern zu Lessing nach Wolfenbüttel.
Das Wiener Burgtheater wird von Kaiser Joseph II.
zum deutschen Nationaltheater erklärt; Abschaffung
der Folter in Österreich; F. L. Schröder inszeniert in
Hamburg die Uraufführung des skandalträchtigen
›Schauspiels für Liebende‹ *Stella* von J. W. Goethe, der
Rat setzt es umgehend ab.
4. Juli: Unabhängigkeitserklärung der USA und Erklärung der Menschenrechte.

1777 8. März: Lessing erfährt vom Tod seiner Mutter Justina Salome Lessing; vermutlich im September Beginn
des ›Fragmentenstreits‹; Ende Dezember Umzug in
das Schäffer'sche Haus; 25. Dezember: Traugott Lessing wird geboren und stirbt einen Tag später.

1778 10. Januar: Eva Lessing stirbt.

1779 *Nathan der Weise* erscheint im Druck (Uraufführung
1783 in Berlin); Nationaltheater in Mannheim.

1780 29. November: Maria Theresia stirbt, Kaiser Joseph II., seit 1765 Mitregent, übernimmt die ganze
Macht.

1781 15. Februar: Lessing stirbt in Braunschweig.
Schiller: *Die Räuber* (Uraufführung am 13. Jan. 1782
in Mannheim); Mozart: *Die Entführung aus dem
Serail*.

Anmerkungen

Prolog
Eine Hochzeit im Alten Land

1 Albrecht, Wolfgang (Hg.): G. E. Lessing/E. König: Briefe aus der Brautzeit 1770–1776. Weimar 2000, Brautbrief Nr. 188, S. 339.
2 Brautbrief Nr. 187, S. 337.
3 Brautbrief Nr. 188, S. 339.

1. Das Mädchen aus der Judengasse
Heidelberg

4 Zit. nach Hildebrandt, Dieter: Lessing. Eine Biographie. Reinbek 1990, S. 41.
5 Ebd.
6 Ebd., S. 42.
7 Ebd., S. 44.

2. Der Seidenhändler aus Lüttringhausen
Heidelberg

8 Brautbrief Nr. 138, S. 277.
9 Brief an Justina Salome Lessing (Mutter) vom 20. Januar 1749.

Zit. nach Schneider, Heinrich: Das Buch Lessing. Bern/München 1961, S. 27.

10 Zit. nach Hildebrandt, Dieter: Lessing. Eine Biographie. Reinbek 1990, S. 50.

11 Ebd., S. 49.

12 Ebd., S. 51f.

13 Brief vom 25. Juli 1755. Zit. nach Daunicht, Richard: Lessing im Gespräch. München 1971, S. 88.

14 Zit. nach Jasper, Willi: Lessing. Aufklärer und Judenfreund. Biographie. Berlin/München 2001, S. 210.

15 Zit. nach Hurlebusch, Klaus: Friedrich Gottlieb Klopstock. Hamburg 2003, S. 64.

16 Ebd., S. 65.

17 Zit. nach Horvath, Eva: Die Frau im gesellschaftlichen Leben Hamburgs – Meta Klopstock, Eva König, Elise Reimarus. In: Wolfenbütteler Studien zur Aufklärung, Band III. Heidelberg 1976, S. 180.

18 Brautbrief Nr. 28, S. 56.

3. Patrioten und andere Freunde
Hamburg

19 Zit. nach Winkle, Stefan: Johann Friedrich Struensee. Arzt – Aufklärer – Staatsmann. Stuttgart 1983, S. 546.

20 Schramm, Percy: Neun Generationen, Band I. Göttingen 1963, S. 173.

21 Kopitzsch, Franklin: Grundzüge einer Sozialgeschichte der Aufklärung in Hamburg und Altona. Hamburg, 2., ergänzte Auflage 1990, S. 347.

22 Spalding, Almut: Elise Reimarus (1736–1805). The Muse of Hamburg. A Woman of the German Enlightenment. Würzburg 2005

23 Zit. nach Spalding, Almut: Aufklärung am Teetisch: Die Frauen des Hauses Reimarus und ihr Salon. In: Formen der Geselligkeit in Nordwestdeutschland 1750–1820. Tübingen 2003, S. 267.

24 Ebd.

25 Kelter, Edmund: Hamburg und sein Johanneum im Wandel der Jahrhunderte 1529–1929. Hamburg 1928, S. 75.

26 Ebd., S. 76.

27 Basedow, Johann Bernhard: Ausgewählte pädagogische Schriften. Besorgt von A. Reble. Paderborn 1965, S. 81.

4. Der Mann vom Theater oder 100 000 Florin Kredit Hamburg

28 Menge, Wolfgang: Alltag in Preußen – Ein Bericht aus dem 18. Jahrhundert. Weinheim/Basel 1984, S. 91.

29 Zit. nach Jasper, Willi: Lessing. Aufklärer und Judenfreund. Biographie. Berlin/München 2001, S. 125.

30 Brief an M. Mendelssohn vom 30. März 1761. Zit. nach Schneider, Heinrich: Das Buch Lessing. Bern/München 1961, S. 93f.

31 Jasper, Willi: Lessing. Aufklärer und Judenfreund. Biographie. Berlin/München 2001, S. 142.

32 Schröter, Friedrich/Thiele, Richard (Hg.): Lessing's Hamburgische Dramaturgie. Halle 1878, 101. Stück, S. 589.

33 Ebd., Einleitung, S. XVI.

34 Brief an J. W. L. Gleim vom 1. Februar. 1767. Zit. nach Schneider, H., a.a.O., S. 116.

35 Schröter, Friedrich/Thiele, Richard (Hg.), a.a.O., S. 7.

36 Blume, Heinrich: Engelbert Königs Wiener Fabriken. In: Reichspost, 10. Juli 1923.

37 Brief an Ebert, 28. Dezember 1769. Zit. nach Schneider, H., a.a.O., S. 146.

38 Brief an Nicolai, 2. Jan. 1770. Ebd.

5. »Und setzen Sie Ihren Weg recht glücklich fort.« Aufbruch nach Wien und Wolfenbüttel

39 Zit. nach Schöne, Alfred (Hg.): Briefwechsel zwischen Lessing und seiner Frau. Leipzig 1885, S. XI, Fn. 1.

40 Brautbrief Nr. 12, S. 21.

41 Brief von Ebert an Lessing vom 5. Februar 1768. In: Schneider, Heinrich: Das Buch Lessing. Bern/München 1961, S. 127.

42 Ebd.

43 Brief an Ebert vom 19. Februar 1770. Ebd., S. 47.

44 Zit. nach Hildebrandt, Dieter: Lessing. Eine Biographie. Reinbek 1990, S. 324.

45 J. G. Herder an J. Fr. Hartknoch, Brief vom 29. April 1770. Zit. nach Daunicht, Richard: Lessing im Gespräch. München 1971, S. 289.

46 Brautbrief Nr. 62, S. 115.

47 Brautbrief Nr. 1, S. 3.

48 Ebd.

49 Brautbrief Nr. 7, S. 12.

50 Brautbrief Nr. 9, S. 16.

51 Auch de Marées.

52 Brautbrief Nr. 9, S. 16.

53 Brautbrief Nr. 7, S. 11.

54 Ebd.

55 Brautbrief Nr. 11, S. 19.

56 Ebd., S. 18.

57 Brautbrief Nr. 26, S. 52.

58 Brautbrief Nr. 12, S. 20.

59 Ebd., S. 21.

60 Cod. austr. Suppl. VI. 1350. Zit. nach: Deutsch, Helene: Die Entwicklung der Seidenindustrie in Österreich 1660–1840. Wien 1909, S. 107.

61 Brautbrief Nr. 17, S. 31.

62 Brautbrief Nr. 15, S. 26.

63 Brautbrief Nr. 22, S. 46.

64 Brautbrief Nr. 16, S. 27.

65 Brautbrief Nr. 26, S. 52.

66 Brautbrief Nr. 33, S. 65.

67 Ebd., S. 67.

68 5. Akt, 5 Szene.

69 Brautbrief Nr. 39, S. 76.

6. »Kein Glück mehr in der Welt für mich ist, wenn ich es nicht mit Ihnen teilen soll.«
Hamburger Zwischenspiel

70 Brautbrief Nr. 55, S. 100.
71 Brautbrief Nr. 46, S. 86.
72 Brautbrief Nr. 49, S. 89.
73 Brautbrief Nr. 54, S. 98.
74 Brautbrief Nr. 69, S. 130.
75 Brautbrief Nr. 62, S. 114.
76 Ebd.
77 Brautbrief Nr. 67, S. 126f.
78 Brautbrief Nr. 71, S. 135.
79 Brautbrief Nr. 72, S. 135f.

7. »So geschehe denn, was geschehen soll.«
Wien und Wolfenbüttel

80 Brautbrief Nr. 86, S. 157.
81 Brautbrief Nr. 91, S. 167.
82 Brautbrief Nr. 90, S. 166.
83 Brautbrief Nr. 92, S. 170.
84 Ebd., S. 168.
85 Brautbrief Nr. 98, S. 186.
86 Brautbrief Nr. 93, S. 173.
87 Brautbrief Nr. 100, S. 195.
88 Ebd.
89 Brautbrief Nr. 99, S. 191.
90 Brautbrief Nr. 93, S. 175.
91 Brautbrief Nr. 94, S. 176.
92 Brautbrief Nr. 99, S. 190.
93 Brautbrief Nr. 103, S. 203.
94 Ebd., S. 204.
95 Ebd.
96 Schöne, Alfred (Hg.): Briefwechsel zwischen Lessing und seiner Frau. Leipzig 1885, S. 490f.

97 Brautbrief Nr. 110, S. 227.

98 Brautbrief Nr. 105, S. 211.

99 Brautbrief Nr. 108, S. 219.

100 Brautbrief Nr. 106, S. 214.

101 Brautbrief Nr. 111, S. 229.

102 Brautbrief Nr. 112, S. 230f.

103 Brautbrief Nr. 113, S. 233.

104 Brautbrief Nr. 116, S. 237.

105 Brautbrief Nr. 121, S. 249.

106 Brautbrief Nr. 123, S. 254.

107 Ebd., S. 255.

108 Brautbrief Nr. 126, S. 258.

109 Dass es sich nicht, wie oft angenommen, um ihren Patenonkel J. K. Kaltschmidt, sondern um den Bruder ihrer Mutter H. D. Gaub handelt, erschließt sich aus der Korrespondenz zum Familienstreit um Lessings Nachlass und aus dem Brautbrief Nr. 104.

110 Brautbrief Nr. 126, S. 258.

111 Wiener Hofkammerarchiv. Zitiert nach: Blume, Heinrich: Engelbert Königs Wiener Fabriken. In: Reichspost, 10. Juli 1923.

112 Ebd.

113 Brautbrief Nr. 126, S. 258.

114 Ebd., S. 259.

115 Brautbrief Nr. 127, S. 262.

116 Ebd.

8. »Schreiben Sie mir mittlerweile, meine Liebe, ich beschwöre Sie …« Wien, Wolfenbüttel, Italien und Hamburg

117 Bennholdt-Thomsen, Anke/Guzzoni, Alfredo: Gelehrsamkeit und Leidenschaft – Das Leben der Ernestine Christine Reiske 1735–1798. München 1992, S. 31.

118 Zit. nach Schneider, Heinrich: Lessing – Zwölf biographische Studien. München 1951, S. 111.

119 Ebd., S. 113.

120 Ebd., S. 116f.

121 Zit. nach Schneider, Heinrich: Das Buch Lessing. Bern/ München 1961, S. 201.
122 Brautbrief Nr. 129, S. 263f.
123 Brief an Ebert vom 24. Februar 1775. Zit. nach Schneider, Heinrich: Lessing. Zwölf biographische Studien. München 1951, S. 135f.
124 Wiener Diarium, 19. April 1775.
125 Brautbrief Nr. 133, S. 268.
126 Wiener Diarium, 5. April 1775.
127 Brautbrief Nr. 134, S. 268.
128 Brautbrief Nr. 135, S. 271.
129 Bennholdt-Thomsen, Anke/Guzzoni, Alfredo, a.a.O., S. 91f.
130 Brautbrief Nr. 141, S. 284f.
131 Brautbrief Nr. 139, S. 279.
132 Jasper, Willi: Lessing. Aufklärer und Judenfreund. Biographie. Berlin/München 2001, S. 196.
133 Brautbrief Nr. 136, S. 273.
134 Ebd.
135 Mun, Thomas: England's Treasure by Foreign Trade. Zit. nach Ritter Santini, Lea: Die Erfahrung der Toleranz. In: Eine Reise der Aufklärung. Lessing in Italien, Band. I. Wolfenbüttel 1993, S. 433.
136 Ebd., S. 440.
137 Jasper, Willi, a.a.O., S. 207.
138 Brautbrief Nr. 142, S. 286f.
139 Brautbrief Nr. 143, S. 288.
140 Brautbrief Nr. 148, S. 294.
141 Brautbrief Nr. 163, S. 311.
142 Brautbrief Nr. 167, S. 315.
143 Brautbrief Nr. 174, S. 320.
144 Brautbrief Nr. 186, S. 335.
145 Brautbrief Nr. 181, S. 327f.
146 Brautbrief Nr. 186, S. 336.

9. Das glücklichste Jahr oder Diese Szene ist aus Wolfenbüttel

147 Zit. nach: Raabe, Paul: Eva König. Hamburg 2005, S. 125.

148 Zit. nach Schneider, Heinrich: Das Buch Lessing. Bern/München 1961, S. 225.

149 Brief vom 26. Oktober 1766. Zit. nach Daunicht, Richard: Lessing im Gespräch. München 1971, S. 293.

150 Zit. nach Daunicht, Richard, a.a.O., S. 437.

151 Elise Reimarus an August Hennings, 26. Sept. 1777. Zit. nach Daunicht, Richard, a.a.O., S. 443.

152 Brief von Dorothea Salome Lessing vom 8. März 1777. Zit. nach Schneider, H., , a.a.O., S. 225.

153 Zit. nach Raabe, Paul/Schöne, Günter: Lessing – Erinnerung und Gegenwart. Das Lessinghaus in Wolfenbüttel. Hamburg 1979, S. 34.

154 Brief an seinen Bruder Karl vom 5. Januar 1778. Zit. nach Schneider, H., a.a.O., S. 230.

155 Zit. nach Schneider, H., a.a.O., S. 229f.

156 Ebd., S. 232.

157 Nach anderen Quellen am 12. oder 14. Januar 1778.

158 Brief an Eschenburg vom 14. Januar 1778. Zit. nach Schneider, Heinrich: Das Buch Lessing. Bern/München 1961, S. 232.

159 Zit. nach Henneberg, Richard und Bruno: Geschichte der Familie Henneberg (Braunschweig). Als Manuskript gedruckt. Gießen 1909, S. 218.

160 Brief an Elise Reimarus vom 6. Sept. 1778. Zit. nach Barner u. a.: Lessing. Epoche – Werk – Wirkung. München 1987, S. 312.

161 Brief vom 19. Dezember 1780. Zit. nach Schneider, H, a.a.O., S. 308.

Nachwort

162 Albrecht, Wolfgang (Hg.): G. E. Lessing/E. König: Briefe aus der Brautzeit 1770–1776. Weimar 2000, S. XIII.

163 Ritter Santini, Lea: Von den Wespen und wen sie stechen. In: Eine Reise der Aufklärung. Lessing in Italien, Band I. Wolfenbüttel 1993, S. 42.

Literaturauswahl

Albrecht, Wolfgang (Hg.): Gotthold Ephraim Lessing – Eva König. Briefe aus der Brautzeit 1770–1776. Weimar 2000.

Bake, Rita: Vorindustrielle Frauenerwerbsarbeit, Köln 1984.

Barner, Wilfried u. a. (Hg.): Gotthold Ephraim Lessing. Werke und Briefe in zwölf Bänden. Frankfurt a. M. 1985 ff.

Barner, Wilfried u. a. (Hg.): Lessing. Epoche – Werk – Wirkung. München 1987.

Bennholdt-Thomsen, Anke/Guzzoni, Alfredo: Gelehrsamkeit und Leidenschaft. Das Leben der Ernestine Christine Reiske. München 1992.

Burney, Charles: Tagebuch einer musikalischen Reise. Reprint der dreibändigen deutschen Erstausgabe von 1772 u. 1773. Hg. Christoph Hust. Kassel 2003.

Buselmeier, Michael: Literarische Führungen durch Heidelberg. Heidelberg 1996.

Csendes, Peter/Opll, Ferdinand (Hg.): Wien – Geschichte einer Stadt, Band 2. Wien/Köln/Weimar 2003.

Daunicht, Richard: Lessing im Gespräch. München 1971.

Deutsch, Helene: Die Entwicklung der Seidenindustrie in Österreich 1660–1840. Wien 1909.

Fick, Monika: Lessing-Handbuch. Leben – Werk – Wirkung. Stuttgart/Weimar 2004.

Gall, Lothar: Bürgertum in Deutschland. Berlin 1989.

Groner, Richard: Wien wie es war. Wien/München 1965.

Haider-Pregler, Hilde: Des sittlichen Bürgers Abendschule. Bildungs-
anspruch und Bildungsauftrag des Berufstheaters im 18. Jahrhundert. Wien/München 1980.

Henneberg, Richard und Bruno: Geschichte der Familie Henneberg
(Braunschweig). Als Manuskript gedruckt. Gießen 1909.

Hildebrandt, Dieter: Lessing – Eine Biographie. Reinbek 1990.

Hurlebusch, Klaus: Friedrich Gottlieb Klopstock. Hamburg 2003.

Jasper, Willi: Lessing. Aufklärer und Judenfreund. Biographie. Ber-
lin/München 2001.

Kopitzsch, Franklin: Grundzüge einer Sozialgeschichte der Aufklärung in Hamburg und Altona. Hamburg 1990.

Lessing, Gotthold Ephraim: Sämtliche Schriften. Hg. Karl Lach-
mann, 3., aufs neue durchges. u. verm. Aufl., besorgt durch Franz
Muncker. 23 Bände. Stuttgart/Leipzig/Berlin 1886–1919.

Loose, Hans-Dieter (Hg.): Gelehrte in Hamburg im 18. u. 19. Jahrhundert. Hamburg 1976.

Lüdtke, Heinrich: Lessings Beziehungen zur Niederelbe unter Be-
rücksichtigung Altonas. Altona 1929.

Mittler, Elmar (Hg.): Heidelberg – Geschichte und Gestalt. Heidelberg 1996.

Möring, Maria: 200 Jahre Johannes Schuback & Söhne – Familie
und Firma in Hamburg. Hamburg 1957.

Peham, Helga: Leopold II. – Herrscher mit weiser Hand. Graz/
Wien/Köln 1987.

Piper, Wulf: Gotthold Ephraim Lessing: 1729–1781. Ausstellung im
Lessinghaus (Katalog). Weinheim 1988.

Raabe, Paul: Eva König. Hamburg 2005.

Raabe, Paul: Spaziergänge durch Lessings Wolfenbüttel. Zürich 1997.

Ritter Santini, Lea (Hg.): Eine Reise der Aufklärung. Lessing in Italien 1775. 2 Bände. Berlin 1993 (Ausstellungskatalog).

Rudloff-Hille, Gertrud: Die authentischen Bildnisse Gotthold
Ephraim Lessings. Sonderheft d. Schriftenreihe des Lessing-Mu-
seums in Kamenz. O. J.

Sachslehner, Johannes: Barock und Aufklärung – Geschichte Österreichs. Wien 2003.

Schmidt, Erich: Lessing – Geschichte seines Lebens und seiner Schriften. 2 Bände. Berlin 1923.

Schneider, Heinrich: Das Buch Lessing. Ein Lebensbild in Briefen, Schriften, Berichten. Bern/München 1961.

Schneider, Heinrich: Lessing – Zwölf biographische Studien. München 1951.

Schöne, Alfred: Briefwechsel zwischen Lessing und seiner Frau. Leipzig 1885.

Schröter, Friedrich/Thiele, Richard (Hg.): Lessing's Hamburgische Dramaturgie. Halle 1878 (Reprint Hildesheim/New York 1979).

Schulz, Günter (Hg.): Lessing und der Kreis seiner Freunde. Wolfenbütteler Studien zur Aufklärung, Band III. Heidelberg 1985.

Thiele, Richard: Eva Lessing – Ein Lebensbild. Halle 1881.

Tilgner, Daniel: Die Geschichte des Görtz-Palais. Hamburg 1995.

Bildnachweis

Herzog-August-Bibliothek, Wolfenbüttel: Seiten 11, 59, 139, 177, 197, 208, 215, 235, 278/9, 293
Gleimhaus, Halberstadt: Seite 17
Museum für Hamburgische Geschichte, Hamburg: Seiten 85, 136, 157, 185
Staatsarchiv Hamburg: Vorsatzblatt (vorne), Seiten 94 u. 99
Kurpfälzisches Museum Heidelberg: Seiten 24 u. 47
Historisches Museum der Stadt Wien: Seite 245

Bilderliste

Vorsatzblatt: Hamburg, Stadtansicht Kupferstich von Peter Schenk, 1686
Vorsatzblatt (hinten): Wien samt ihren Vorstädten in den Jahren 1769 bis 1774 (1776), von Joseph Daniel von Huber, 8. Teilblatt

Prolog
Seite 11:   Eva Katharina König (1736–1778). Ölbild von George Desmarées, 1770
Seite 17:   Gotthold Ephraim Lessing (1729–1781). Ölbild vermutlich von Georg Oswald May, um 1767

Personenregister

Da Eva König, geborene Hahn, spätere Lessing und Gotthold Ephraim Lessing ständig vorkommen, sind sie nicht in das Personenregister aufgenommen.

Regina Scheer
»Wir sind die Liebermanns«

Die Geschichte einer Familie
www.list-taschenbuch.de
ISBN 978-3-548-60783-2

»In Liebermann bewundere ich Berlin«, äußerte Thomas Mann einst und brachte damit die fast symbiotische Beziehung des großen Malers und seiner Familie mit der preußisch-deutschen Hauptstadt zum Ausdruck. Tatsächlich haben die Liebermanns das Gesicht Preußens und Berlins maßgeblich mitgeprägt. Mit eindringlicher Erzählkraft gelingt es Regina Scheer, die 200-jährige Geschichte dieser deutsch-jüdischen Familie lebendig werden zu lassen.

»Mein ganzes Leben glaubte ich Deutscher zu sein.« *Max Liebermann, 1934*

»Lesenswert ... Mit sicherem Sprachempfinden gelingen Scheer immer dann lebendige Schilderungen, wenn sie das Stadtleben eines längst erloschenen Berlin heraufbeschwört.« *Süddeutsche Zeitung*

»Eine ebenso akribisch recherchierte wie mitreißend geschriebene Familienbiografie« *taz*

List Taschenbuch

L315